백발백중
2025

추천
도서
전국컴퓨터
교육협의회

자동채점 프로그램과 무료 동영상 강의 제공

ITQ 한글 2016

한정수, IT연구회 지음

IT연구회

해당 분야의 IT 전문 컴퓨터학원과 전문가 선생님들이 최선의 책을 출간하고자 만든 집필/감수 전문연구회로서, 수년간의 강의 경험과 노하우를 수험생 여러분에게 전달하고자 최선을 다하고 있습니다. IT연구회에 참여를 원하시는 선생님이나 교육기관은 ccd770@hanmail.net으로 언제든지 연락주십시오. 좋은 교재를 만들기 위해 많은 선생님들의 참여를 부탁드립니다.

권경철_IT 전문강사
김수현_IT 전문강사
김현숙_IT 전문강사
류은순_IT 전문강사
박봉기_IT 전문강사
문현철_IT 전문강사
송기웅_IT 및 SW전문강사
신영진_신영진컴퓨터학원장
이은미_IT 및 SW전문강사
장명희_IT 전문강사
전미정_IT 전문강사
조정례_IT 전문강사
최은영_IT 전문강사
김미애_강릉컴퓨터교육학원장
엄영숙_권선구청 IT 전문강사
조은숙_동안여성회관 IT 전문강사

김경화_IT 전문강사
김 숙_IT 전문강사
남궁명주_IT 전문강사
민지희_IT 전문강사
박상휘_IT 전문강사
백천식_IT 전문강사
송희원_IT 전문강사
윤정아_IT 전문강사
이천직_IT 전문강사
장은경_ITQ 전문강사
조영식_IT 전문강사
차영란_IT 전문강사
황선애_IT 전문강사
은일신_충주열린학교 IT 전문강사
옥향미_인천여성의광장 IT 전문강사
최윤석_용인직업전문교육원장

김선숙_IT 전문강사
김시령_IT 전문강사
노란주_IT 전문강사
문경순_IT 전문강사
박은주_IT 전문강사
변진숙_IT 전문강사
신동수_IT 전문강사
이강용_IT 전문강사
임선자_IT 전문강사
장은주_IT 전문강사
조완희_IT 전문강사
최갑인_IT 전문강사
김건석_교육공학박사
양은숙_경남도립남해대학 IT 전문강사
이은직_인천대학교 IT 전문강사
홍효미_다산직업전문학교

BM (주)도서출판 **성안당**

■ 도서 A/S 안내

성안당에서 발행하는 모든 도서는 저자와 출판사, 그리고 독자가 함께 만들어 나갑니다.

좋은 책을 펴내기 위해 많은 노력을 기울이고 있습니다. 혹시라도 내용상의 오류나 오탈자 등이 발견되면 **"좋은 책은 나라의 보배"**로서 우리 모두가 함께 만들어 간다는 마음으로 연락주시기 바랍니다. 수정 보완하여 더 나은 책이 되도록 최선을 다하겠습니다.

성안당은 늘 독자 여러분들의 소중한 의견을 기다리고 있습니다. 좋은 의견을 보내주시는 분께는 성안당 쇼핑몰의 포인트(3,000포인트)를 적립해 드립니다.

잘못 만들어진 책이나 부록 등이 파손된 경우에는 교환해 드립니다.

저자 문의 e-mail : thismore@hanmail.net(한정수)

본서 기획자 e-mail : coh@cyber.co.kr(최옥현)

홈페이지 : http://www.cyber.co.kr 전화 : 031) 950-6300

다운로드 | 학습 자료 내려받기

1. 성안당 사이트(www.cyber.co.kr)에서 로그인한 후 [자료실]을 클릭합니다.

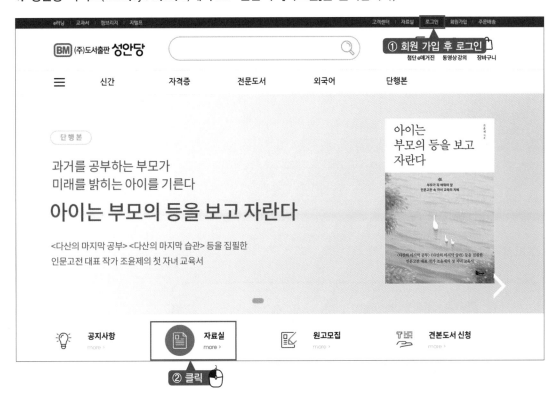

2. 검색란에 『ITQ』를 입력하고, 『2025 백발백중 ITQ 한글 2016』을 클릭합니다.

3. 『315-8699.zip』을 클릭하여 자료를 다운로드한 후 반드시 압축 파일을 해제하고 사용합니다.

4. 자료파일 구조

① 소스/정답 파일 : Part1~3까지의 소스/정답 파일을 제공합니다.

② [picture] 폴더 : 답안 작성에 필요한 이미지를 제공합니다.

③ [답안작성프로그램] 폴더 : 답안작성 프로그램 설치파일이 있습니다.

④ [동영상 강의] 폴더 : 무료 동영상 강의 파일을 제공합니다.

⑤ [자동채점프로그램] 폴더 : 자동채점 프로그램 설치파일이 있습니다.

※ ③번과 ⑤번 프로그램은 마우스 오른쪽 단추를 클릭하신 후 [관리자 권한 실행]을 클릭하여 설치하시기 바랍니다.

1 자동채점 프로그램 설치

1 성안당ITQ한글2016채점프로그램.exe 파일을 마우스 오른쪽 단추를 클릭한 후 [관리자 권한으로 실행]을 클릭하여 설치합니다.

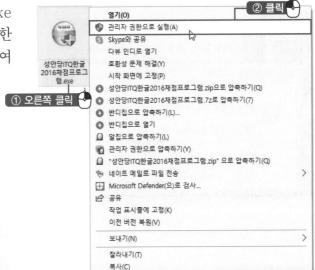

ITQ 엑셀과 파워포인트는 웹사이트(인터넷) 채점을 지원합니다.

2 [성안당 ITQ 채점프로그램 설치] 대화상자에서 [다음]을 클릭합니다.

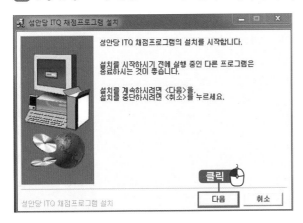

3 [성안당 ITQ 채점프로그램 설치] 대화상자에서 프로그램을 설치할 폴더를 확인한 후 [설치시작]을 클릭합니다.

④ 설치가 완료되면 컴퓨터를 재시작하여 설치를 완료합니다.

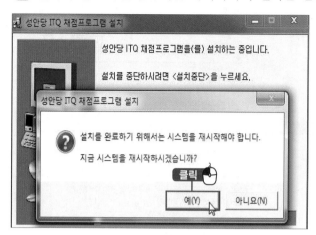

자동채점프로그램의 설치 및 실행 시 에러가
발생할 경우 [4.자동채점프로그램] 폴더에서
'자동채점프로그램 에러 해결 참고사항'
파일을 참고하여 해결해 주시기 바랍니다.

2 자동채점 프로그램 사용법

① 바탕화면의 [성안당 ITQ 한글 2016 채점] 아이콘을 마우스 오른쪽 단추를 클릭한 후
[관리자 권한으로 실행]을 클릭하여 실행합니다.

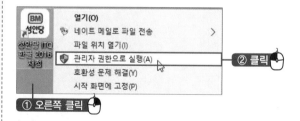

② [문제 선택] 란에서 문제 회수를 선택합니다.

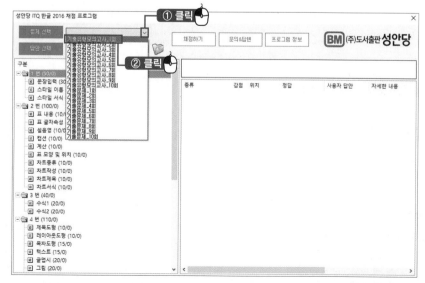

3 [답안 선택] 린에서 작성한 정답 파일을 선택합니다.

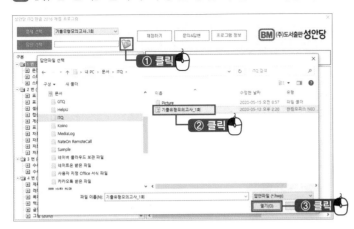

4 [채점하기] 단추를 누르면 채점이 진행됩니다. 왼쪽 화면에는 문제 카테고리가 표시되고, 오른쪽 화면에는 감점 내용이 표시됩니다.

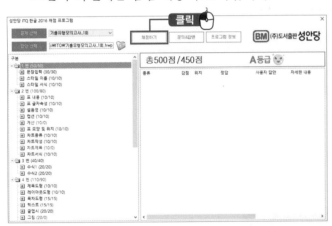

5 왼쪽 화면에서 틀린 부분은 빨간 색으로 표시되며, 해당 카테고리를 클릭하면 오른쪽 화면에 감점 내용이 표시됩니다.

※ 채점프로그램에 문의가 있을 경우 [문의&답변] 란을 클릭하여 성안당 게시판에 로그인한 후 문의하시면 됩니다.

단계 1 답안작성 프로그램 설치

1 [자료실]에서 다운로드 받은 'KOAS수험자용(성안당)'을 더블클릭한 후 그림과 같이 설치화면이 나오면 [다음] 단추를 클릭합니다.

2 프로그램 설치 폴더를 확인한 후 [설치시작] 단추를 클릭합니다.

3 설치가 끝나면 [확인] 단추를 클릭합니다.

4 바탕화면에 'ITQ 수험자용' 바로 가기 아이콘이 생성됩니다.

※ 기존 답안작성 프로그램을 삭제하지 않고 ITQ의 다른 과목(엑셀, 파워포인트)에 수록된 답안 작성 프로그램을 중복설치해 사용해도 됩니다.

단계 2 답안작성 프로그램 사용

1. 바탕화면의 'KOAS 수험자용' 바로 가기 아이콘 을 더블클릭하여 실행합니다.

2. [수험자 등록] 대화상자에 수험번호를 입력하고 [확인] 단추를 클릭합니다(문제지의 수험 번호를 입력합니다).

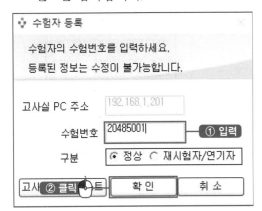

3. 시험 버전을 선택하고 [확인] 단추를 클릭합니다.

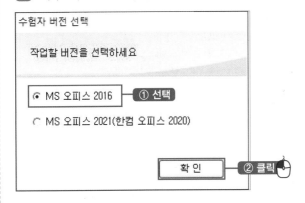

4. [수험자 정보] 창에서 수험번호, 성명, 수험과목, 좌석번호, 답안폴더를 확인하고 [확인] 단추를 클릭합니다.

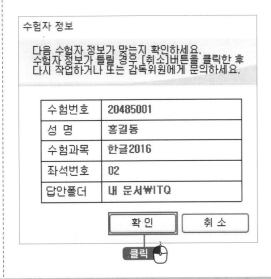

5 감독관의 지시하에 시험이 시작되면 키보드의 아무 키나 클릭하여 시험을 시작합니다. 바탕화면의 오른쪽 상단에 답안작성 프로그램이 나타납니다.

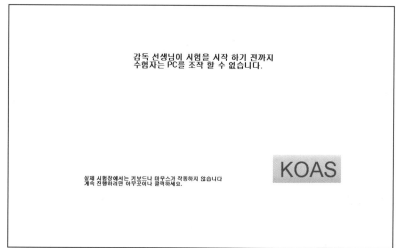

Check **P**oint

답안작성 프로그램의 각 단추 설명

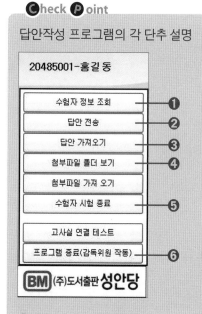

1 수험자 정보를 확인합니다.

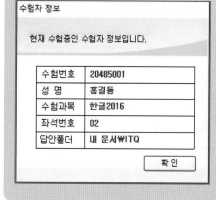

2 답안파일을 감독 PC로 전송합니다.

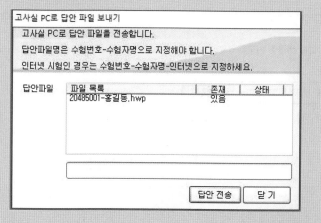

3 답안파일을 재전송해야 할 경우 기존에 작성한 답안 파일을 불러옵니다.

고사실 PC로부터 답안 파일 가져오기	
고사실 PC로부터 답안 파일을 가져옵니다.	
답안파일명은 수험번호-수험자명으로 지정됩니다.	

답안파일	파일 목록	상태
	20485001-홍길동.hwp	

답안파일 가져오기   닫기

Check **P**oint

❹시험에 사용될 그림 파일을 확인합니다.

❺[수험자 시험 종료] 단추 : 답안 전송을 하고 시험을 종료하려면 수험자가 클릭합니다.

❻[프로그램 종료(감독위원 작동)] 단추 : 실제 시험장에서 감독 위원이 사용하는 단추이므로 수험자는 사용하지 않습니다.

※ 답안작성 프로그램은 수험자의 이해를 돕기 위한 프로그램으로 네트워크 기능이 없습니다.

6 답안 작성은 한글을 실행한 후 답안을 작성하며, '내 PC₩문서₩ITQ' 폴더에 저장합니다 (수험번호 –성명.확장자).

7 답안 작성이 끝났으면 답안작성 프로그램의 [답안 전송] 단추를 클릭한 후 파일을 확인하고 [답안 전송] 단추를 클릭합니다.

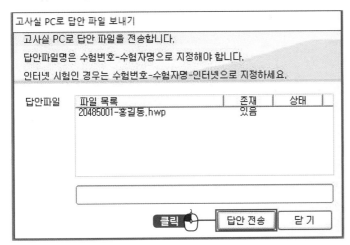

8 정답 파일이 정상적으로 감독 PC로 전송되면 상태에 '성공'이라고 표시됩니다. [닫기] 단추를 클릭합니다.

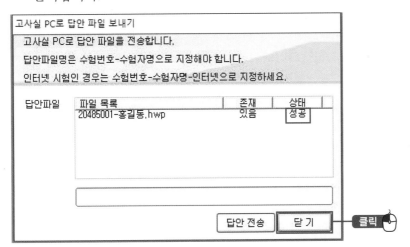

9 답안 전송이 끝났으면 [수험자 수험 종료] 단추를 클릭한 후 [ITQ 종료]와 [예]를 클릭하여 시험을 종료합니다.

[공통사항]

1. KOAS 전송시 주의사항

※ 온라인 답안 작성 절차

수험자 등록 ▶ 시험 시작 ▶ 수시로 답안 파일 저장 ▶ 답안 전송 ▶ 시험 종료

2. 모든 작업을 완성했는데 0점 처리되는 경우

① 아래한글 과목의 경우, 최종작업에서 블록씌운 부분만 저장된 블록저장이 원인일 수 있습니다. 반드시 블록저장이 되지 않도록 주의하세요.

② 대부분 최종 작업에서 저장하지 않고 KOAS로 전송했을 경우에 해당됩니다. 반드시 저장한 후 전송하세요.

[ITQ 한글 Q&A]

Q1 답안 작성 시 문제 번호를 작성하지 않았을 경우

A1 문제 번호를 입력하지 않아도 정상 채점합니다.

Q2 스타일에서 점수를 잘 받으려면 어떻게 해야 하나요?

A2 우선, 스타일에선 영문입력이 중요합니다. 입력이 안 되어 있는 상태에서 스타일을 적용하여도 해당 항목은 0점 처리됩니다. 반드시 오타없이 입력한 후 스타일 기능을 이용하여 글자 모양/문단 모양을 지정해야 합니다.

Q3 스타일 기능이 0점일 경우

A3 영문 텍스트를 작성하지 않을 시, 0점 처리됩니다. 스타일 적용 문제에서 한글과 영문은 따로 채점되지 않고 텍스트 입력 기능으로 일괄 채점되며, 한글, 영문 각각 일정 분량 이상 작성하셔야 부분 점수를 받으실 수 있습니다.

Q4 기능평가I의 표를 모두 작성하였는데 감점되었다고 합니다. 어디서 자주 틀리나요?

A4 수험자 파일 채점시 블록 계산식을 작성 안하거나 캡션의 글꼴 속성을 바꾸지 않은 경우가 많이 있습니다. 또한 블록 계산식은 반드시 빈 셀에만 작성하며 결과값은 숫자이므로 오른쪽 정렬을 해야 합니다. 이 모든 부분이 감점대상이니 주의해야 합니다.

Q5 기능평가I의 차트를 모두 작성하였는데 감점되었다고 합니다. 어디서 자주 틀리나요?

A5 차트에서는 주어진 조건외에도 출력형태를 참고하여 세부사항(특히 눈금 및 범례 등)을 맞춰야 하며, 글꼴 또한 항목 축, 값 축, 범례 등에 모두 적용해야 좋은 점수를 받을 수 있습니다.

Q6 수식 배점 및 부분점수는 어떻게 되나요?

A6 수식은 각각 20점씩이며, 수식의 문제 특성상 부분점수는 없습니다(오타 및 기호가 출력형태와 다를 경우 0점). 반드시 출력형태와 동일하게 작성하시기 바랍니다.

Q7 히이퍼링크를 제대로 한 것 같은데 어디서 간접되었을까요?

A7 하이퍼링크는 책갈피를 그림 또는 글맵시에 연결하도록 출제됩니다. 문제의 지시사항을 읽어보지 않고 무조건 그림에만 연결하는 경우가 종종 발생합니다. 반드시 지시사항을 확인하고 연결된 개체에 하이퍼링크를 적용해야 합니다.

Q8 문서작성 능력평가 두 번째 문단에서 들여쓰기는 어떻게 해야 하나요?

A8 들여쓰기는 문단 모양에서 첫 줄 들여쓰기 10pt를 지정하거나 한 글자(2칸) 띄어쓰기를 해도 모두 정답 처리됩니다.

Q9 문서작성 능력평가 본문 작성 시 시험지의 출력형태와 다를 경우

A9 본문 오른쪽의 출력형태의 글자는 같은 글꼴, 같은 크기로 작성하여도 컴퓨터 환경 등에 의해 다를 수 있습니다. 이는 채점 대상이 아니며, 감점되지 않습니다.

Q10 문서작성능력평가의 쪽 번호 입력 시, 앞 페이지(1,2페이지)의 쪽번호 삭제 여부

A10 앞 페이지의 쪽 번호는 채점 대상이 아니므로 삭제하지 않아도 됩니다.

Q11 각주의 글꼴 및 크기

A11 각주 작성 시 문제 상에 지시사항이 없음으로 기본 값으로 작성하시면 됩니다.
각주는 각주의 존재 여부, 오타, 각주 구분선만 채점합니다.

Q12 작성 페이지 오류는 무엇인가요?

A12 아래한글에서 작성 페이지는 매우 중요합니다. 기능평가I 1,2번은 1페이지, 기능평가II의 3,4번은 2페이지, 문서작성 능력평가는 3페이지에 반드시 작성해야 합니다. 페이지가 뒤바뀌었을 경우 해당 문자는 모두 0점 처리됩니다.

Q13 기본적으로 갖춰야할 공통 사항이 있나요?

A13 글꼴에 대한 기본 설정은 함초롬바탕, 10포인트, 검정, 줄간격 160%, 양쪽정렬로 해야 하며, 각주 구분선은 기본 값인 5cm, 색상은 조건의 색을 적용하고 색의 구분이 안될 경우에는 RGB 값을 적용합니다(빨강 255.0.0 / 파랑 0.0.255 / 노랑 255.255.0).

Q14 문서작성능력평가의 문단번호 기능은 어떤 기능을 사용해야 하나요?

A14 문단번호는 왼쪽여백 기능을 사용하지 말고, 교재 82쪽~85쪽의 설명과 같이 작성해야 합니다.

Q15 노란색 채점은 어떻게 하나요?

A15 RGB 255,255,0과 255,215,0 모두 선택 시 '노랑'으로 나타나므로 '노랑' 색상 채점 시 두 RGB 값 모두 정답 처리됩니다.

Q16 차트 축 눈금(보조 눈금) 채점은 어떻게 하나요?

A16 ITQ 시험은 출력 형태와 동일하게 작성해야 감점되지 않으나, 차트 축 눈금(보조 눈금)의 경우 2020버전과 NEO버전(2016) 간의 기본 값 차이에 따라 채점하지 않습니다.

[ITQ 한글 2016 문제별 사용하는 단축키]

※ 한글에서 사용되는 단축키들의 기능은 보통 영문자 앞문자를 이용하여 단축키로 활용합니다.

예를 들어 복사의 단축키인 `Ctrl`+`C` 의 C자는 COPY의 앞글자를 이용한 것입니다. 위와 같이 영어단어와 연관지어서 단축키를 사용하면 쉽게 암기가 가능합니다.

문제	용도	단축키
기본 설정	편집 용지 설정	`F7`
	구역 나누기	`Alt` + `Shift` + `Enter`
	페이지 나누기	`Ctrl` + `Enter`
	저장	`Alt` + [S]ave
1번 문제 스타일(50점)	스타일 지정	`F6`
	스타일 바탕글 지정	`Ctrl` + [1]
2번 문제 표/차트(100점)	표 만들기	`Ctrl` + [N]ew, [T]able
	표 전체 블록 선택	`F5` 3번 클릭
	셀 병합	표 범위 지정+[M]erge
	선 모양	표 범위 지정+[L]ile
	셀 채우기	표 범위 지정+[C]olor
	블록 합계 계산	`Ctrl` + `Shift` +[S]um
	블록 평균 계산	`Ctrl` + `Shift` +[A]verage
	캡션달기	`Ctrl` +[N]ew, [C]aption
	캡션위치	`Ctrl` +[N]ew, [K]
3번 문제 수식(40점)	수식편집기 실행	`Ctrl` +[N]ew, [M]ath
	수식편집기 종료	`Shift` + `Esc`
4번 문제 그림/그리기(110점)	그림 넣기	`Ctrl` +[N]ew, [I]mage
	그림 글 뒤로	도형선택+`Shift` + `End`
5번 문제 문서작성 능력평가 (200점)	책갈피	`Ctrl` +[K],[B]ookmark
	문단 첫 글자 장식	`Alt` + `J` , `D`
	문단 모양	`Alt` + `T`
	글자 모양	`Alt` + `L`
	주석	`Ctrl` +[N]ew, [N]ote
	쪽 번호 넣기	`Ctrl` +[N]ew, [P]age

1. ITQ시험 과목

자격종목(과목)		프로그램 및 버전		등급	시험방식	시험시간
		S/W	공식버전			
ITQ정보 기술자격	아래한글	한컴오피스	2020 2016(네오)	A등급 B등급 C등급	PBT	60분
	한셀					
	한쇼					
	MS워드	MS오피스	2016			
	한글엑셀					
	한글액세스					
	한글파워포인트					
	인터넷	익스플로러				

※ PBT(Paper Based Testing) : 시험지를 통해 문제를 해결하는 시험방식

2. 시험 검정기준

ITQ시험은 500점 만점을 기준으로 A등급부터 C등급까지 등급별 자격을 부여하며, 낮은 등급을 받은 수험생이 차기시험에 재응시 하여 높은 등급을 받으면 등급을 업그레이드 해주는 방법으로 평가를 한다(500점 만점이며, 200점 미만은 불합격임).

A등급	B등급	C등급
500점 ~ 400점	399점 ~ 300점	299점 ~ 200점

3. 시험 출제기준

검정과목	문항	배점	출제기준
아래한글	1. 스타일	50점	※한글/영문 텍스트 작성 능력과 스타일 기능 사용 능력을 평가 • 한글/영문 텍스트 작성 • 스타일 이름/문단 모양/글자 모양
	2. 표와 차트	100점	※표를 작성하고 이를 이용하여 간단한 차트를 작성할 수 있는 능력을 평가 • 표 내용 작성/정렬/셀 배경색 • 표 계산 기능/캡션 기능/차트 기능
	3. 수식 편집기	40점	※수식 편집기 사용 능력 평가 • 수식 편집기를 이용한 수식 작성
	4. 그림/그리기	110점	※다양한 기능을 통합한 문제로 도형, 그림, 글맵시, 하이퍼링크 등 문서작성 시의 응용능력을 평가 • 도형 삽입 및 편집, 하이퍼링크 • 그림/글맵시(워드아트) 삽입 및 편집, 개체 배치 • 도형에 문자열 입력하기
	5. 문서작성능력	200점	※다문서 작성을 위한 다양한 능력 평가 • 문서작성 입력 및 편집(글자 모양/문단 모양), 한자 변환, 들여쓰기 • 책갈피, 덧말, 문단 첫 글자 장식, 문자표, 머리말, 쪽번호, 각주 • 표작성 및 편집, 그림 삽입 및 편집(자르기 등)

목 차

(무료 동영상)

Part 01 따라하면서 배우는 한글

(무료 동영상)

Part 02 기출유형 모의고사

(무료 동영상)

Part 03 기출문제

[자료 파일]
- 소스 및 정답 파일
- 무료 동영상 강의
- 자동채점 프로그램 및 답안작성 프로그램

※[자료실]에서 다운로드하여 사용하세요(1–3쪽 참조).

PART 1

따라하면서 배우는 한글 2016

기출문제를 따라해 보면서 시험의 시작부터 마무리까지
진행 절차와 필요 기능을 학습합니다.
※정답 파일과 동영상 강의는 [자료실]에서 다운로드하세요.

수험자 유의사항 및 답안 작성 요령

｜무료 동영상｜

수험자는 문제지를 받는 즉시 수험표상의 시험과목(프로그램)이 동일한지 반드시 확인하여야 합니다.

수험자 유의사항

파일명은 본인의 "수험번호-성명"으로 입력하여 답안폴더(내 PC\문서\ITQ)에 하나의 파일로 저장해야 하며, 답안문서 파일명이 "수험번호-성명"과 일치하지 않거나, 답안파일을 전송하지 않아 미제출로 처리될 경우 실격 처리합니다(예 : 12345678-홍길동.hwp).

답안 작성 요령

● **공통 부문**
  - 글꼴에 대한 기본설정은 **함초롬바탕, 10포인트, 검정, 줄간격 160%, 양쪽정렬**로 합니다.
  - 색상은 조건의 색을 적용하고 색의 구분이 안 될 경우에는 RGB 값을 적용하십시오.
   (빨강 255,0,0 / 파랑 0,0,255 / 노랑 255,255,0).
  - 각 문항에 주어진 ≪조건≫에 따라 작성하고 언급하지 않은 조건은 ≪출력형태≫와 같이 작성합니다.
  - **용지여백은 왼쪽·오른쪽 11㎜, 위쪽·아래쪽·머리말·꼬리말 10㎜, 제본 0㎜로 합니다.**
  - 그림 삽입 문제의 경우「내 PC\문서\ITQ\Picture」폴더에서 지정된 파일을 선택하여 삽입하십시오.
  - **삽입한 그림은 반드시 문서에 포함하여 저장해야 합니다(미포함 시 감점 처리).**
  - **각 항목은 지정된 페이지**에 출력형태와 같이 정확히 작성하시기 바라며, 그렇지 않을 경우에 해당 항목은 0점 처리됩니다.
   ※ 페이지 구분 : 1페이지 – 기능평가 Ⅰ(문제번호 표시 : 1. 2.)
      　　　　　　 2페이지 – 기능평가 Ⅱ(문제번호 표시 : 3. 4.)
      　　　　　　 3페이지 – 문서작성 능력평가

● **기능 평가**
  - 문제와 ≪조건≫은 입력하지 않으며 문제번호와 답(≪출력형태≫)만 작성합니다.
  - **4번 문제는 묶기를 했을 경우 0점 처리됩니다.**

● **문서작성 능력평가**
  - A4 용지(210㎜×297㎜) 1매 크기, 세로 서식 문서로 작성합니다.
  - ⬚ 표시는 문서작성에 대한 지시사항이므로 작성하지 않습니다.

핵심 체크

① 용지 설정 F7키 : 종류(A4), 방향(세로), 여백(왼쪽·오른쪽 11㎜, 위쪽·아래쪽·머리말·꼬리말 10㎜, 제본 0㎜) 지정
② 서식 설정 [모양]-[글자 모양] : 글꼴(함초롬바탕), 글자 크기(10pt), 글자 색(검정), 양쪽 정렬, 줄 간격(160%)
③ 파일 저장 [파일]-[저장] : '내 PC\문서\ITQ' 폴더 안에 "수험번호-성명.hwp"로 저장

※ 작성 순서
한글 2016 프로그램 열기 → 용지 설정 → 서식 설정 → 파일 저장

용지 설정 및 서식 설정하기

1 [시작] 단추를 클릭하여 [한글]을 클릭하거나 바탕화면에서 한글NEO 프로그램을 실행합니다.

2 [쪽] 탭의 [목록 단추 ▾]를 클릭한 후 [편집 용지] 메뉴를 클릭하거나 F7 키를 클릭하여 [편집 용지] 대화상자를 엽니다.

3 [기본] 탭에서 용지 종류, 용지 방향, 용지 여백을 그림과 같이 설정합니다.
- 용지 종류 : A4, 용지 방향 : 세로
- 용지 여백 : 왼쪽 · 오른쪽 11mm, 위쪽 · 아래쪽 · 머리말 · 꼬리말 10mm, 제본 0mm

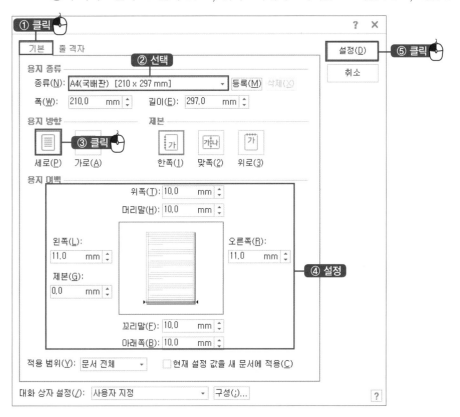

4 [서식] 도구 상자에서 '글꼴 : 함초롬바탕', '글자 크기 : 10pt', '글자색 : 검정', '양쪽 정렬', '줄 간격 : 160%'로 지정합니다.

단계 2 **3페이지로 구역 나누기**

1 첫 번째 페이지에서 그림과 같이 문제번호 '1.'과 '2.'를 입력한 후 Alt + Shift + Enter 키를 눌러 구역을 나눕니다.

Check Point

- ITQ 한글 NEO(2016) 시험은 총 3페이지로 나누어 답안을 작성해야 하므로 미리 구역을 나누는 작업을 해두는 것이 시간을 단축할 수 있습니다.
- 문제 번호를 입력한 후 Enter 키를 이용하여 행 간격을 벌리지 않으면 스타일 작업 후 바탕글 스타일을 재지정해야 하는 번거로움이 있습니다.

2 두 번째 페이지에서 그림과 같이 문제번호 '3.'과 '4.'를 입력한 후 Alt + Shift + Enter 키를 눌러 구역을 나눕니다.

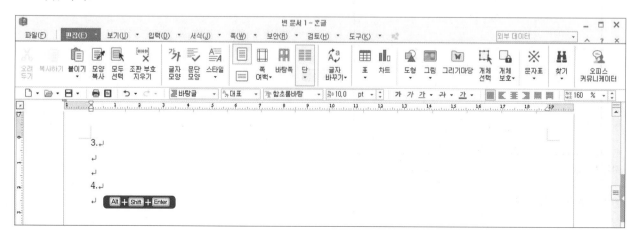

Check Point

쪽 나누기와 구역 나누기

- Ctrl + Enter 키를 이용하여 쪽 나누기를 하면 문서작성(3페이지) 작업에서 페이지 번호 삽입 시 1, 2페이지 하단에 페이지 번호가 나타납니다.
- Alt + Shift + Enter 키를 이용하여 구역 나누기를 하면 문서작성(3페이지) 작업에서 페이지 번호 삽입 시 1, 2페이지 하단에 페이지 번호가 나타나지 않습니다. 즉, 작업 후 별도로 1, 2페이지 번호를 숨길 필요가 없습니다.
- 다만, 앞 페이지의 쪽 번호는 채점 대상이 아니므로 삭제하지 않아도 됩니다.

단계 3 저장하기

1 [파일]-[저장하기 💾] 메뉴 또는 Alt + S 키를 클릭하여 [다른 이름으로 저장하기] 대화상자를 활성화합니다.

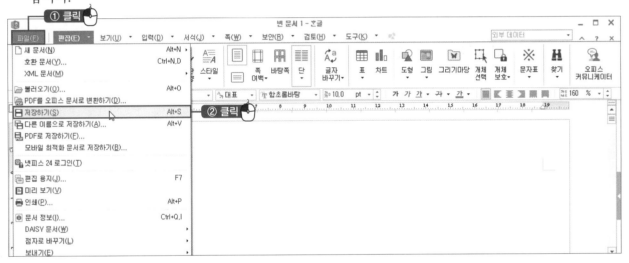

2 [다른 이름으로 저장하기] 대화상자의 왼쪽에 [내 PC]를 클릭한 후 [문서] 폴더를 더블클릭합니다.

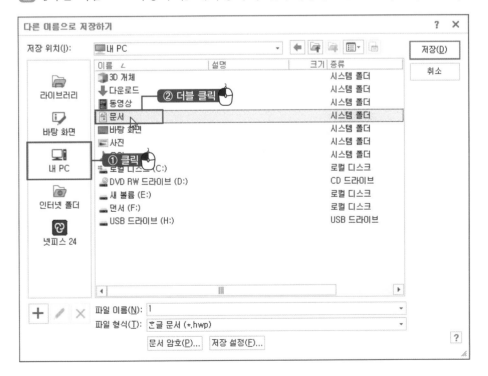

3 [문서] 폴더에서 [ITQ] 폴더를 더블클릭한 후 파일 이름에 '수험번호-성명'을 입력한 후 [저장] 단추를 클릭합니다.

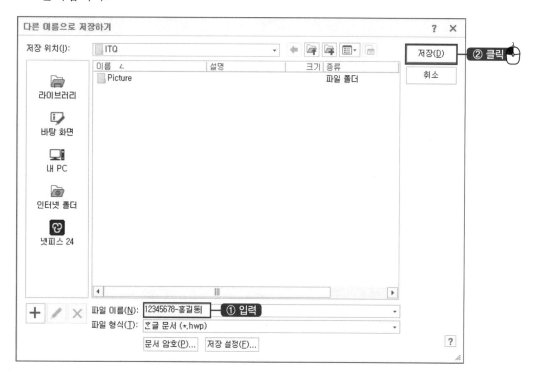

4 제목 표시줄에 파일명(수험번호-성명)이 [ITQ] 폴더 위치에 저장되었는지 확인합니다.

Level Upgrade 실력 향상을 위한 실전 연습문제

정답파일 및 해설은 [자료실]에서 다운로드 받으세요.

01 다음 조건에 따라 한글문서를 만든 후 저장하시오.

조건
(1) 아래와 같이 용지를 설정하시오.
- 용지 종류 : A4, 용지 방향 : 세로
- 용지 여백 : 왼쪽・오른쪽 11mm, 위쪽・아래쪽・머리말・꼬리말 : 10mm, 제본 : 0mm

(2) [내 PC\문서\ITQ] 폴더에 '20160001-성안당'으로 저장하시오.

02 다음 조건에 따라 한글문서를 만든 후 저장하시오.

조건
(1) 아래와 같이 용지를 설정하시오.
- 용지 종류 : A4, 용지 방향 : 세로
- 용지 여백 : 왼쪽・오른쪽 11mm, 위쪽・아래쪽・머리말・꼬리말 : 10mm, 제본 : 0mm

(2) [내 PC\문서\ITQ] 폴더에 '20160001-김대한'으로 저장하시오.

03 다음 조건에 따라 한글문서를 만든 후 저장하시오.

조건
(1) 아래와 같이 용지를 설정하시오.
- 용지 종류 : A4, 용지 방향 : 세로
- 용지 여백 : 왼쪽・오른쪽 11mm, 위쪽・아래쪽・머리말・꼬리말 : 10mm, 제본 : 0mm

(2) [내 PC\문서\ITQ] 폴더에 '20160001-강민국'으로 저장하시오.

Section I [기능평가 I -1] 스타일

스타일 기능을 적용하는 문제로 ①영어/한글 문장 입력, ②스타일 설정 및 적용하는 과정을 진행하며, 스타일 작성에 필요한 세부 기능인 문단 모양과 글자 모양에 대해 자세히 학습합니다.

● 정답 파일 : Section01_정답.hwp

1. 다음의 ≪조건≫에 따라 스타일 기능을 적용하여 ≪출력형태≫와 같이 작성하시오. (50점)

조건 ⑴ 스타일 이름 – unification
⑵ 문단 모양 – 왼쪽 여백 : 15pt, 문단 아래 간격 : 10pt
⑶ 글자 모양 – 글꼴 : 한글(돋움)/영문(굴림), 크기 : 10pt, 장평 : 95%, 자간 : 5%

출력형태

In 1960, public discussions on unification issues sprang up in various sectors in South Korean society and government felt the need to listen to the public and set up a consistent unification policy.

1960년대 통일 문제에 대한 대중의 논의는 한국 사회의 여러 분야에서 시작되었고, 정부는 국민들의 말에 귀를 기울이고 일관된 통일 정책을 수립할 필요성을 느꼈다.

핵심 체크

① 제시된 문장을 오탈자 없이 정확히 입력하기
② 스타일 만들기
– [서식 서식(J) ▾] 탭–[스타일 🔠] 도구를 선택하거나 F6 키 이용
– 문단 모양과 글자 모양 설정
※ 영문과 한글 문장 사이에 Enter 키를 한 번만 클릭하여 강제 개행하고 [문단 모양]에서 설정합니다.

※ 작성 순서
문장 입력 → 스타일 설정 및 적용

1 문제 번호 '1.' 다음 줄에 커서를 위치시킨 후 《출력형태》와 같이 문장을 입력합니다. 문장 입력 시 강제로 줄을 변경하는 경우는 영문자의 마지막 'policy.'를 입력한 후 Enter 키를 누릅니다.

1.↵

In 1960, public discussions on unification issues sprang up in various sectors in South Korean society and government felt the need to listen to the public and set up a consistent unification policy.↵ Enter

1960년대 통일 문제에 대한 대중의 논의는 한국 사회의 여러 분야에서 시작되었고, 정부는 국민들의 말에 귀를 기울 이고 일관된 통일 정책을 수립할 필요성을 느꼈다.↵

↵

Check **P**oint

한영 전환 : 한/영 키를 클릭하거나 Shift + Space Bar 키를 누릅니다.

1 입력한 문장을 드래그하여 범위 지정한 후 [서식] 탭에서 [스타일 추가하기 Ａ▦] 도구를 클릭합니다.

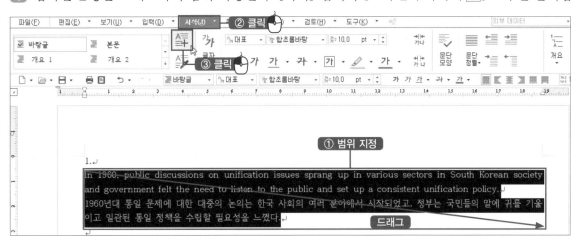

Check **P**oint

F6 키를 클릭한 후 [스타일] 대화상자에서 [스타일 추가하기] 단추를 클릭해도 됩니다.

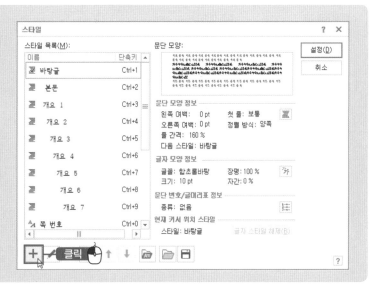

2 [스타일 추가하기] 대화상자에서 스타일 이름에 'unification'을 입력한 후 [문단 모양] 단추를 클릭합니다.

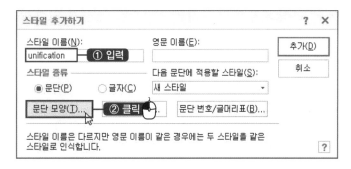

3 [문단 모양] 대화상자에서 '왼쪽 여백 : 15pt', '문단 아래 간격 : 10pt'를 설정한 후 [설정] 단추를 클릭합니다.

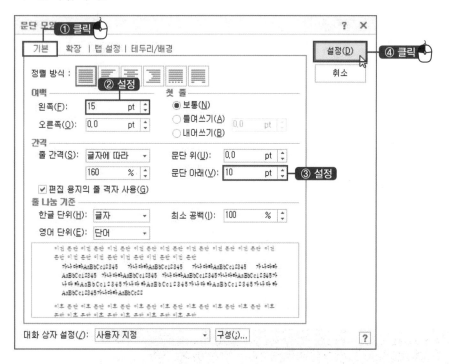

4 [스타일 추가하기] 대화상자에서 [글자 모양] 단추를 클릭합니다.

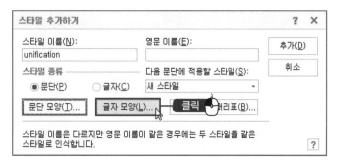

5 [글자 모양] 대화상자에서 '기준 크기 : 10pt', '장평 : 95%', '자간 : 5%'를 설정한 후 언어별 설정의 언어에서 '한글 : 돋움', '영문 : 굴림'을 지정하고 [설정] 단추를 클릭합니다.

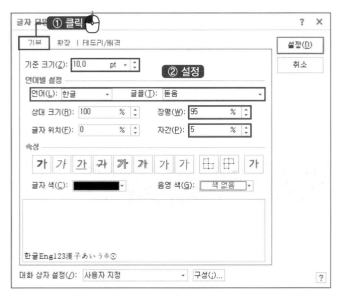

Check Point

한글과 영문의 서식을 각각 설정하는 방법보다 공통된 서식(장평, 자간 등)을 먼저 설정한 후 한글과 영문의
글꼴을 지정하는 방법이 시간을 단축할 수 있습니다.

6 [스타일 추가하기] 대화상자에서 [추가] 단추를 클릭합니다.

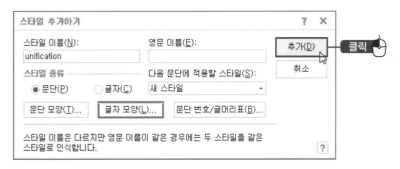

7 [서식] 탭에서 추가된 'unification' 스타일을 클릭하여 범위 지정한 문장에 스타일을 적용합니다.

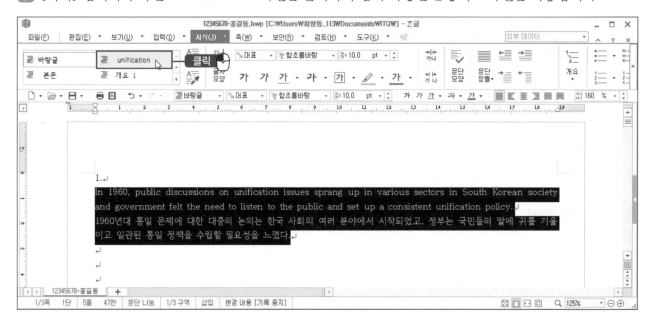

8 [Esc] 키를 눌러 범위를 해제한 후 스타일이 적용됐는지 확인한 후 [파일]-[저장하기 💾] 메뉴를 클릭하여 저장합니다.

1.↵

In 1960, public discussions on unification issues sprang up in various sectors in South Korean society and government felt the need to listen to the public and set up a consistent unification policy.↵

1960년대 통일 문제에 대한 대중의 논의는 한국 사회의 여러 분야에서 시작되었고, 정부는 국민들의 말에 귀를 기울이고 일관된 통일 정책을 수립할 필요성을 느꼈다.↵

↵

Check **P**oint

· 스타일 작업을 마친 후 반드시 [바탕글] 스타일을 지정하여 다음 문제의 글자와 문단 모양에 영향을 미치지 않도록 합니다. 즉, 2번 문제를 작성하기 전에는 반드시 스타일이 바탕글인지 확인해 주어야 합니다.

· 바탕글 스타일로 변환 단축키 : [Ctrl] + [1]

· 작업 도중 불의의 사고로 작성한 답안 파일에 문제가 발생할 수도 있으므로 각 문제를 완성할 때마다 저장하는 습관을 길러야 합니다.

실력 향상을 위한 실전 연습문제

● 정답 파일 : Section01_정답.hwp

O1 다음의 ≪조건≫에 따라 스타일 기능을 적용하여 ≪출력형태≫와 같이 작성하시오.

조건
(1) 스타일 이름 – skiing
(2) 문단 모양 – 첫 줄 들여쓰기 : 10pt, 문단 아래 간격 : 10pt
(3) 글자 모양 – 글꼴 : 한글(궁서)/영문(돋움), 크기 : 10pt, 장평 : 105%, 자간 : −5%

출력형태

New ski and binding designs, coupled with the introduction of ski lifts and snow cars to carry skiers up mountains, enabled the development of alpine skis.

역사 기록을 기준으로 보면 노르웨이의 레디 바위에 새겨진 스키 타는 사람의 모습은 4,500년 전의 것이라고 추정되며, 스웨덴의 중부 호팅 지방에서 발견된 4,500년 전의 스키가 가장 오래된 것으로 알려져 있다.

O2 다음의 ≪조건≫에 따라 스타일 기능을 적용하여 ≪출력형태≫와 같이 작성하시오.

조건
(1) 스타일 이름 – danjong
(2) 문단 모양 – 왼쪽 여백 : 15pt, 문단 아래 간격 : 10pt
(3) 글자 모양 – 글꼴 : 한글(굴림)/영문(궁서), 크기 : 10pt, 장평 : 105%, 자간 : 5

출력형태

A figure of young Danjong is enshrined here. Every April 15, citizens gather and hold a memorial service.

단종문화제는 장릉사적 제196호이자 세계문화유산의 하나로 조선의 6대 임금인 단종의 고혼과 충신들의 넋을 축제로 승화시킨 영월의 대표적인 향토문화제이다.

● 정답 파일 : Section01_정답.hwp

03 다음의 《조건》에 따라 스타일 기능을 적용하여 《출력형태》와 같이 작성하시오.

조건
1) 스타일 이름 – dmz
(2) 문단 모양 – 첫 줄 들여쓰기 : 15pt, 문단 아래 간격 : 10pt
(3) 글자 모양 – 글꼴 : 한글(돋움)/영문(궁서), 크기 : 10pt, 장평 : 95%, 자간 : 3

출력형태

The Korean government is of a firm belief that all issues and conflicts should be resolved peacefully through dialogue.

비무장지대는 국제조약이나 협약에 의하여 무장이 금지된 완충 지역을 말하며 한국의 비무장지대는 한국전 정전협정에 의하여 1953년에 설정되었다.

04 다음의 《조건》에 따라 스타일 기능을 적용하여 《출력형태》와 같이 작성하시오.

조건
(1) 스타일 이름 – car
(2) 문단 모양 – 첫 줄 들여쓰기 : 15pt, 문단 아래 간격 : 10pt
(3) 글자 모양 – 글꼴 : 한글(굴림)/영문(궁서), 크기 : 10pt, 장평 : 102%, 자간 : 3

출력형태

It is our great pleasure to extend our heartfelt greeting to all those from around the world who are in the field of automobile industry.

오늘날 가장 널리 사용되는 내연기관 자동차는 19세기 말에 증기 자동차의 뒤를 이어 실용화되었으며 가솔린 자동차, 디젤기관 자동차, LPG 자동차가 이에 속한다.

05 다음의 《조건》에 따라 스타일 기능을 적용하여 《출력형태》와 같이 작성하시오.

조건 (1) 스타일 이름 – volunteering
(2) 문단 모양 – 왼쪽 여백 : 15pt, 문단 아래 간격 : 10pt
(3) 글자 모양 – 글꼴 : 한글(굴림)/영문(돋움), 크기 : 10pt, 장평 : 95%, 자간 : 5%

출력형태

Volunteering is generally considered and altruistic activity where an individual or group provides services for no financial gain "to benefit another person, group or organization."

자원봉사는 일반적으로 개인이나 단체가 다른 사람 또는 조직을 위해 금전적 보상 없이 서비스를 제공하는 이타적인 행동으로 간주된다.

06 다음의 《조건》에 따라 스타일 기능을 적용하여 《출력형태》와 같이 작성하시오.

조건 (1) 스타일 이름 – noise
(2) 문단 모양 – 왼쪽 여백 : 10pt, 문단 아래 간격 : 5pt
(3) 글자 모양 – 글꼴 : 한글(굴림)/영문(돋움), 크기 : 10pt, 장평 : 95%, 자간 : 5%

출력형태

The presence of unwanted sound is a called noise pollution. This unwanted sound can seriously damage and effect physiological and psychological health.

산업 현장, 운송 체계, 음향 체계, 기타 수단에 의해 발생하는 소리가 기준을 초과하는 경우에는 영구적 청력 상실, 이상 증후군 발생, 심리적 불안을 유발할 수 있다.

배점 **100** 점

무료 동영상

[기능평가 Ⅰ-2] 표

표를 만들어 작성하는 문제로 ①표 작성, ②글자 모양과 문단 모양, ③셀 테두리/배경 기능, ④계산 기능 및 캡션 기능에 대하여 학습합니다.

● 정답 파일 : Section02_정답.hwp

2. 다음의 ≪조건≫에 따라 ≪출력형태≫와 같이 표를 작성하시오. (100점)

조건
(1) 표 전체(표, 캡션) – 돋움, 10pt
(2) 정렬 – 문자 : 가운데 정렬, 숫자 : 오른쪽 정렬
(3) 셀 배경(면색) : 노랑
(4) 한글의 계산 기능을 이용하여 빈칸에 합계를 구하고, 캡션 기능 사용할 것
(5) 선 모양은 ≪출력형태≫와 동일하게 처리할 것

출력형태

남북 주요도시 인구현황(단위 : 만 명)

지역	서울	부산	평양	청진	합계
1970년	568	204	98	30	
2000년	1,007	373	277	59	
2020년	963	339	308	64	
2035년	926	320	347	71	

핵심 체크

① 표 만들기 : [입력]–[표 만들기 ⊞] 메뉴 또는 Ctrl + N, T 이용
② 표 서식 : 글자 모양, 문자 정렬, 셀 배경색, 셀 테두리, 캡션 달기 설정
③ 표 계산 : 계산 범위를 지정한 후 [표]–[계산식 ⊞ ▾] 메뉴를 이용하여 자동 계산 수행하기

※ 작성 순서
표 작성 → 데이터 입력 및 정렬 → 블록 계산식 → 셀 편집(테두리, 배경색 등) → 캡션 달기

표 메뉴

기능	메뉴	단축키	도구
표 만들기	[입력]-[표]	Ctrl + N, T	
셀 합치기	[표]-[셀 합치기]	범위 지정 후 M	
셀 나누기	[표]-[셀 나누기]	범위 지정 후 S	
선 모양	[표]-[셀 테두리]	범위 지정 후 L	
셀 배경색	[표]-[셀 배경 색]	범위 지정 후 C	
블록 합계	[표]-[계산식]-[블록 합계]	Ctrl + Shift + S	
블록 평균	[표]-[계산식]-[블록 평균]	Ctrl + Shift + A	
캡션 달기	[표]-[캡션]	Ctrl + N, C	

단계 1 표 작성하기

1 [입력] 탭에서 [표 ▦] 도구를 클릭하거나 Ctrl + N, T 단축키를 눌러 [표 만들기] 대화상자를 활성화합니다.

2 [표 만들기] 대화상자에서 '줄 수 : 5', '칸수 : 6', '글자처럼 취급'에 체크를 한 후 [만들기] 단추를 클릭하여 표를 생성합니다.

[입력] 탭-[표 만들기 ▦] 도구를 클릭한 후 줄 수와 칸 수만큼 드래그하여 표를 작성할 수도 있습니다.

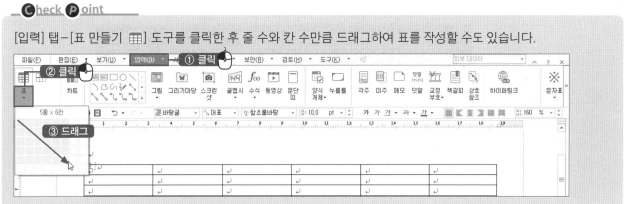

❸ ≪출력형태≫와 동일하게 내용을 입력합니다.

2.↵

지역↵	서울↵	부산↵	평양↵	청진↵	합계↵
1970년↵	568↵	204↵	98↵	30↵	↵
2000년↵	1,007↵	373↵	277↵	59↵	↵
2020년↵	963↵	339↵	308↵	64↵	↵
2035년↵	926↵	320↵	347↵	71↵	↵

단계 2 모양 서식 설정하기

❶ 글자 모양 서식을 설정하기 위해 표 전체를 범위 지정한 후 [서식] 도구 상자에서 '글꼴 : 돋움', '크기 : 10pt', [가운데 정렬 ▤] 도구를 설정합니다.

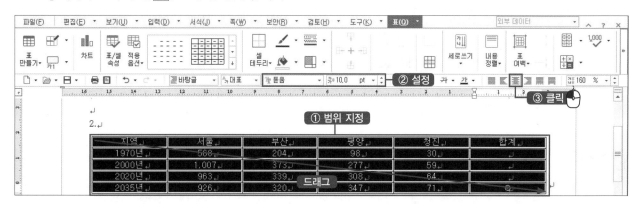

ⓒheck ⓟoint

표 범위 지정
① 한 셀 지정 : 해당 셀을 클릭한 후 F5 키를 누름
② 두 셀 이상 범위 지정 : 해당 범위만큼 마우스로 드래그
③ 표 전체 범위 지정 : 해당 범위만큼 마우스로 드래그하거나 F5 키를 세 번 누름

❷ 숫자 데이터 부분만 범위 지정한 후 [서식] 도구 상자에서 [오른쪽 정렬 ▤] 도구를 클릭합니다.

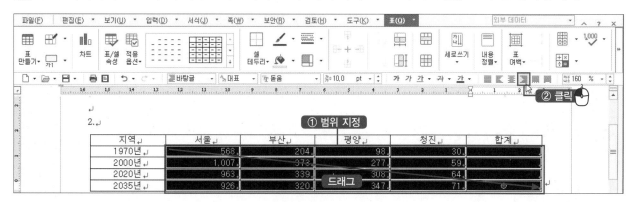

ⓒheck ⓟoint

• 합계 또는 평균을 구할 결과 값 셀까지 범위 지정하면 결과 값이 계산된 후 다시 정렬 작업을 하지 않아도 됩니다.
• 여러 범위 셀 지정 : 원하는 범위를 지정한 후 Ctrl 키를 누르고 추가 범위를 지정하면 서로 떨어져 있는 셀을 범위로 지정할 수 있으며, 먼저 설정한 범위를 다시 선택하면 범위 지정이 취소됩니다.

1 계산될 숫자가 있는 셀과 계산된 결과가 표시될 셀이 포함되도록 그림과 같이 범위를 지정한 후 [표] 탭 [계산식 ⊞ ▾]의 [목록 단추 ▼] [블록 합계]를 클릭합니다.

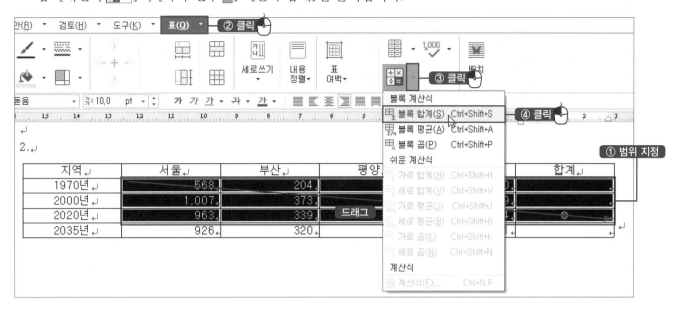

Check **P**oint

- 블록 계산은 단축키를 이용하는 것이 시간을 단축할 수 있습니다.
  블록 합계 : Ctrl + Shift + S , 블록 평균 : Ctrl + Shift + A
- 블록 평균을 계산하면 기본적으로 소수점 두 자리까지 표시됩니다.

2 빈 셀에 합계가 계산되어 표시되면 Esc 키를 눌러 범위 지정을 해제합니다.

1 표 바깥쪽 테두리 선 모양을 지정하기 위하여 표 전체를 범위 지정한 후 L 키를 눌러 [셀 테두리/배경] 대화상자를 엽니다.

2.↵

범위 지정 + L

지역↵	서울↵	부산↵	평양↵	청진↵	합계↵
1970년 ↵	568	204	98	30	900
2000년 ↵	1,007	373	277	59	1,716
2020년 ↵	963	339	308	64	1,674
2035년 ↵	926	320	347	71	

드래그

Check **P**oint

시간 단축을 위해 셀 테두리와 배경색 설정은 단축키를 사용하는 것이 좋습니다.
- 셀 테두리 : 범위 지정 후 L 키
- 셀 배경색 : 범위 지정 후 C 키

2 [테두리] 탭의 테두리 종류에서 '이중 실선 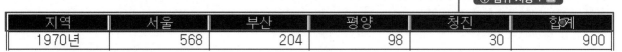'을 선택하고 [바깥쪽 ⊞] 단추를 선택한 후 [설정] 단추를 클릭합니다.

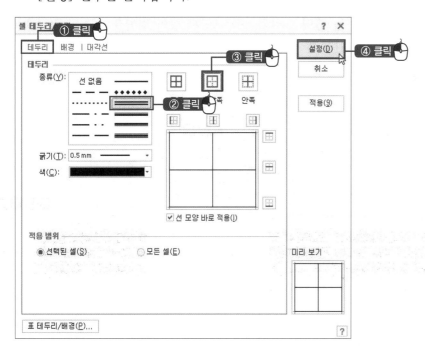

3 1행만 범위 지정한 후 **L** 키를 눌러 [셀 테두리/배경] 대화상자의 [테두리] 탭에서 '이중 실선 ▤▤▤▤' 을 선택한 후 [아래 ⊡] 단추를 누르고 [설정] 단추를 클릭합니다.

① 범위 지정 + **L**

지역	서울	부산	평양	청진	합계
1970년	568	204	98	30	900

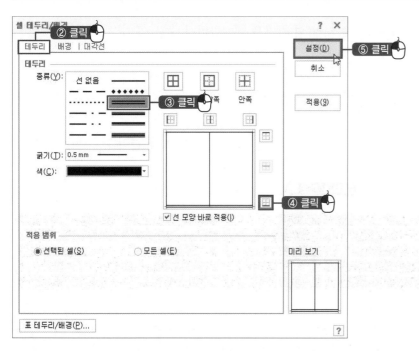

4 3과 같은 방법으로 1열만 범위 지정하고 **L** 키를 눌러 [셀 테두리/배경] 대화상자의 [테두리] 탭에서 '이중 실선 ▤▤▤▤'을 선택한 후 [오른쪽 ⊞] 단추를 누르고 [설정] 단추를 클릭합니다.

5 마지막 셀을 클릭한 후 F5 키를 눌러 하나의 셀만 범위 지정하고 L 키를 누른 후 [셀 테두리/배경] 대화상자의 [대각선] 탭에서 [대각선 ◩], [대각선 ◪] 단추를 각각 클릭하고 [설정] 단추를 클릭합니다.

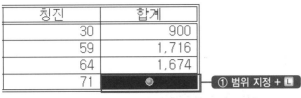

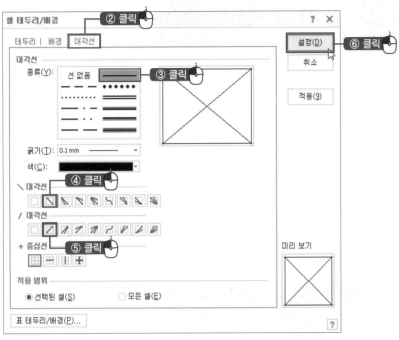

Check **P**oint

• 범위를 지정한 후 [표] 그룹의 [목록 단추 ▾]를 클릭한 후 [셀 테두리/배경]-[각 셀마다 적용]을 선택하여 셀 테두리를 설정할 수도 있습니다.

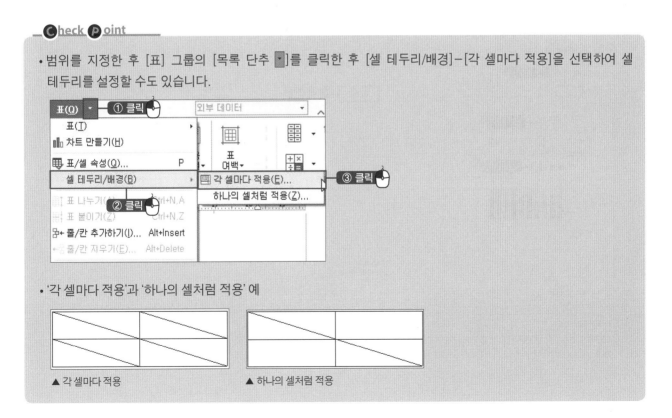

• '각 셀마다 적용'과 '하나의 셀처럼 적용' 예

▲ 각 셀마다 적용   ▲ 하나의 셀처럼 적용

6 셀에 배경색을 설정하기 위해 해당 셀을 범위 지정한 후 [표] 탭에서 [셀 배경색 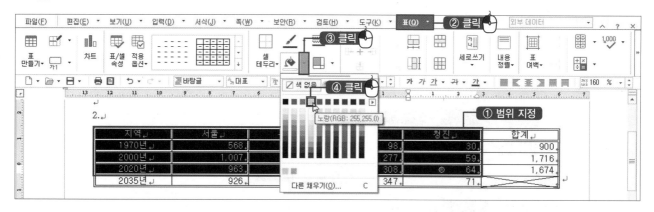] 도구의 [목록 단추 ■]를 클릭하고 '노랑(RGB: 255,255,0)'을 지정합니다.

Check Point

• [표] 탭에서 [셀 배경색] 도구의 색상 테마를 '오피스'로 지정하면 자주 사용하는 빨강, 파랑, 노랑 등의 색을 편리하게 지정할 수 있습니다.

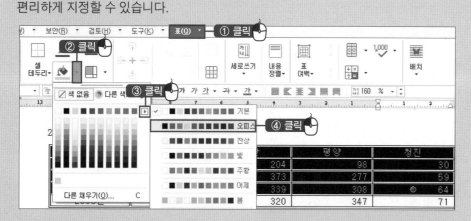

• 셀 범위를 지정하고 ⓒ키를 눌러 [셀 테두리/배경] 대화상자의 [배경]탭에서 '면 색'을 노랑으로 선택하여 지정할 수도 있습니다.

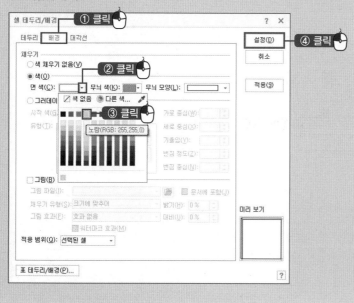

1 [표] 탭에서 [캡션 🔲 ⋅]의 [목록 단추 ▼]를 클릭한 후 '위'를 선택합니다.

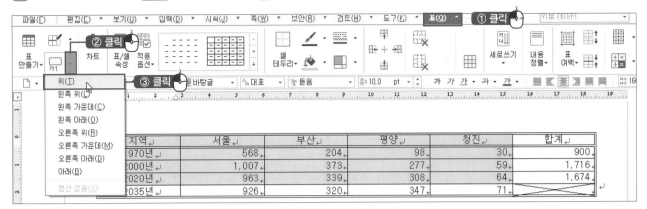

2 자동으로 표시된 캡션명과 캡션번호(표 1)를 삭제하고 '남북 주요도시 인구현황(단위 : 만 명)'을 입력합니다.

남북 주요도시 인구현황(단위 : 만 명)↵ ◀━ 입력

지역↵	서울↵	부산↵	평양↵	청진↵	합계↵
1970년↵	568↵	204↵	98↵	30↵	900↵
2000년↵	1,007↵	373↵	277↵	59↵	1,716↵
2020년↵	963↵	339↵	308↵	64↵	1,674↵
2035년↵	926↵	320↵	347↵	71↵	

3 캡션 내용을 범위 지정하고 [서식] 도구 상자에서 '글꼴 : 돋움', '글자 크기 : 10pt', '오른쪽 정렬 ▤'을 지정합니다.

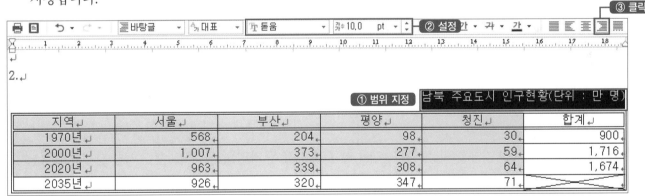

4 표의 셀 높이를 조절하기 위해 표 전체를 드래그하여 범위 지정한 후 Ctrl + ↓ 키를 한 번 누릅니다.

남북 주요도시 인구현황(단위 : 만 명)

지역↵	서울↵	부산↵	평양↵	청진↵	합계↵
1970년↵	568↵	204↵	98↵	30↵	900↵
2000년↵	1,007↵	373↵	277↵	59↵	1,716↵
2020년↵	963↵	339↵	308↵	64↵	1,674↵
2035년↵	926↵	320↵	347↵	71↵	

① 범위 지정 ② Ctrl + ↓

Ⓒheck Ⓟoint

표의 크기 조절을 하지 않아도 감점 대상은 아닙니다.

실력 향상을 위한 실전 연습문제

● 정답 파일 : Section02_정답.hwp

01 다음의 ≪조건≫에 따라 ≪출력형태≫와 같이 표를 작성하시오.

조건
(1) 표 전체(표, 캡션) – 돋움, 10pt
(2) 정렬 – 문자 : 가운데 정렬, 숫자 : 오른쪽 정렬
(3) 셀 배경색(면색) : 노랑
(4) 한글의 계산 기능을 이용하여 빈칸에 합계를 구하고, 캡션 기능 사용할 것
(5) 선 모양은 ≪출력형태≫와 동일하게 처리할 것

출력형태

고령자 재취업 현황(단위 : %)

구분	2018년	2019년	2020년	2021년	합계
서울/경기	23.7	18.6	27.4	39.6	
부산	16.8	25.3	28.6	33.2	
광주	22.1	34.5	24.2	27.3	
강원	14.6	25.3	36.1	29.4	

02 다음의 ≪조건≫에 따라 ≪출력형태≫와 같이 표를 작성하시오.

조건
(1) 표 전체(표, 캡션) – 굴림, 10pt
(2) 정렬 – 문자 : 가운데 정렬, 숫자 : 오른쪽 정렬
(3) 셀 배경색(면색) : 노랑
(4) 한글의 계산 기능을 이용하여 빈칸에 평균(소수점 두 자리)을 구하고, 캡션 기능 사용할 것
(5) 선 모양은 ≪출력형태≫와 동일하게 처리할 것

출력형태

크로스컨트리 K-Point(단위 : 점)

구분	회장배	학생종별	전국체전	종별	평균
이건용	138.5	116.1	120.9	115.3	
정의명	136.6	133.2	151.4	114.8	
김진아	185.4	170.2	190.3	206.8	
김은지	160.3	145.2	153.4	168.7	

03 다음의 ≪조건≫에 따라 ≪출력형태≫와 같이 표를 작성하시오.

조건
(1) 표 전체(표, 캡션) – 궁서, 10pt
(2) 정렬 – 문자 : 가운데 정렬, 숫자 : 오른쪽 정렬
(3) 셀 배경색(면색) : 노랑
(4) 한글의 계산 기능을 이용하여 빈칸에 합계를 구하고, 캡션 기능 사용할 것
(5) 선 모양은 ≪출력형태≫와 동일하게 처리할 것

출력형태

통계자료 이용 현황(단위 : %)

구분	조사통계	가공통계	보고통계	지정통계	합계
법인	57.8	36.1	44.9	35.6	
단체	43.7	49.3	38.6	43.2	
개인	22.1	15.3	14.6	17.3	
기타	42.6	23.3	11.2	29.7	

04 다음의 ≪조건≫에 따라 ≪출력형태≫와 같이 표를 작성하시오.

조건
(1) 표 전체(표, 캡션) – 돋움, 10pt
(2) 정렬 – 문자 : 가운데 정렬, 숫자 : 오른쪽 정렬
(3) 셀 배경색 : 노랑
(4) 한글의 계산 기능을 이용하여 빈칸의 합계를 구하고, 캡션 기능 사용할 것
(5) 선 모양은 ≪출력형태≫와 동일하게 처리할 것

출력형태

구분	2014년	2016년	2018년	2020년	합계
서울	37.5	26.0	49.3	45.2	
대전	16.8	20.9	38.6	30.3	
부산	32.1	45.3	40.6	33.8	
강원도	22.6	15.3	19.6	34.7	

대학 졸업 후 금융권 취업 현황(단위 : %)

Section 3

기능평가 I -3 차트

무료 동영상

차트를 작성한 후 편집하는 문제로 ①차트의 원본 데이터 지정, ②차트 종류 지정, ③차트 서식(제목, 축 제목, 범례, 데이터 값 표시 등) 지정 기능을 통하여 ≪출력형태≫와 동일한 차트를 작성합니다.

배점 **100** 점

● 정답 파일 : Section03_정답.hwp

2. 다음의 ≪조건≫에 따라 ≪출력형태≫와 같이 차트를 작성하시오. (100점)

조건
(1) 차트 데이터는 표 내용에서 지역별 1970년, 2000년, 2020년의 값만 이용할 것
(2) 종류 – <묶은 세로 막대형>으로 작업할 것
(3) 제목 – 굴림, 진하게, 12pt, 속성 – 채우기(하양), 테두리, 그림자(대각선 오른쪽 아래)
　　　　【굴림, 진하게, 12pt, 배경 – 선 모양(한 줄로), 그림자(2pt)】
(4) 제목 이외의 전체 글꼴 – 굴림, 보통, 10pt
(5) 축제목과 범례는 ≪출력형태≫와 동일하게 처리할 것

출력형태

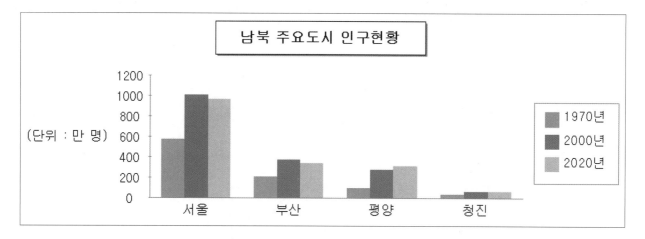

핵심 체크

① 차트 작성 : [입력] 탭에서 [차트 📊] 도구 또는 영역을 지정한 후 바로가기 메뉴에서 [차트 만들기] 메뉴 클릭
② 차트 마법사 : 차트 종류, 차트 제목, 축 제목 등을 설정
③ 차트 편집 : 전체 글꼴, 차트 제목, 축 눈금, 범례, 비례, 차트 배경 등을 설정
※ 차트의 각 구성요소의 서식 설정은 차트 편집 상태에서 바로가기 메뉴를 이용하거나 더블클릭하여 설정할 수 있습니다.

※ 작성 순서
차트 범위 지정 → 차트 마법사(차트 종류, 제목 등) → 차트 편집(글꼴, 축, 범례, 비례, 배경 등)

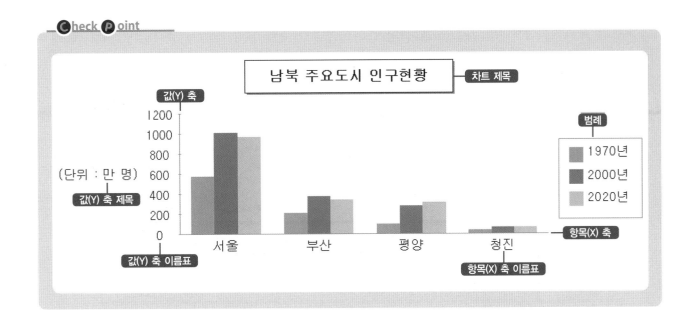

단계 1 차트 만들기

1 '기능평가 Ⅰ-2'의 1번에서 작성한 표에서 차트에 사용될 원본 데이터의 범위를 드래그하여 지정한 후 [입력] 탭에서 [차트 ▮▮▮] 도구를 클릭합니다.

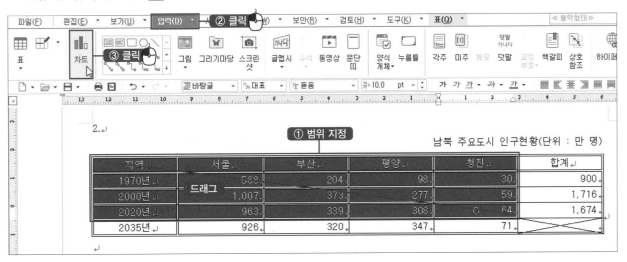

• 범위를 지정한 후 바로가기 메뉴(마우스 오른쪽 버튼 클릭)에서 [차트 만들기] 메뉴를 선택해도 됩니다.
• 서로 떨어져 있는 셀의 범위를 지정할 때에는 Ctrl 키를 이용합니다.

2 차트가 표 위에 생성되면 차트를 표 하단으로 이동하기 위해 [표] 탭에서 '글자처럼 취급'에 체크 표시합니다.

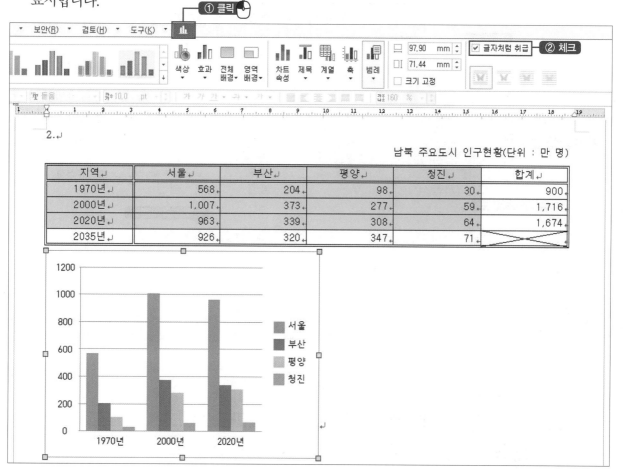

3 차트가 표 아래로 이동되면 차트의 조절점(■)을 드래그하여 적당한 크기로 차트의 크기를 조절합니다.

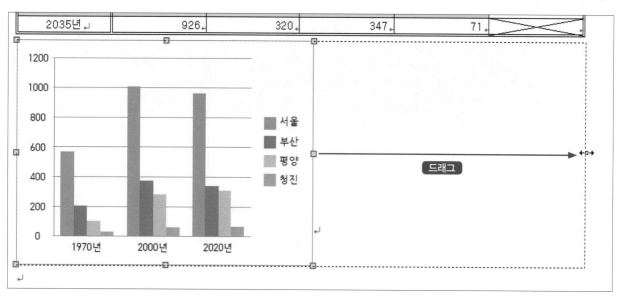

1 차트를 편집하기 위해 차트를 더블클릭 한 후 바로가기 메뉴에서 [차트 마법사] 메뉴를 선택합니다.

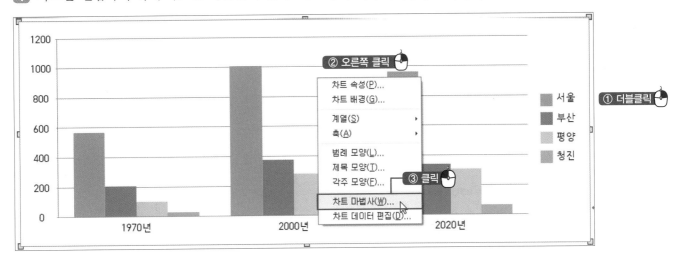

ⓒheck ⓟoint

차트를 한 번만 클릭하면 차트의 위치나 크기를 조절할 수 있으며, 차트를 더블클릭하면 차트를 편집할 수 있는 상태로 변환됩니다.

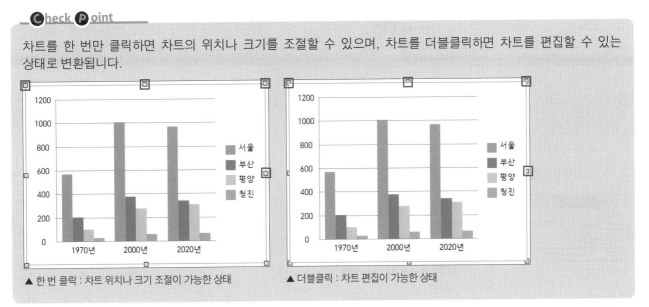

▲ 한번 클릭 : 차트 위치나 크기 조절이 가능한 상태   ▲ 더블클릭 : 차트 편집이 가능한 상태

2 [차트 마법사 – 3단계 중 1단계] 대화 상자의 [표준 종류] 탭에서 '세로 막대형– 묶은 세로 막대형'을 선택한 후 [다음] 단추를 클릭합니다.

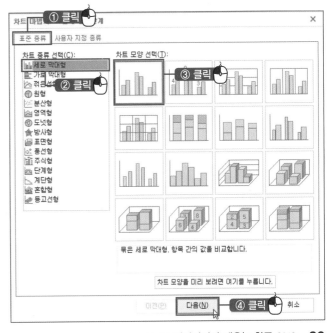

3 [차트 마법사 – 3단계 중 2단계] 대화상자의 [방향 설정] 탭에서 '방향 : 열'과 차트 모양을 확인한 후 [다음] 단추를 클릭합니다.

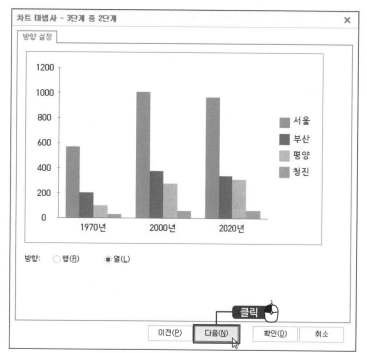

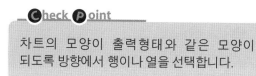

차트의 모양이 출력형태와 같은 모양이 되도록 방향에서 행이나 열을 선택합니다.

4 [차트 마법사 – 마지막 단계] 대화상자의 [제목] 탭에서 다음과 같이 입력한 후 [확인] 단추를 클릭합니다.

　– 차트 제목 : 남북 주요도시 인구현황

　– Y(값) 축 : (단위 : 만 명)

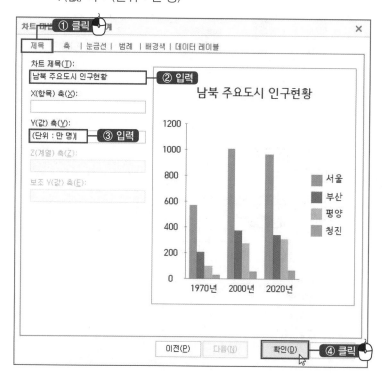

1 차트 편집 상태에서 차트 제목을 더블클릭하거나 차트 제목을 선택한 후 바로가기 메뉴에서 [제목 모양] 메뉴를 선택합니다.

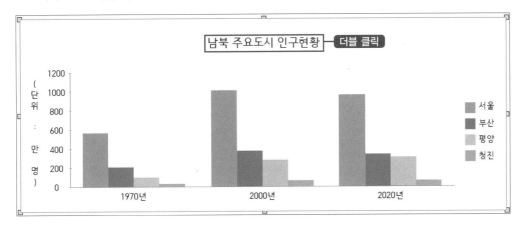

2 [제목 모양] 대화상자에서 다음과 같이 설정합니다.

- [배경] 탭 : 선 모양 : 한 줄로 , 그림자 체크 , 위치 : 2pt'
- [글자] 탭 : 글꼴 : 굴림 , 속성 : 진하게 , 크기 : 12pt'

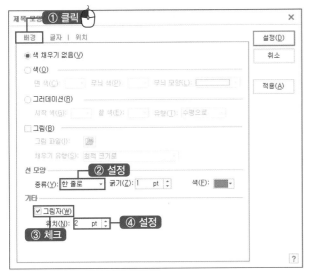

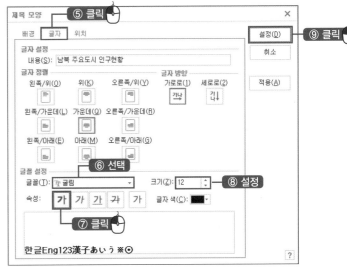

3 《출력형태》처럼 차트의 제목이 잘 보일 수 있도록 제목 영역의 조절점을 마우스로 드래그하여 크기를 조절합니다.

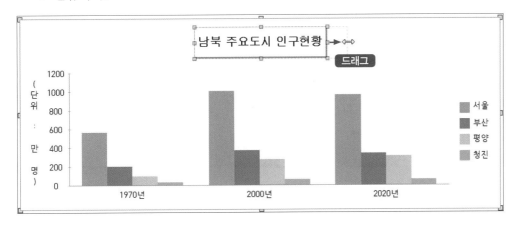

1 Y(값) 축 제목을 더블클릭한 후 [축 제목 모양] 대화상자의 [글자] 탭에서 '글자 방향 : 가로로(꺄)', '글꼴 : 굴림', '크기 : 10pt', '보통 모양'을 지정하고 [설정] 단추를 클릭합니다.

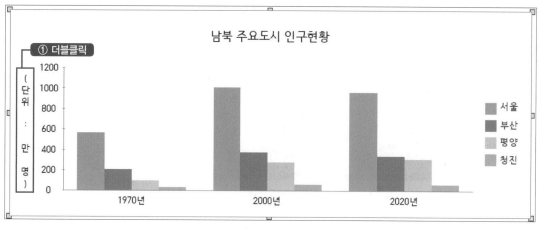

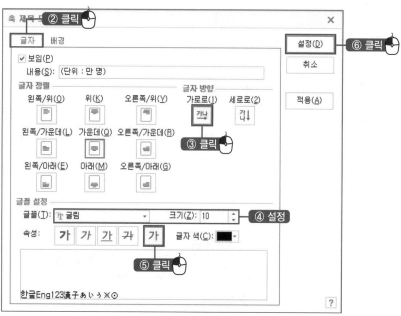

2 Y(값) 축의 숫자 부분을 더블클릭한 후 [축 이름표 모양] 대화상자의 [글자] 탭에서 '글꼴 : 굴림', '크기 : 10pt', '보통 모양'을 지정하고 [설정] 단추를 클릭합니다.

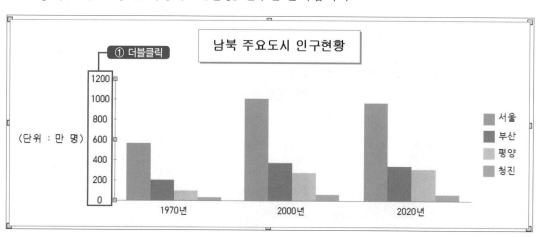

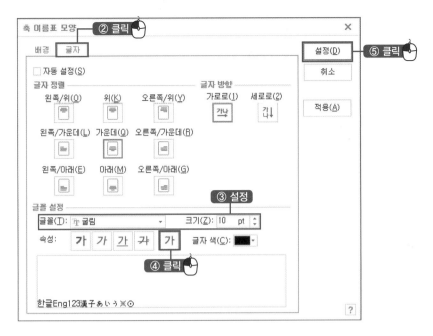

값(Y) 축의 숫자 부분을 클릭하면 Y축이 선택되는 점이 나타나며, 여기서 마우스 오른쪽 버튼을 클릭하여 나타난
바로가기 메뉴의 [축]−[이름표] 메뉴를 선택한 후 [축 이름표 선택] 대화상자에서 세로 값 축을 선택하여 글꼴을
지정할 수도 있습니다.

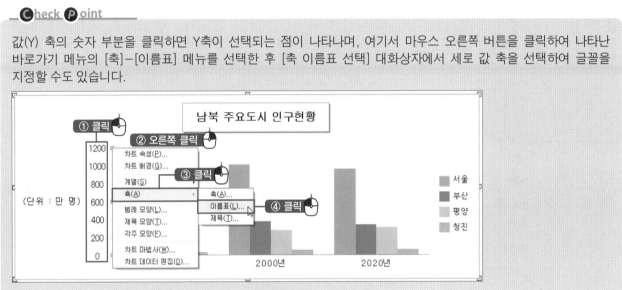

3 가로 항목 축을 더블클릭한 후 [축 이름표 모양] 대화상자의 [글자] 탭에서 '글꼴 : 굴림', '크기 : 10pt',
'보통 모양'을 지정하고 [설정] 단추를 클릭합니다.

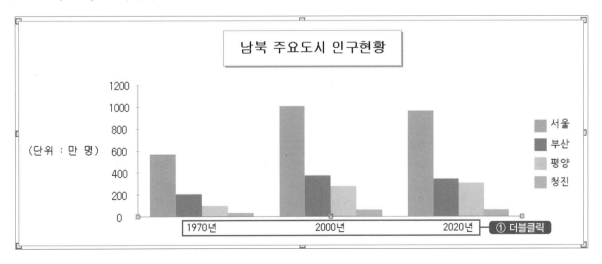

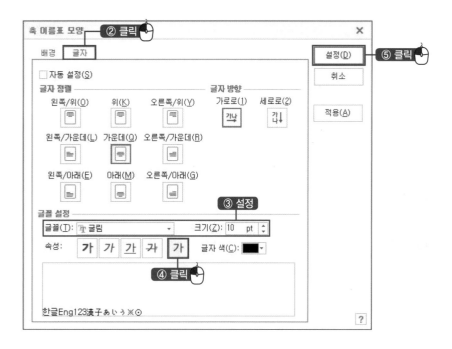

4 범례를 더블클릭한 후 [범례 모양] 대화상자의 [배경] 탭에서 '선 종류 : 한 줄로'를 설정한 후 [글자] 탭에서 '글꼴 : 굴림', '크기 : 10pt', '보통 모양'을 지정한 후 [설정] 단추를 클릭합니다.

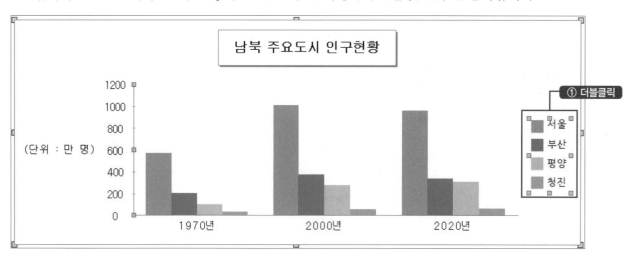

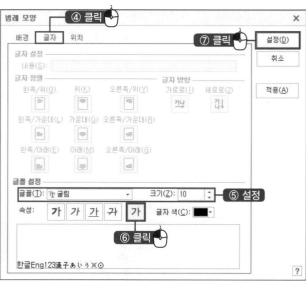

- 축의 눈금값이 《출력형태》와 같을 경우 수정할 필요가 없으나 《출력형태》와 다를 경우 축의 눈금값을 수정해야 합니다. 그리고, 차트의 크기를 조절할 때 눈금값이 변경될 수 있기에 가급적 눈금값을 고정시키는 것이 좋습니다.
- 축의 눈금값을 변경하거나 고정시키기 위해 세로 값 축을 더블클릭하거나 값(Y) 축의 숫자 부분을 클릭한 후 마우스 오른쪽 버튼을 클릭하여 나타난 바로가기 메뉴의 [축]-[이름표] 메뉴를 선택한 후 [축 이름표 선택] 대화상자에서 세로 값 축을 선택합니다.

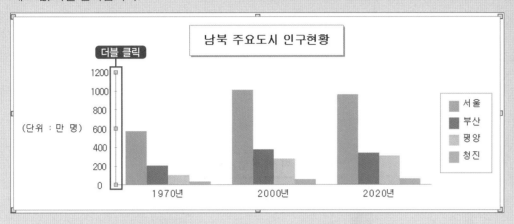

- [축 모양] 대화상자의 [비례] 탭에서 '자동으로 꾸밈'의 체크를 해제한 후 최솟값, 최댓값, 큰 눈금선의 수치를 수정하고 [설정] 단추를 클릭합니다.

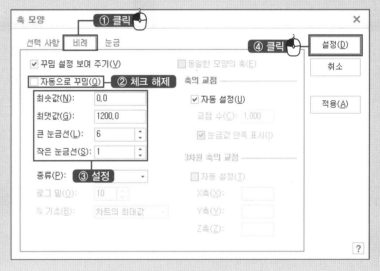

ITQ 시험은 《출력형태》와 동일하게 작성해야 감점되지 않으나, 차트 축 눈금(보조 눈금)의 경우 2020버전과 NEO버전(2016) 간의 기본 값 차이에 따라 채점하지 않습니다.

5 차트 작성이 끝나면 빈 화면을 클릭하여 차트 편집 상태에서 빠져나와 《출력형태》와 같은지 최종 확인한 후 [파일]-[저장하기 💾] 메뉴를 클릭하여 저장합니다.

● 정답 파일 : Section03_정답.hwp

01 다음의 ≪조건≫에 따라 ≪출력형태≫와 같이 차트를 작성하시오.

조건
(1) 차트 데이터는 표 내용에서 연도별 서울/경기, 부산, 광주의 값만 이용할 것
(2) 종류 – <묶은 세로 막대형>으로 작업할 것
(3) 제목 – 궁서, 진하게, 12pt, 속성 – 채우기(하양), 테두리, 그림자(대각선 오른쪽 아래)
    【궁서, 진하게, 12pt, 배경 – 선 모양(한 줄로), 그림자(2pt)】
(4) 제목 이외의 전체 글꼴 – 돋움, 보통, 10pt
(5) 축제목과 범례는 ≪출력형태≫와 동일하게 처리할 것

출력형태

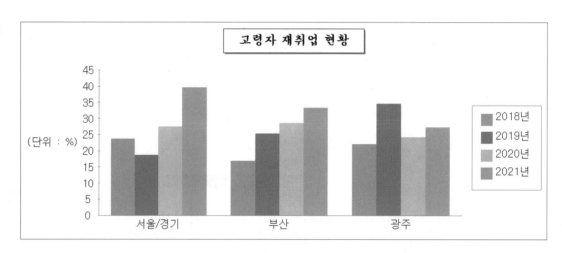

02 다음의 ≪조건≫에 따라 ≪출력형태≫와 같이 차트를 작성하시오.

조건
(1) 차트 데이터는 표 내용에서 구분별 이건용, 정의명, 김진아의 값만 이용할 것
(2) 종류 – <꺾은선형>으로 작업할 것
(3) 제목 – 궁서, 진하게, 12pt, 속성 – 채우기(하양), 테두리, 그림자(대각선 오른쪽 아래)
    【궁서, 진하게, 12pt, 배경 – 선 모양(두 줄로), 그림자(3pt)】
(4) 제목 이외의 전체 글꼴 – 궁서, 보통, 10pt
(5) 축제목과 범례는 ≪출력형태≫와 동일하게 처리할 것

출력형태

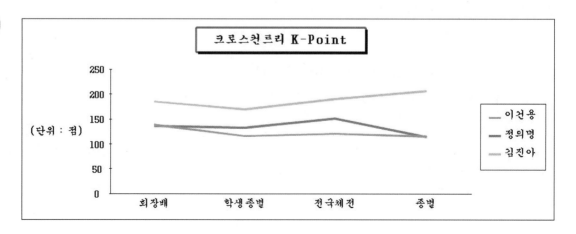

03 다음의 ≪조건≫에 따라 ≪출력형태≫와 같이 차트를 작성하시오.

조건

(1) 차트 데이터는 표 내용에서 구분별 법인, 단체, 개인의 값만 이용할 것
(2) 종류 – ⟨혼합형⟩으로 작업할 것
(3) 제목 – 굴림, 진하게, 12pt, 속성 – 채우기(하양), 테두리, 그림자(대각선 오른쪽 아래)
　　　　【굴림, 진하게, 12pt, 배경 – 선 모양(한 줄로), 그림자(2pt)】
(4) 제목 이외의 전체 글꼴 – 굴림, 보통, 10pt
(5) 축제목과 범례는 ≪출력형태≫와 동일하게 처리할 것

출력형태

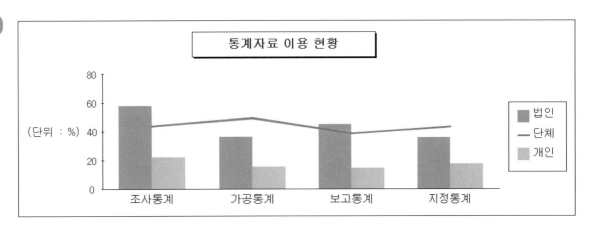

04 다음의 ≪조건≫에 따라 ≪출력형태≫와 같이 차트를 작성하시오.

조건

(1) 차트 데이터는 표 내용에서 구분별 2014년, 2018년의 값만 이용할 것
(2) 종류 – ⟨묶은 가로 막대형⟩로 작업할 것
(3) 제목 –굴림, 진하게, 12pt, 속성 – 채우기(하양), 테두리, 그림자(대각선 오른쪽 아래)
　　　　【굴림, 진하게, 12pt, 배경 – 선 모양(한 줄로), 그림자(2pt)】
(4) 제목 이외의 전체 글꼴 – 돋움, 보통, 10pt
(5) 축제목과 범례는 ≪출력형태≫와 동일하게 처리할 것

출력형태

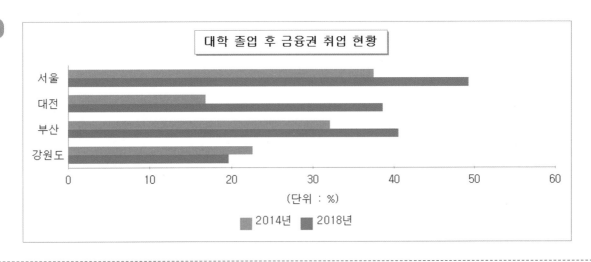

기능평가 Ⅱ-1 수식

수식을 작성하는 문제로 ①수식 편집기 실행, ②수식 편집기 기능, ③수식 입력 형식 등에 대하여 자세히 학습합니다.

● 정답 파일 : Section04_정답.hwp

3. 다음 (1), (2)의 수식을 수식 편집기로 각각 입력하시오. (40점)

출력형태

(1) $G = 2 \int_{\frac{a}{2}}^{a} \frac{b\sqrt{a^2 - x^2}}{a} dx$

(2) $H_n = \frac{a(r^n - 1)}{r - 1} = \frac{a(1 + r^n)}{1 - r} (r \neq 1)$

핵심 체크

① 수식 편집기 실행 : [입력] 탭 – [수식 f_∞] 도구, [입력]-[개체]-[수식] 메뉴 또는 Ctrl + N, M 이용

② 수식 작성하기 : [수식] 도구 상자를 이용하여 수식 작성

※ 점자, 분수, 근호 등의 수식을 입력하고 다음 수식을 입력할 때에는 해당 수식 범위를 벗어난 후에 입력해야 하며, 이때에는 [다음 항목 ➡] 도구나 키보드의 방향키 또는 마우스로 커서를 이용합니다.

[수식 편집기] 창

① 위첨자(Shift + 6)
② 아래첨자(Shift + -)
③ 장식 기호(Ctrl + D)

④ 분수(Ctrl + O)
⑤ 근호(Ctrl + R)
⑥ 합(Ctrl + S)

⑦ 적분(Ctrl + I)

⑧ 극한(Ctrl + L)

⑨ 상호 관계(Ctrl + E)

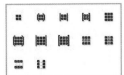

⑩ 괄호(Ctrl + 9)

⑪ 경우(Ctrl + 0)
⑫ 세로 쌓기(Ctrl + P)
⑬ 행렬(Ctrl + M)

⑭ 줄 맞춤
⑮ 줄 바꿈
⑯ 이전 항목
⑰ 다음 항목
⑱ MathML 파일로
　　불러오기(Alt + M)
⑲ MathML 파일
　　저장하기(Alt + S)
⑳ 넣기(Shift + Esc)
㉑ 그리스 대문자

㉒ 그리스 소문자

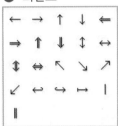

㉓ 그리스 기호

㉔ 합, 집합 기호

㉕ 연산, 논리 기호

㉖ 화살표

㉗ 기타 기호

㉘ 글자 크기
㉙ 글자 색

㉚ 화면 확대
㉛ 명령어 입력

㉜ 글자 단위 영역
㉝ 줄 단위 영역
㉞ 도움말(F1)

※ 첫 번째 수식의 수식 간의 이동은 [다음 항목 ➡] 도구를 이용하여 설명합니다.

1 이미 Section 0에서 구역을 나눴으므로 2페이지로 이동합니다. 문제 번호 '3.'의 다음 줄에서 『(1)』을 입력한 후 Space Bar 키를 누릅니다.

Check Point

- 구역을 나누지 않았다면 Alt + Shift + Enter 키를 눌러 2페이지로 이동합니다.
- 수식의 문제 번호인 (1), (2)를 수식 편집기에서 작성하면 감점처리 됩니다.

2 [입력] 탭에서 [수식 $f\infty$] 도구를 클릭하여 [수식 편집기]를 실행합니다.

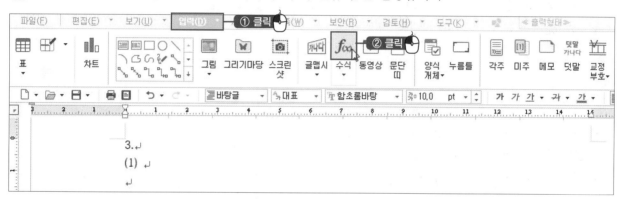

3 'G=2'를 입력한 후 [적분 $\int_{\square}$] 도구를 클릭하고 첫 번째 모양을 클릭합니다.

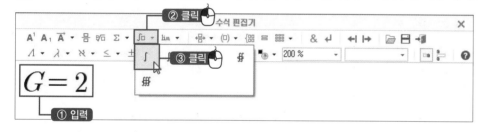

4 [분수 ▤] 도구를 클릭합니다.

5 'a'를 입력한 후 [다음 항목 ➡] 도구를 눌러 '2'를 입력하고, [다음 항목 ➡] 도구를 두 번 누른 후 'a'를 입력합니다.

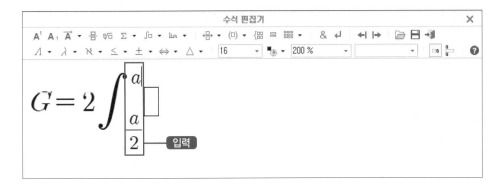

Check **P**oint

[수식 편집기] 대화상자에서 항목 간을 이동할 때는 [다음 항목 |➡]/[이전 항목 ⬅|] 도구, Tab 키, 방향키(→, ←, ↑
, ↓)를 이용하거나 마우스로 직접 항목을 선택하여 이동할 수 있습니다.

6 [다음 항목 |➡] 도구를 클릭한 후 [분수 믐] 도구를 클릭합니다.

7 'b'를 입력한 후 [근호 √□] 도구를 클릭합니다.

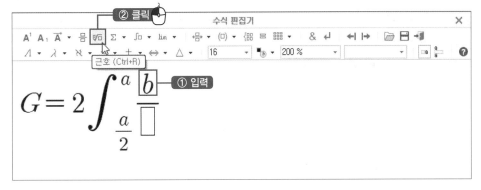

8 'a'를 입력한 후 [위첨자 A¹] 도구를 클릭합니다.

9 '2'를 입력한 후 [다음 항목 ➡] 도구를 클릭하고, '-x'를 입력한 후 [위첨자 A'] 도구를 클릭합니다.

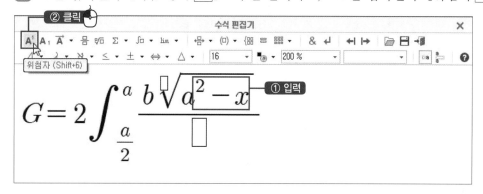

10 '2'를 입력하고 [다음 항목 ➡] 도구를 세 번 클릭하여 'a'를 입력한 후 [다음 항목 ➡] 도구를 클릭합니다.

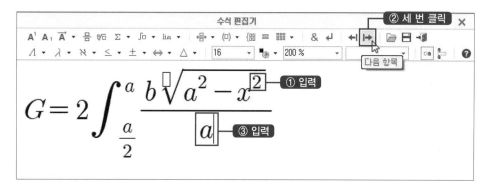

11 'dx'를 입력한 후 [넣기 ➡]를 클릭하여 완료합니다.

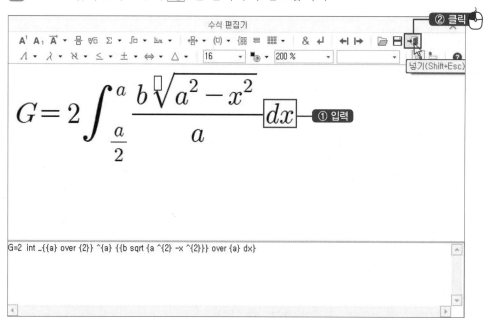

• [넣기 ◄] 도구나 단축키(Shift + Esc 키)로 수식을 넣지 않고 수식편집 창을 닫게 되면 [수식] 대화상자가 나타나서 수식을 넣을지 묻게 되는데, 이때 [넣기] 단추를 클릭해도 삽입됩니다.

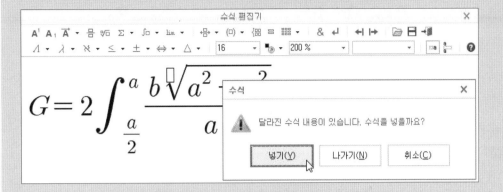

• 수식을 완성한 후 다시 수정하려면 수식을 더블클릭하여 [수식 편집기] 창 상태에서 수정합니다.

단계 2 **수식 (2) 작성**

※ 두 번째 수식의 수식 간의 이동은 Tab 키를 이용하여 설명합니다.

1 첫 번째 수식 작성이 끝나면 Tab 키를 1~3번 정도 눌러 적당히 간격을 벌린 후 '(2)'를 입력하고 Space Bar 키를 누릅니다. [입력] 탭에서 [수식 $f\infty$] 도구를 클릭하여 [수식 편집기]를 실행합니다.

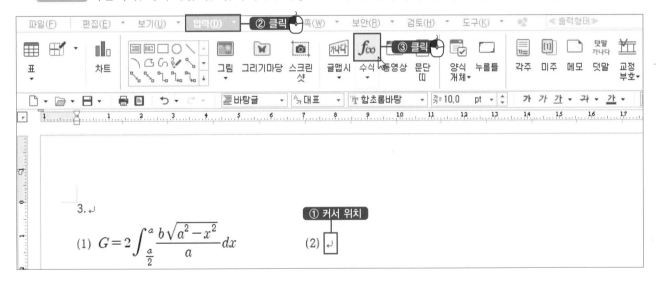

2 'H'를 입력한 후 [아래 첨자 A_1] 도구를 클릭합니다.

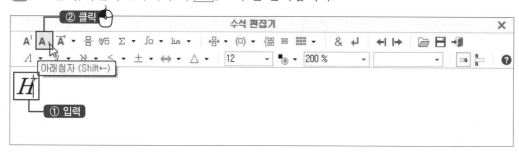

3 'n'을 입력하고 Tab 키를 누른 후 '='를 입력하고 [분수 몸] 도구를 클릭합니다.

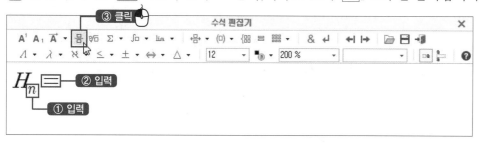

4 'a(r'를 입력한 후 [위첨자 A^1] 도구를 클릭합니다.

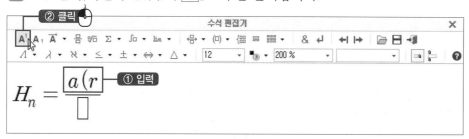

5 'n' 입력 → Tab 키 → '-1)' 입력 → Tab 키 → 'r-1' 입력 → Tab 키 → '=' 입력 → [분수 몸] 도구 클릭
순서로 입력합니다.

6 'a(1+r'을 입력한 후 [위첨자 A^1] 도구를 클릭합니다.

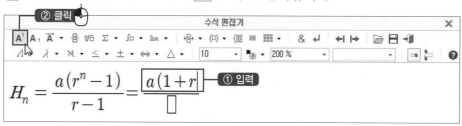

7 'n' 입력 → [Tab] 키 → ')' 입력 → [Tab] 키 → '1-r' 입력 → [Tab] 키 → '(r' 입력 → [연산, 논리 기호 ± ▾]
도구 클릭 → ≠ 기호 클릭 순서로 입력합니다.

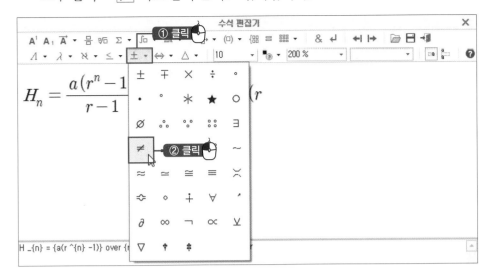

8 '1)'을 입력하고 [넣기 ◀▐]를 클릭하여 완료한 후 [파일]-[저장하기 💾] 메뉴를 클릭하여 저장합니다.

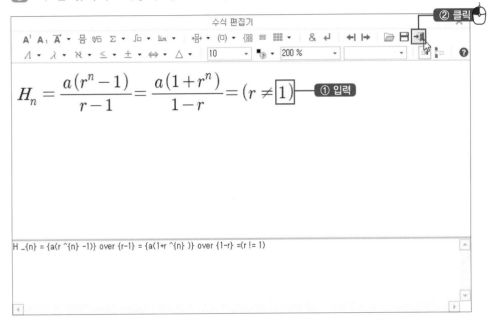

● 정답 파일 : Section04_정답.hwp

01 다음 (1), (2)의 수식을 수식 편집기로 각각 입력하시오.

출력형태

$$(1)\ f(x) = \frac{\frac{x}{2} - \sqrt{5} + 2}{\sqrt{1 - x^2}}$$

$$(2)\ \int_0^1 (\sin x + \frac{x}{2}) dx = \int_0^1 \frac{1 + \sin x}{2} dx$$

02 다음 (1), (2)의 수식을 수식 편집기로 각각 입력하시오.

출력형태

$$(1)\ \int_0^3 \sqrt{6t^2 - 18t + 12} dt = 11$$

$$(2)\ F_n = \frac{a(r^n - 1)}{r - 1} = \frac{a(1 + r^n)}{1 - r} (r \neq 1)$$

03 다음 (1), (2)의 수식을 수식 편집기로 각각 입력하시오.

출력형태

$$(1)\ \sqrt{a^2} = |a| = \begin{cases} a & (a \geq 0) \\ -a & (a < 0) \end{cases}$$

$$(2)\ \sum_{k=1}^{n} k^3 = \frac{n(n+1)}{2} = \sum_{k=1}^{n} k$$

04 다음 (1), (2)의 수식을 수식 편집기로 각각 입력하시오.

출력형태

$$(1)\ M = \frac{\Delta P}{K_a} = \frac{\Delta T_b}{K_b} = \frac{\Delta T_f}{K_f}$$

$$(2)\ R \times 3 = \frac{360h}{2\pi(\phi_A - \phi_B)} \times 3$$

05 다음 (1), (2)의 수식을 수식 편집기로 각각 입력하시오.

출력형태

(1) $\vec{F} = -\dfrac{4\pi^2 m}{T^2} + \dfrac{m}{T^3}$

(2) $\displaystyle\int_{\alpha}^{\beta} A(x-\alpha)(x-\beta)dx = -\dfrac{A}{6}(\beta-\alpha)^3$

06 다음 (1), (2)의 수식을 수식 편집기로 각각 입력하시오.

출력형태

(1) $\Delta W = \dfrac{1}{2}m(f_x)^2 + \dfrac{1}{2}m(f_y)^2$

(2) $A = \dfrac{m+M}{m}V = \dfrac{m+M}{m}\sqrt{2gh}$

07 다음 (1), (2)의 수식을 수식 편집기로 각각 입력하시오.

출력형태

(1) $P_A = P \times \dfrac{V_A}{V} = P \times \dfrac{V_A}{V_A + V_B}$

(2) $\dfrac{1}{2}mf^2 = \dfrac{1}{2}\dfrac{(m+M)^2}{b}V^2$

08 다음 (1), (2)의 수식을 수식 편집기로 각각 입력하시오.

출력형태

(1) $(a\,b\,c)\begin{pmatrix} p \\ q \\ r \end{pmatrix} = (ap+bq+cr)$

(2) $\dfrac{d}{dx}k = 0, \dfrac{d}{dx}x^n = nx^{n-1}$

배점 **110** 점

기능평가 Ⅱ-2 도형

무료동영상

도형이나 글상자, 글맵시 개체를 그리고, 서식을 지정하는 문제로 ①[그리기] 도구 상자, ②그림 개체 삽입 및 편집, ③글맵시 기능, ④책갈피 및 하이퍼링크 기능 등에 대하여 자세히 학습합니다.

● 정답 파일 : Section05_정답.hwp

4. 다음의 ≪조건≫에 따라 ≪출력형태≫와 같이 문서를 작성하시오. (110점)

조건 (1) 그리기 도구를 이용하여 작성하고, 모든 도형(글맵시, 지정된 그림 포함)을 ≪출력형태≫와 같이 작성하시오.

(2) 도형의 면색은 지시사항이 없으면 색 없음을 제외하고 서로 다르게 임의로 지정하시오.

출력형태

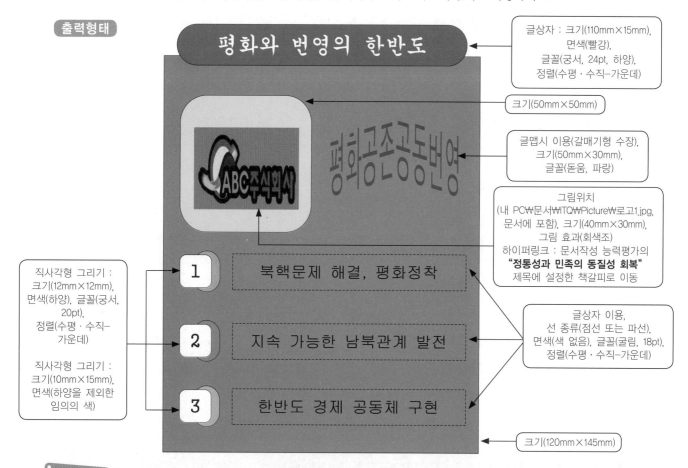

핵심 체크

① 도형 작성 : [입력] 탭에서 도형을 선택하여 작성한 후 바로가기 메뉴에서 [도형 안에 글자 넣기] 메뉴를 클릭하여 입력
② 글상자 작성 : 글상자를 작성한 후 사각형 모서리 곡률(테두리 모양) 변경
③ 글맵시 삽입하고 편집하기 ④ 그림 삽입하고 서식 변경하기
⑤ 책갈피 삽입과 하이퍼링크 설정하기(하이퍼링크는 책갈피를 그림 또는 글맵시에 연결합니다.)

※ 작성 순서 : 도형(글상자) 작성 → 글맵시 → 그림 삽입 → 책갈피/하이퍼링크
 • 또는 아래(뒤) 도형에서 위(앞) 도형의 순서나 위에서 아래로 작성하는 것이 좋습니다.
 • 도형들을 개체 묶기로 그룹 지정하면 0점 처리되므로 주의합니다.

직사각형 그리기(바탕 도형)

1 문제 번호 '4.'의 다음 줄에 커서를 위치한 후 [입력] 탭에서 '직사각형 □' 도형을 클릭합니다.

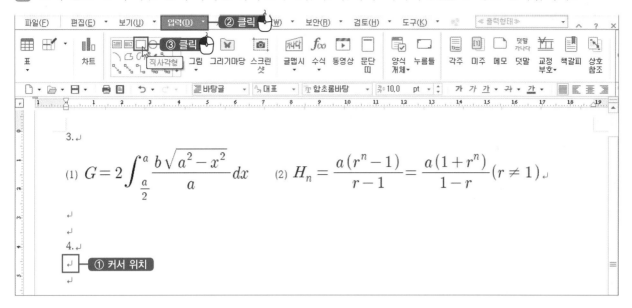

2 직사각형 도형을 적당한 위치에 드래그하여 그린 후 바로가기 메뉴(마우스 오른쪽 버튼 클릭)에서 [개체 속성] 메뉴를 클릭합니다.

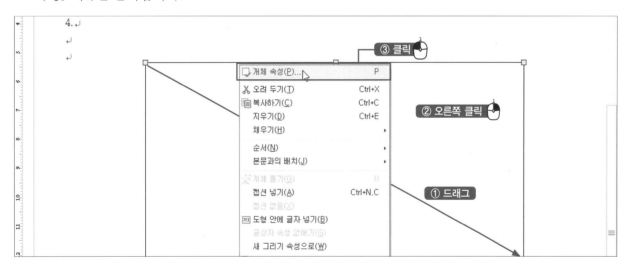

Check **P**oint

도형을 더블클릭해도 [개체 속성] 대화상자를 열 수 있습니다.

3 [개체 속성] 대화상자의 [기본] 탭에서 크기를 '너비-120㎜', '높이-145㎜'를 지정하고, '크기 고정'에
체크 표시합니다.

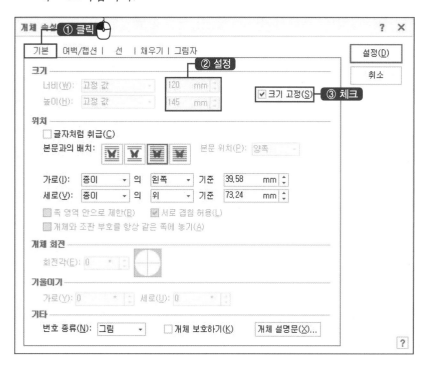

ⓒheck ⓟoint

'크기 고정'에 체크는 필수사항이 아니므로 체크를 하지 않아도 되지만 작업 도중 실수로 크기가 변경될 수 있으므로
하는 것이 좋습니다.

4 색상 변경을 위해 [개체 속성] 대화상자의 [채우기] 탭에서 '색'을 선택하고 '면 색'을 눌러 색상
팔레트를 나타낸 후 임의의 색(초록(RGB : 0,128,0) 20% 밝게)을 선택하고 [설정] 단추를 클릭합니다.

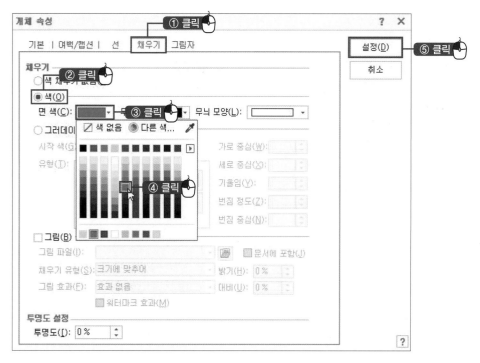

1 [도형] 탭에서 [글상자 ▦] 도구를 클릭하여 작성된 직사각형 윗부분에 드래그하여 삽입합니다.

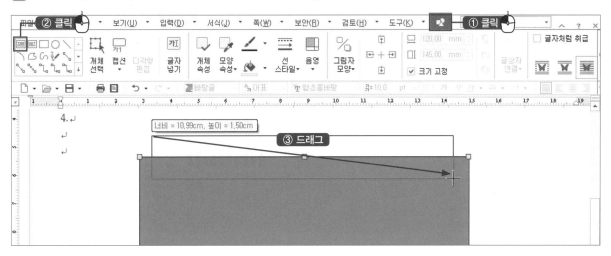

━ **C**heck **P**oint ━

도형이나 글상자를 드래그할 때 너비와 높이를 표시해 주지만 바로가기 메뉴의 개체 속성에서 너비와 높이를 정확히 입력하는 것이 좋습니다.

2 삽입된 글상자의 외곽 테두리를 선택한 후 바로가기 메뉴의 [개체 속성] 메뉴를 선택하고 [기본] 탭에서 아래와 같이 크기를 조절합니다.

 - 너비 : 110㎜, 높이 : 15㎜
 - '크기 고정'에 체크 표시

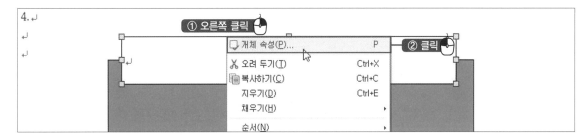

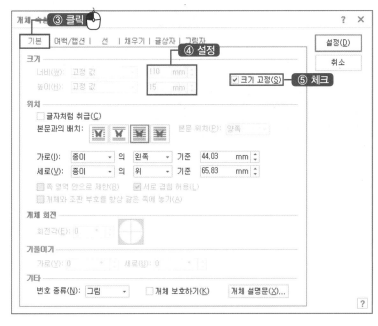

③ 모서리를 반원으로 변경하기 위해 [선] 탭에서 사각형 모서리 곡률 항목 중 '반원'을 선택합니다. 색상 변경을 위해 [채우기] 탭에서 '색'을 선택하고 '면 색'을 클릭한 후 '빨강(RGB : 255,0,0)'을 선택하고 [설정] 단추를 클릭합니다.

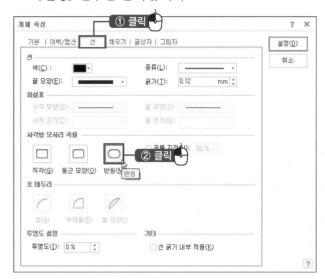
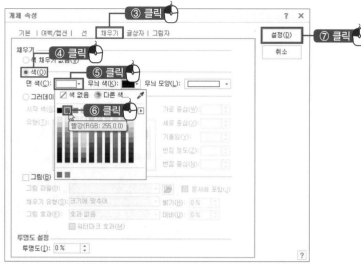

④ 글상자를 ≪출력형태≫처럼 사각형 도형의 위에 위치하도록 위치를 이동시킵니다.

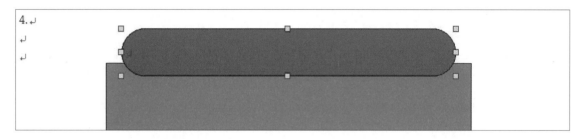

⑤ [서식] 도구 상자에서 '글꼴 : 궁서', '글자 크기 : 24pt', '글자 색 : 하양(RGB: 255,255,255)', '가운데 정렬 ▤'을 지정한 후 '평화와 번영의 한반도'를 입력합니다.

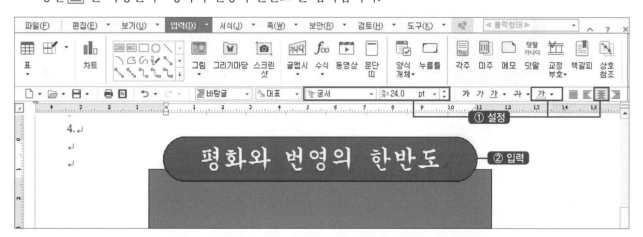

Check Point

글상자는 기본적으로 세로 가운데 정렬로 설정되어 있으므로 별도로 설정하지 않아도 됩니다.

- 흰색 선택 방법 ① : 색상 지정 시 '오피스'로 설정되었다면 '흰색'을 바로 선택할 수 없으므로 '기본'으로 변경 후 선택합니다.

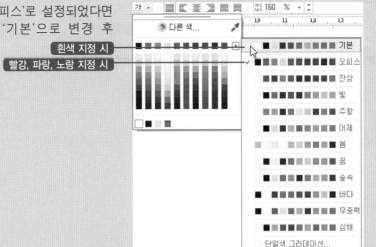

※ 다만, ITQ 시험 시 빨강, 파랑, 노랑 등을 많이 사용함으로 색상 테마를 '오피스'로 지정하면 편리하게 색을 지정할 수 있습니다.

- 흰색 선택 방법 ② : [다른 색]을 클릭한 후 '하양(RGB : 255,255,255)'을 선택합니다.

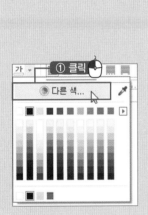
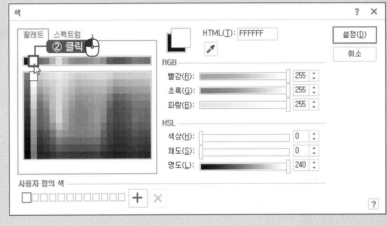

단계 3　그림 삽입, 책갈피 삽입 및 하이퍼링크 지정

1. [입력] 탭에서 '직사각형 □'을 클릭한 후 Shift 키를 누르고 드래그하여 직사각형을 그리고, 바로가기 메뉴(마우스 오른쪽 버튼 클릭)에서 [개체 속성] 메뉴를 선택한 후 다음과 같이 설정합니다.

    - [기본] 탭 : 크기를 '너비 – 50mm', '높이 – 50mm' 지정, '크기 고정' 체크
    - [선] 탭 : 사각형 모서리 곡률에서 '둥근 모양' 선택

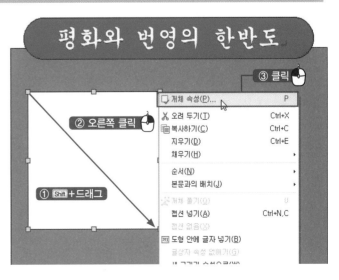

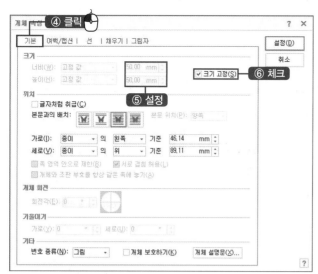
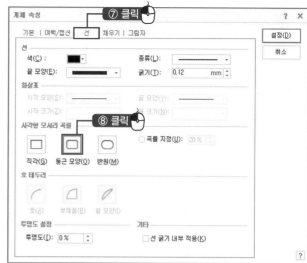

Check **P**oint

직사각형이나 타원을 그릴 때 Shift 키를 누르고 그리면 정사각형이나 정원을 그릴 수 있습니다.

2 색상 변경을 위해 [개체 속성] 대화상자의 [채우기] 탭에서 '색'을 선택하고 '면 색'을 눌러 색상 팔레트를 나타낸 후 임의의 색(노랑(RGB: 255,255,0) 20% 밝게)을 선택하고 [설정] 단추를 클릭합니다.

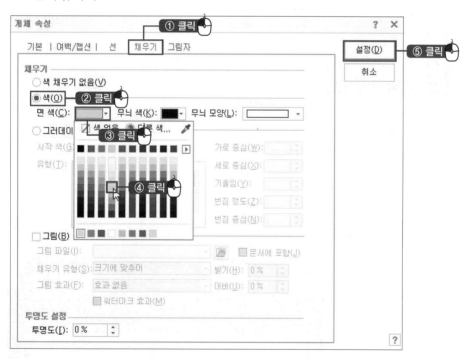

3 그림을 삽입하기 위해 [입력] 탭에서 [그림 🖼] 도구를 클릭하여 [그림 넣기] 대화상자를 엽니다.(또는 Ctrl + N , I)

4 [그림 넣기] 대화상자에서 [내 PC\문서\ITQ\Picture] 폴더에 있는 '로고1'.jpg 파일을 선택한 후 '문서에 포함'에 체크하고, '글자처럼 취급'과 '마우스로 크기 지정'은 체크 해제한 후 [넣기] 단추를 클릭합니다.

5 삽입된 그림을 더블클릭하여 [개체 속성] 대화상자를 열고 [기본] 탭에서 아래와 같이 속성을 설정합니다.

　– 크기 : 40mm×30mm, '크기 고정'에 체크

　– 본문과의 배치 : '글 앞으로' 선택

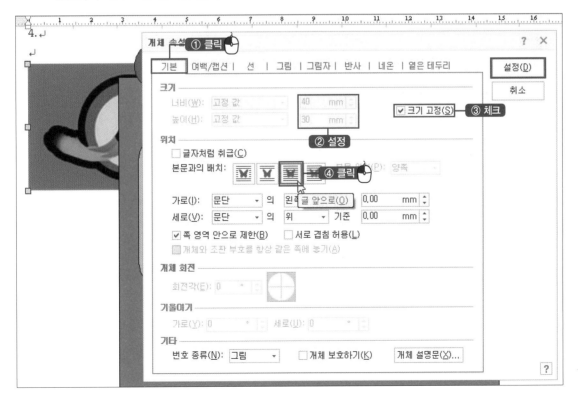

6 [개체 속성] 대화상자의 [그림] 탭에서 '회색조'를 선택하고 [설정] 단추를 클릭합니다.

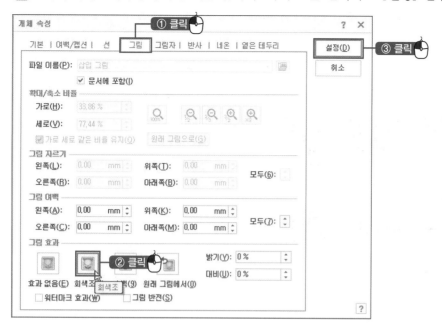

7 변경된 그림을 ≪출력형태≫와 동일하게 이동하여 배치시킵니다.

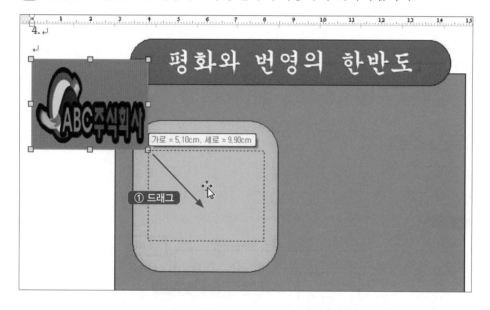

8 책갈피를 삽입하기 위해 3페이지 첫 줄에 문서작성 능력평가의 제목인 '정통성과 민족의 동질성 회복'을 입력한 후 문장의 맨 앞에 커서를 위치시키고 [입력] 탭에서 [책갈피]를 선택합니다.

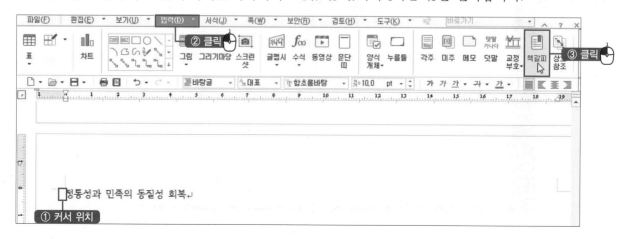

9 [책갈피] 대화상자에서 책갈피 이름에 '통일'을 입력하고 [넣기] 단추를 클릭합니다.

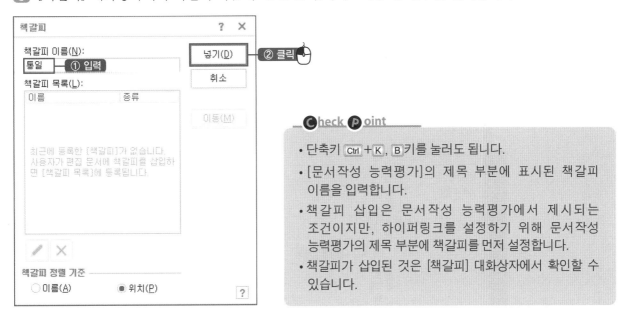

Check Point

- 단축키 `Ctrl`+`K`, `B`키를 눌러도 됩니다.
- [문서작성 능력평가]의 제목 부분에 표시된 책갈피 이름을 입력합니다.
- 책갈피 삽입은 문서작성 능력평가에서 제시되는 조건이지만, 하이퍼링크를 설정하기 위해 문서작성 능력평가의 제목 부분에 책갈피를 먼저 설정합니다.
- 책갈피가 삽입된 것은 [책갈피] 대화상자에서 확인할 수 있습니다.

10 하이퍼링크를 설정하기 위해 2페이지에 삽입했던 '로고1.jpg' 그림을 클릭한 후 바로가기 메뉴에서 [하이퍼링크]를 선택합니다.

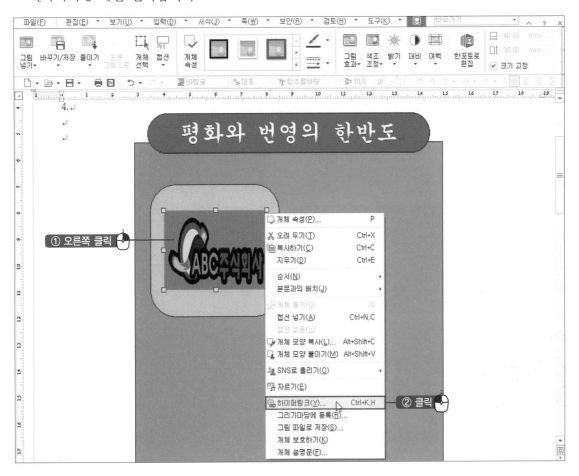

Check Point

개체(그림, 글맵시)를 선택하고 [입력] 탭의 [목록 단추 ▼]를 클릭한 후 [하이퍼링크]를 선택하거나 단축키로 `Ctrl`+`K`, `H`키를 눌러도 됩니다.

⓫ [하이퍼링크] 대화상자에서 '통일' 책갈피를 선택하고 [넣기] 단추를 클릭합니다.

⓬ 마우스 포인터를 개체로 가져가 마우스 포인터가 손가락 모양으로 변경되면 하이퍼링크가 정상적으로
설정된 것입니다.

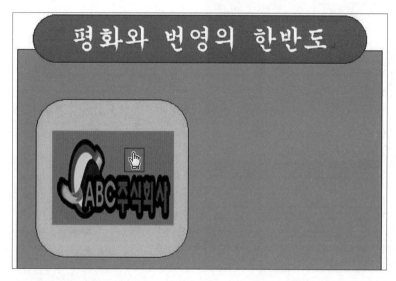

Check Point

• 하이퍼링크를 해제하려면 [Shift] 키를 누른 상태에서 바로가기 메뉴의 [하이퍼링크]를 선택하거나 [입력] 탭에서
[하이퍼링크 🌐]를 클릭하여 해제합니다.
• 하이퍼링크가 설정된 개체는 [Shift] 키를 누른 채 클릭하여 선택할 수 있습니다.

1 글맵시를 작성하기 위해 [입력] 탭에서 [글맵시 _{가나다}] 도구를 클릭합니다.

2 [글맵시 만들기] 대화상자에서 다음과 같이 설정하고 [설정] 단추를 클릭합니다.

– 내용 : 평화공존공동번영

– 글꼴 : 돋움

– 글자 모양 : 갈매기형 수장

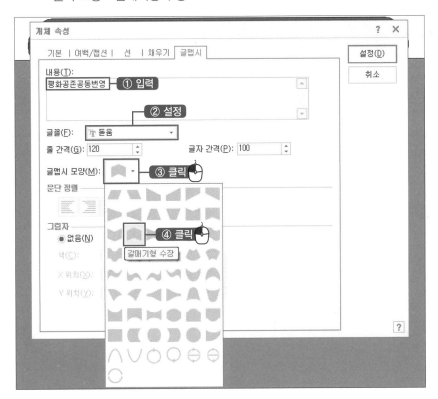

3 삽입된 글맵시를 더블클릭하여 [개체 속성] 대화상자의 다음과 같이 설정합니다.

  – [기본] 탭 : '크기 : 50㎜×30㎜', '크기 고정'에 체크, '본문과의 배치 : 글 앞으로'

  – [채우기] 탭 : '면 색 – 파랑(RGB: 0, 0, 255)'

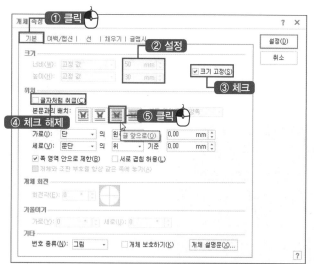
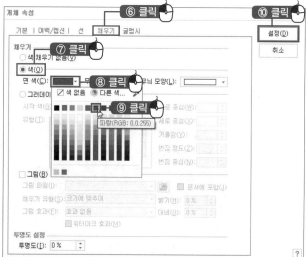

4 속성이 설정된 글맵시를 《출력형태》처럼 드래그하여 이동합니다.

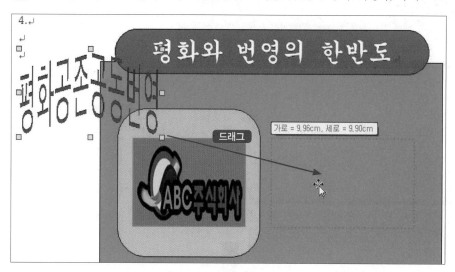

<table>
<tr><td>단계 5</td><td>도형 및 글상자 작성</td></tr>
</table>

1 [입력] 탭에서 '직사각형 □'을 클릭하여 사각형을 그립니다.

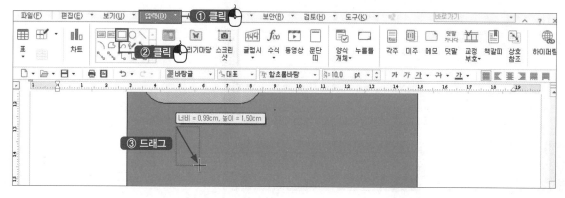

2 입력된 직사각형 도형을 더블클릭한 후 [개체 속성] 대화상자에서 아래와 같이 속성을 변경하고 [설정]
단추를 클릭합니다.

- [기본] 탭 : '크기 – 10㎜×15㎜', '글 앞으로', '크기 고정' 체크

- [선] 탭 : '시각형 모서리 곡률 — 반원'

- [채우기] 탭 : '면 색 – 임의의 색(주황(RGB: 255,120,0) 40% 밝게)'

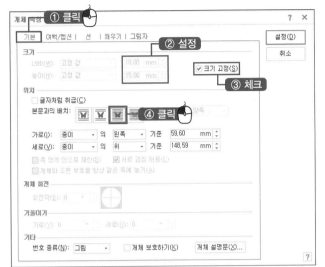
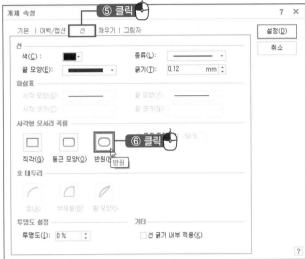

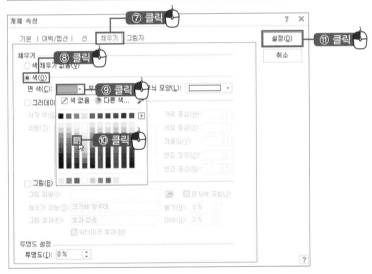

3 다시 [입력] 탭에서 '직사각형 □'을 클릭한 후 반원 모양의 도형 위에 Shift 키를 누르고 드래그하여
그립니다.

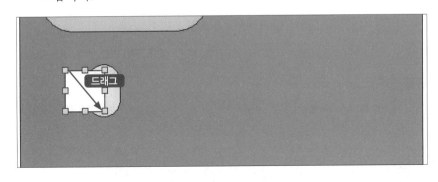

4 삽입된 도형의 위치를 ≪출력형태≫처럼 수정하고 더블클릭한 후 [개체 속성] 대화상자에서 다음과 같이 설정합니다.

　　－ [기본] 탭 : '크기－12㎜×12㎜', '글 앞으로', '크기 고정' 체크　　－ [선] 탭 : '사각형 모서리 곡률 － 둥근 모양'
　　－ [채우기] 탭 : '면 색 － 하양(RGB : 255,255,255)'

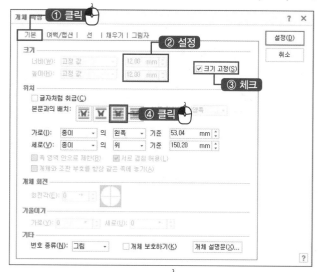

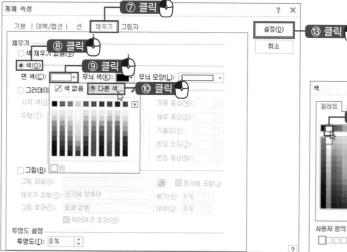

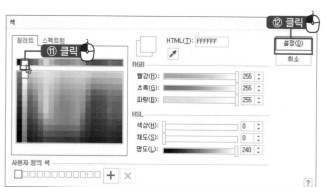

Ⓒheck Ⓟoint

- 색상 지정 시 '기본'으로 설정되었으면 '흰색'을 바로 설정할 수 있고, '오피스'일 경우 '기본'으로 변경 후 설정하거나 [다른 색]에서 설정합니다.
- 직사각형이나 타원을 그릴 때 Shift 키를 누르고 그리면 정사각형이나 정원을 그릴 수 있습니다.

5 도형 안에 숫자를 입력하기 위해 [도형 ▨] 탭에서 [글자 넣기 ㄲ] 도구를 클릭합니다.

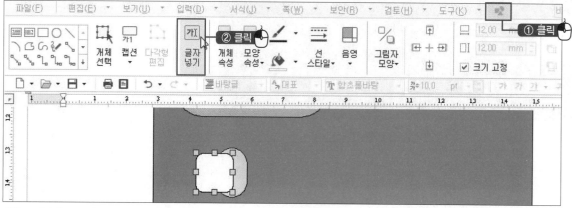

6️⃣ [서식] 도구 상자에서 '글꼴 : 궁서', '글자 크기 : 20pt', '가운데 정렬 ≡'을 설정하고 '1'을 입력합니다.

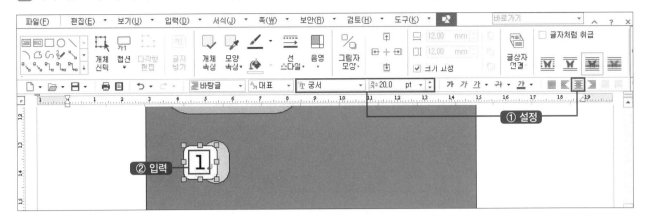

7️⃣ [도형 🔳] 탭에서 [가로 글상자 ▤]를 선택한 후 ≪출력형태≫처럼 드래그하여 그립니다.

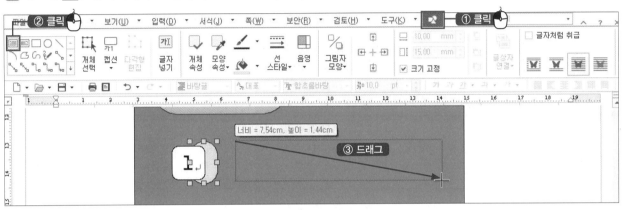

Check **P**oint

도형은 [입력] 탭에서 선택할 수 있지만 [도형] 탭이 활성화되었을 경우 [도형] 탭에서도 선택할 수 있습니다.

8️⃣ [개체 속성] 대화상자에서 다음과 같이 설정한 후 [설정] 단추를 클릭합니다.

    – [기본] 탭 : '글 앞으로'

    – [선] 탭 : '종류 – 파선'

    – [채우기] 탭 : '색 채우기 없음'

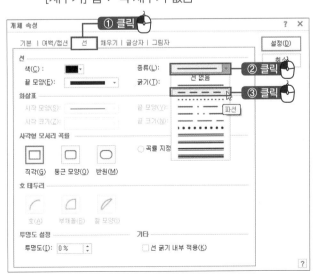
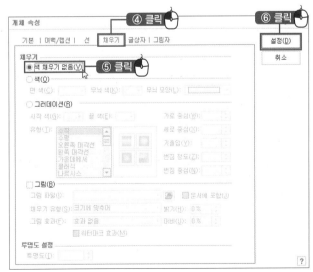

⑨ 가로 글상자 안에 '북핵문제 해결, 평화정착'을 입력한 후 가로 글상자를 클릭합니다. [서식] 도구
상자에서 '글꼴 : 굴림', '글자 크기 : 18pt', '가운데 정렬 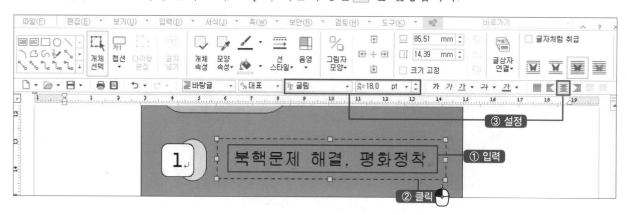'을 설정합니다.

⑩ Shift 키를 이용하여 '둥근 모양 직사각형', '반원 직사각형', '가로 글상자'를 그림처럼 선택한 후 Ctrl
+ Shift 키를 누른 상태에서 아래로 드래그하여 복사합니다.

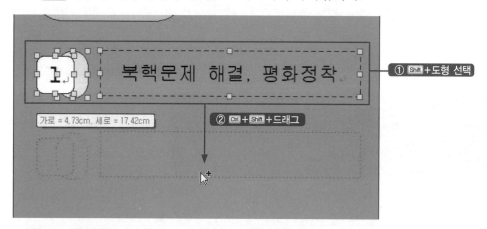

Check **P**oint

• 여러 개의 도형을 한꺼번에 선택할 때는 [개체 선택 🖳] 도구로 드래그하여 선택할 수 있지만 위 그림처럼 도형 안의
일부 도형들을 선택할 경우 Shift 키를 이용하여 하나하나 선택합니다.
• 도형을 선택한 후 Ctrl 키를 누르고 드래그하면 복사되고, Ctrl + Shift 키를 누르고 드래그하면 수평 방향이나 수직
방향으로 복사할 수 있습니다.

⑪ 다시 한번 Ctrl + Shift 키를 누른 상태에서 아래로 드래그하여 복사합니다.

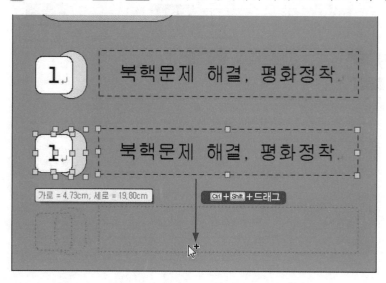

[도형] 탭-[그룹]에서 '개체 묶기 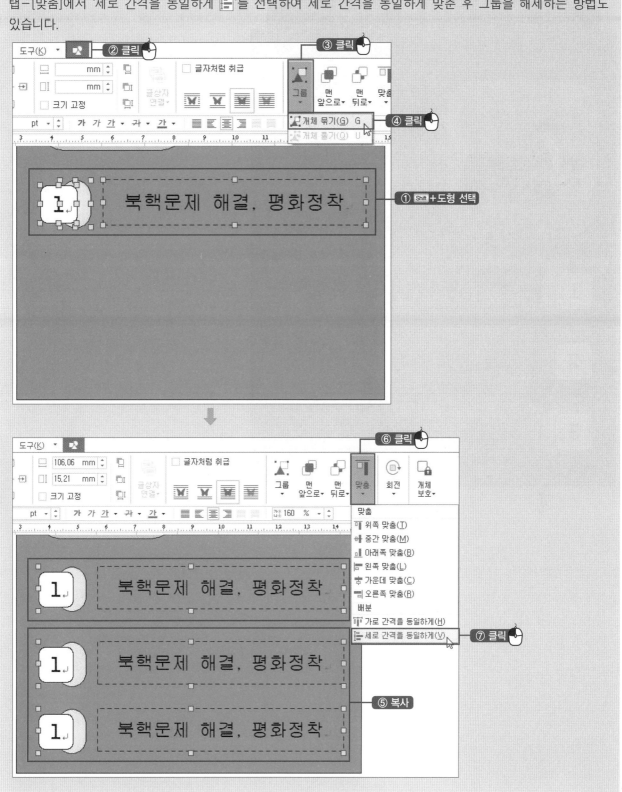'를 선택하여 그룹화한 후 복사하고, 복사한 세 개의 도형을 선택한 후[도형] 탭-[맞춤]에서 '세로 간격을 동일하게 '를 선택하여 세로 간격을 동일하게 맞춘 후 그룹을 해제하는 방법도 있습니다.

12 복사된 도형의 내용을 수정한 후 모서리가 둥근 직사각형의 색상을 임의의 색으로 변경합니다. [파일] – [저장하기 💾] 메뉴를 클릭하여 저장합니다.

실력 향상을 위한 실전 연습문제

● 정답 파일 : Section05_정답01.hwp

01 다음의 《조건》에 따라 《출력형태》와 같이 문서를 작성하시오.

조건

(1) 그리기 도구를 이용하여 작성을 하고, 모든 도형(글맵시, 지정된 그림 포함)을 《출력형태》와 같이 작성하시오.

(2) 도형의 면색은 지시사항이 없으면 색 없음을 제외하고 서로 다르게 임의로 지정하시오.

출력형태

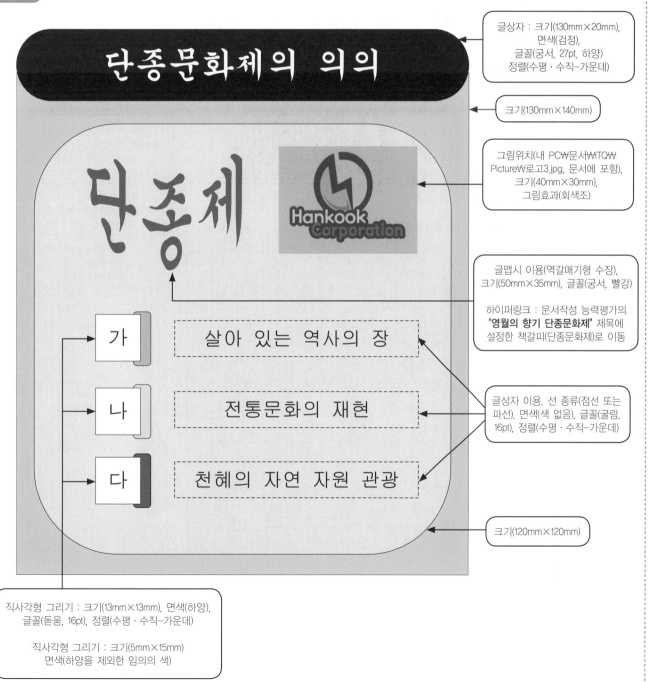

● 정답 파일 : Section05_정답02.hwp

02 다음의 ≪조건≫에 따라 ≪출력형태≫와 같이 문서를 작성하시오.

조건 (1) 그리기 도구를 이용하여 작성을 하고, 모든 도형(글맵시, 지정된 그림 포함)을 ≪출력형태≫와
같이 작성하시오.
(2) 도형의 면색은 지시사항이 없으면 색없음을 제외하고 서로 다르게 임의로 지정하시오.

출력형태

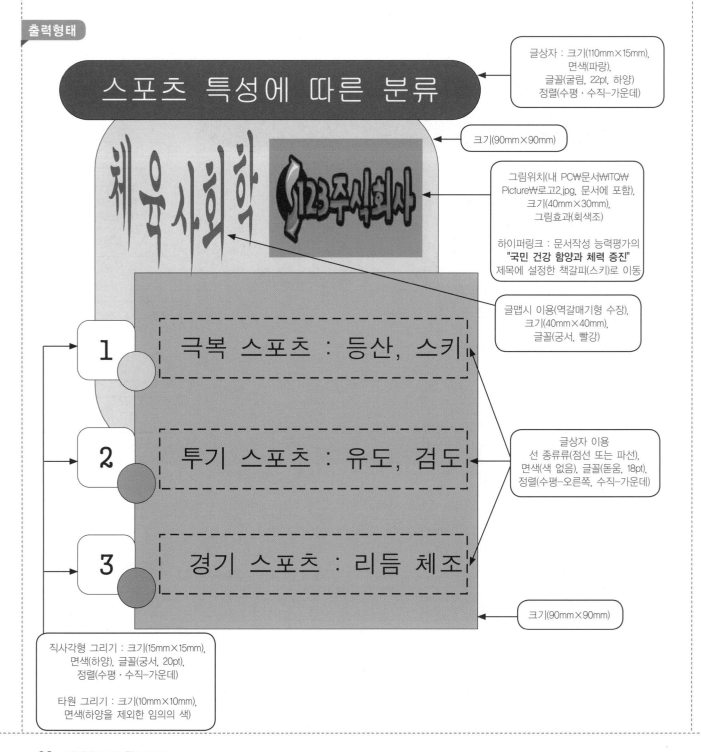

글상자 : 크기(110mm×15mm),
면색(파랑),
글꼴(굴림, 22pt, 하양)
정렬(수평·수직-가운데)

크기(90mm×90mm)

그림위치(내 PC₩문서₩ITQ₩
Picture₩로고2.jpg, 문서에 포함),
크기(40mm×30mm),
그림효과(회색조)

하이퍼링크 : 문서작성 능력평가의
"국민 건강 함양과 체력 증진"
제목에 설정한 책갈피(스키)로 이동

글맵시 이용(역갈매기형 수장),
크기(40mm×40mm),
글꼴(궁서, 빨강)

글상자 이용
선 종류류(점선 또는 파선),
면색(색 없음), 글꼴(돋움, 18pt),
정렬(수평-오른쪽, 수직-가운데)

크기(90mm×90mm)

직사각형 그리기 : 크기(15mm×15mm),
면색(하양), 글꼴(궁서, 20pt),
정렬(수평·수직-가운데)

타원 그리기 : 크기(10mm×10mm),
면색(하양을 제외한 임의의 색)

● 징답 파일 : Section05_징답03.hwp

O3 다음의 ≪조건≫에 따라 ≪출력형태≫와 같이 문서를 작성하시오.

조건
(1) 그리기 도구를 이용하여 작성을 하고, 모든 도형(글맵시, 지정된 그림 포함)을 ≪출력형태≫와 같이 작성하시오.
(2) 도형의 면 색은 지시사항이 없으면 색없음을 제외하고 서로 다르게 임의로 지정하시오.

출력형태

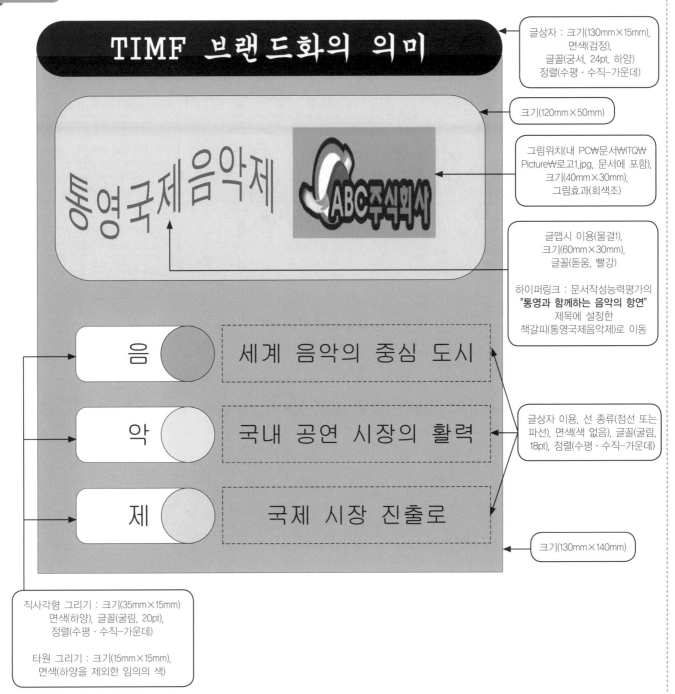

글상자 : 크기(130mm×15mm), 면색(검정), 글꼴(궁서, 24pt, 하양) 정렬(수평 · 수직-가운데)

크기(120mm×50mm)

그림위치(내 PC₩문서₩ITQ₩ Picture₩로고1.jpg, 문서에 포함), 크기(40mm×30mm), 그림효과(회색조)

글맵시 이용(물결1), 크기(60mm×30mm), 글꼴(돋움, 빨강)

하이퍼링크 : 문서작성능력평가의 **"통영과 함께하는 음악의 향연"** 제목에 설정한 책갈피(통영국제음악제)로 이동

글상자 이용, 선 종류(점선 또는 파선), 면색(색 없음), 글꼴(굴림, 18pt), 정렬(수평 · 수직-가운데)

크기(130mm×140mm)

직사각형 그리기 : 크기(35mm×15mm) 면색(하양), 글꼴(굴림, 20pt), 정렬(수평 · 수직-가운데)

타원 그리기 : 크기(15mm×15mm), 면색(하양을 제외한 임의의 색)

● 정답 파일 : Section05_정답04.hwp

04 다음의 《조건》에 따라 《출력형태》와 같이 문서를 작성하시오.

조건
(1) 그리기 도구를 이용하여 작성을 하고, 모든 도형(글맵시, 지정된 그림 포함)을 《출력형태》와 같이 작성하시오.
(2) 도형의 면 색은 지시사항이 없으면 색 없음을 제외하고 서로 다르게 임의로 지정하시오.

출력형태

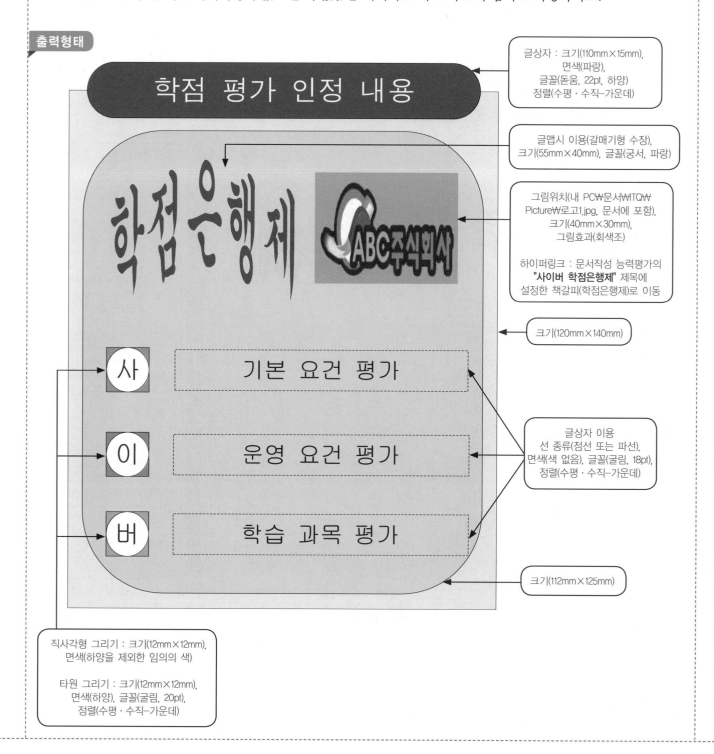

글상자 : 크기(110mm×15mm),
면색(파랑),
글꼴(돋움, 22pt, 하양)
정렬(수평·수직-가운데)

글맵시 이용(갈매기형 수장),
크기(55mm×40mm), 글꼴(궁서, 파랑)

그림위치(내 PC₩문서₩ITQ₩
Picture₩로고1.jpg, 문서에 포함),
크기(40mm×30mm),
그림효과(회색조)

하이퍼링크 : 문서작성 능력평가의
"사이버 학점은행제" 제목에
설정한 책갈피(학점은행제)로 이동

크기(120mm×140mm)

글상자 이용
선 종류(점선 또는 파선),
면색(색 없음), 글꼴(굴림, 18pt),
정렬(수평·수직-가운데)

크기(112mm×125mm)

직사각형 그리기 : 크기(12mm×12mm),
면색(하양을 제외한 임의의 색)

타원 그리기 : 크기(12mm×12mm),
면색(하양), 글꼴(굴림, 20pt),
정렬(수평·수직-가운데)

글꼴 : 굴림, 18pt, 진하게, 가운데 정렬
책갈피 이름 : 통일, 덧말 넣기

머리말 기능
돋움, 10pt, 오른쪽 정렬 → 통일 우리의 미래

문단 첫 글자 장식 기능
글꼴 : 궁서, 면색 : 노랑

그림위치(내 PC\문서\ITQ\Picture\
그림4.jpg, 문서에 포함)
자르기 기능 이용, 크기(40mm×40mm),
바깥 여백 왼쪽 : 2mm

통일한국
정통성과 민족의 동질성 회복

각주

통일은 남북한 국민이 한 민족⊙ 하나의 국민이라고 느끼고 남북한 단일체제 수립을
넘어 한마음이 된 상태를 의미한다. 통일은 분단된 국토가 하나 되는 것은 물론 정
치적으로 대립되었던 체제를 하나로 만드는 것이고, 경제적으로 서로 다른 제도를 하나로
거듭나게 하는 것이며, 남북 주민 사이에 내면화된 이질적인 문화를 하나로 다시 탄생시키
는 것이다. 우리가 추구하는 통일은 인류 보편적 가치로 자리 잡은 자유민주주의와 시장경
제를 바탕으로 구성원 모두의 자유와 인권이 보장되는 민족공동체의 건설이다.

통일(統一)은 분단으로 인해 굴절된 역사를 바로잡고, 민족공동체 건설을 통해 우리 민족
의 총체적 역량을 극대화하기 위해 필요하다. 또한 통일은 분단에 따른 유형, 무형적인 비
용을 소멸시키고 새로운 이득(利得)을 창출함으로 인해 국가와 사회뿐 아니라 개인에게도 삶의 질을 향상시킬 것이다.
개인적 차원에서 통일은 이산가족의 고통을 해소하고 남북 간에 자유롭게 오고 가며 살 수 있는 등의 다양한 선택의
기회를 부여하며 인간적인 삶을 보장할 것이다. 통일은 21세기 한민족의 새로운 비상과 선진일류국가로 도약하기 위
한 수단으로서 필요하다.

글꼴 : 궁서, 18pt, 하양
음영색 : 파랑

♣ 학교 통일교육의 실태와 방향

가. 학교 통일교육의 실태

　⊙ 대체로 학생들의 부정적인 통일 의식 심화

　ⓛ 정규 수업에 밀려 통일교육의 비활성화

나. 학교 통일교육의 방향

　⊙ 학생들의 통일문제에 대한 관심과 올바른 통일의식 함양

　ⓛ 통일 미래의 구체적인 모습과 비전 제시

문단 번호 기능 사용
1수준 : 20pt, 오른쪽정렬,
2수준 : 30pt, 오른쪽정렬
줄 간격 : 180%

표 전체 글꼴 : 굴림, 10pt, 가운데 정렬
셀 배경(그러데이션) : 유형(가로)【수평】
시작색(하양), 끝색(노랑)

♣ 지역별 통일관 현황

글꼴 : 궁서, 18pt,
기울임, 강조점

지역	위치	운영주체	휴관
서울	서울 구로구 궁동 35번지	서서울생활과학고등학교	매주 일/공휴일
오두산	경기 파주시 통일전망대 내	민간위탁	4-10월/월요일
광주	광주 서구 화정2동	통일교육위원광주협의회	매주 월, 토
부산	부산 부산진구 자유회관 내	자유총연맹 (부산지구)	연중 무휴
기타 지역 현황		경남, 고성, 대전, 양구, 인천, 제주, 청주, 충남	

글꼴 : 돋움, 24pt, 진하게
장평 105%, 오른쪽 정렬 → # 통일교육 운영계획

각주 구분선 : 5cm

⊙ 언어와 문화상의 공통성에 기초하여 오랜 세월 역사적으로 형성된 사회 집단

쪽 번호 매기기
6으로 시작 → ⑥

Section

6

문서작성 능력평가

①한자, 특수문자, 표 등을 포함하여 입력하기, ②각 제목 서식 및 표 등의 글꼴 서식 설정, ③문단 첫 글자 장식 및 그림 등 개체 삽입 및 속성 변경, ④책갈피, 덧말 넣기, 머리말, 각주, 문단번호, 쪽 번호 매기기 등 문서작성 능력평가에 필요한 기능들을 학습합니다.

● 정답 파일 : Section06_정답.hwp

핵심 체크

① 본문 작성 : 덧말 넣기, 글자 모양(Alt+L)과 문단 모양(Alt+T) 서식 설정, 책갈피(Ctrl+K, B), 그림 넣기(Ctrl+[N], [I]) 및 자르기, 문단 번호(Ctrl+K, B)

② 표 작성 : 표 만들기(Ctrl+N, T), 셀 배경색(그러데이션)

③ 기능 설정 : 머리말(Ctrl+N, H), 각주(Ctrl+N, N), 쪽 번호 매기기(Ctrl+N, P)

※ 작성 순서
문서 입력 → 서식 설정(머리말, 덧말 넣기, 문단 첫 글자 장식, 그림 삽입 및 자르기, 각주, 중간 제목, 글자 모양, 문단 모양, 표, 쪽 번호 넣기 등)

※ 《출력형태》는 71쪽에 있습니다.

단계 1 | **내용 입력-1, 제목 편집, 머리말 작성하기**

1 3페이지 세 번째 줄부터 《출력형태》의 내용대로 입력합니다.

- 첫 번째 문단의 마지막 단어(~건설이다.)를 입력한 후 Enter 키를 누릅니다.
- 두 번째 문단의 첫 글자는 Space Bar 키를 두 번 눌러 들여 쓴 후에 입력합니다.
- 문단 번호로 처리될 부분의 번호는 입력하지 않습니다.
- 표 작성은 아래에 별도로 설명합니다.
- 기능에 익숙해지면 문장을 입력하면서 기능을 설정합니다.

정통성과 민족의 동질성 회복↵ Enter

↵ Enter

통일은 남북한 국민이 한 민족 하나의 국민이라고 느끼고 남북한 단일체제 수립을 넘어 한마음이 된 상태를 의미한다. 통일은 분단된 국토가 하나 되는 것은 물론 정치적으로 대립되었던 체제를 하나로 만드는 것이고, 경제적으로 서로 다른 제도를 하나로 거듭나게 하는 것이며, 남북 주민 사이에 내면화된 이질적인 문화를 하나로 다시 탄생시키는 것이다. 우리가 추구하는 통일은 인류 보편적 가치로 자리 잡은 자유민주주의와 시장경제를 바탕으로 구성원 모두의 자유와 인권이 보장되는 민족공동체의 건설이다.↵ Enter

통일은 분단으로 인해 굴절된 역사를 바로잡고, 민족공동체 건설을 통해 우리 민족의 총체적 역량을 극대화하기 위해 필요하다. 또한 통일은 분단에 따른 유형, 무형적인 비용을 소멸시키고 새로운 이득을 창출함으로 인해 국가와 사[Space Bar 두 번 클릭 후 입력]에게도 삶의 질을 향상시킬 것이다. 개인적 차원에서 통일은 이산가족의 고통을 해소하고 남북 간에 자유롭게 오고 가며 살 수 있는 등의 다양한 선택의 기회를 부여하며 인간적인 삶을 보장할 것이다. 통일은 21세기 한민족의 새로운 비상과 선진일류국가로 도약하기 위한 수단으로서 필요하다.↵

2 제목 문장(정통성과 민족의 동질성 회복)을 범위 지정한 후 [서식] 도구 상자에서 '글꼴 : 굴림', '글자 크기 : 18pt', '진하게', '정렬 : 가운데 정렬'을 설정하고 [입력] 탭의 [덧말 가나다] 도구를 클릭합니다.

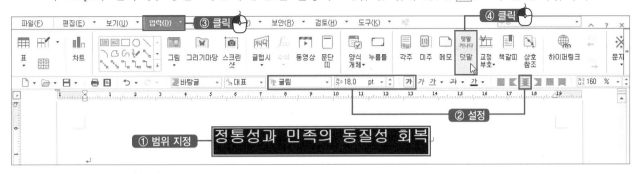

3 [덧말 넣기] 대화상자에서 덧말 란에 '통일한국'을 입력하고 덧말 위치에 '위'를 설정한 후 [넣기] 단추를 클릭합니다.

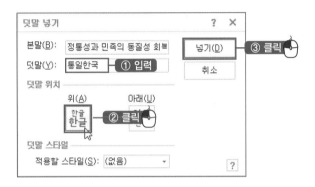

4 머리말을 추가하기 위해 [쪽] 탭의 [머리말 ▤]-[위쪽]-[양쪽]-[모양 없음]을 선택합니다.

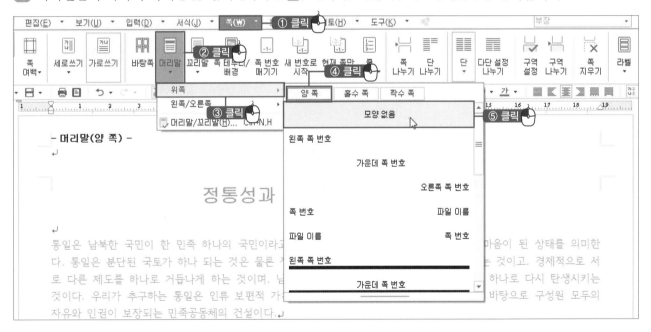

5 머리말(양쪽) 편집 화면에서 머리말을 '통일 우리의 미래'라고 입력하고 범위를 지정한 후, [서식] 도구
상자에서 '글꼴 : 돋움', '글자 크기 : 10pt', '정렬 : 오른쪽 정렬 ≡'을 설정하고 [머리말/꼬리말 닫기 ←]
도구를 클릭합니다.

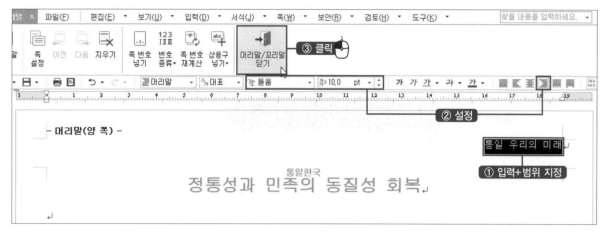

Check Point

입력된 덧말, 머리말을 더블클릭하여 해당 내용을 수정할 수 있습니다.

단계 2 | **문단 첫 글자 장식, 각주 설정, 한자 변환**

1 첫째 문단 첫째 줄 맨 앞 글자 '통' 앞에 커서를 위치시키고 [서식] 탭에서 [문단 첫 글자 장식 ⏣] 도구를
선택합니다.

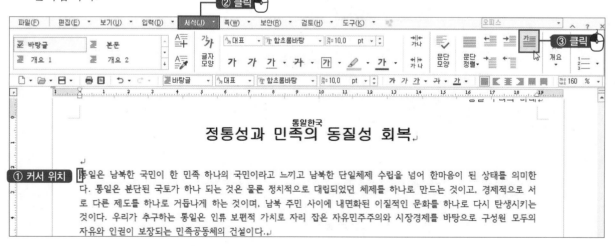

2 [문단 첫 글자 장식] 대화상자에서 '모양 : 2줄(2)', '글꼴 :
궁서', '면색 : 노랑(RGB : 255,255,0)'을 지정하고 [설정]
단추를 클릭합니다.

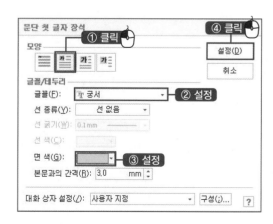

Check Point

색 지정 시 색상표에서 노랑, 파랑, 빨강 등의 색이 없다면
[색상 테마]에서 '오피스'를 지정하거나 [다른색]에서
지정합니다.

3 각주를 삽입할 단어(민족) 뒤에 커서를 위치시키고 [입력] 탭의 [각주 ▤]도구를 선택합니다.(또는 Ctrl +N, N)

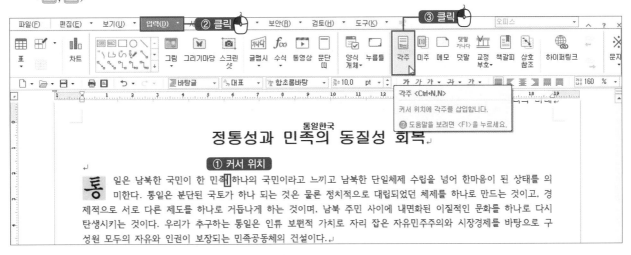

4 각주 모양을 변경하기 위해 [주석] 탭의 [각주/미주 모양 고치기 ☑] 도구를 클릭합니다.

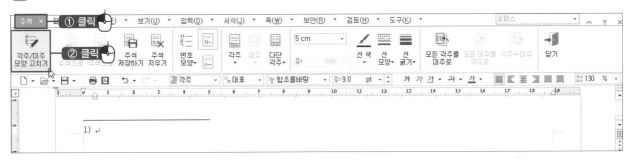

5 [주석 모양] 대화상자의 번호 모양에서 'ㄱ,ㄴ,ㄷ' 모양을 선택한 후 각주 구분선의 길이 '5cm'를 확인하고 [설정] 단추를 클릭합니다.

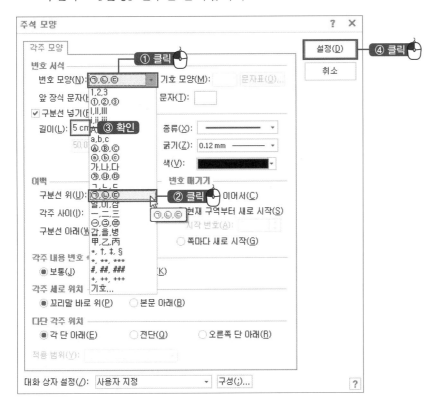

6 각주의 내용을 입력한 후 [주석] 탭에서 [닫기 ⬅] 도구를 클릭하여 각주 편집을 종료합니다.

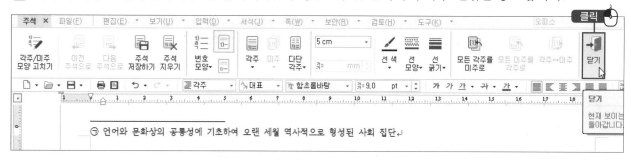

⊙ 언어와 문화상의 공통성에 기초하여 오랜 세월 역사적으로 형성된 사회 집단↵

Ⓒheck Ⓟoint

각주 작성 시 문제상에 글꼴 및 글자 크기 등에 대한 지시사항이 없음으로 기본 값으로 작성하시면 됩니다. 각주는 각주의 존재 여부, 오타, 각주 구분선만 채점합니다.

7 한자로 변환할 단어인 '통일' 뒤에 커서를 클릭한 후 [입력] 탭에서 [한자 입력 ⚘] 도구를 클릭합니다.

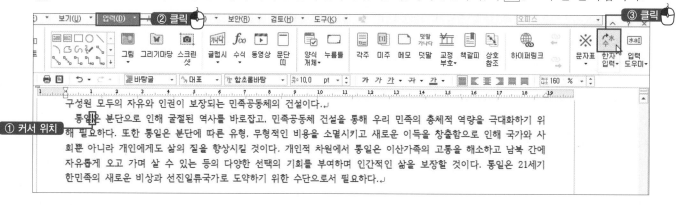

Ⓒheck Ⓟoint

한자로 변환할 단어의 뒤를 클릭한 후 F9 키를 누르거나 키보드의 한자 키를 눌러도 됩니다.

8 [한자로 바꾸기] 대화상자의 한자 목록에서 '한자 목록 : 統一', '입력 형식 : 한글(漢字)'를 선택한 후 [바꾸기] 단추를 클릭합니다.

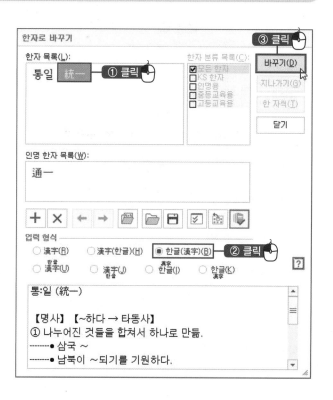

9 같은 방법으로 '이득(利得)'도 한자 변환합니다.

통 일은 남북한 국민이 한 민족⊙ 하나의 국민이라고 느끼고 남북한 단일체제 수립을 넘어 한마음이 된 상태를 의미한다. 통일은 분단된 국토가 하나 되는 것은 물론 정치적으로 대립되었던 체제를 하나로 만드는 것이고, 경제적으로 서로 다른 제도를 하나로 기틀니게 히는 것이며, 남북 주민 사이에 내면화된 이질적인 문화를 하나로 다시 탄생시키는 것이다. 우리가 추구하는 통일은 인류 보편적 가치로 자리 잡은 자유민주주의와 시장경제를 바탕으로 구성원 모두의 자유와 인권이 보장되는 민족공동체의 건설이다.↵
통일(統一)은 분단으로 인해 굴절된 역사를 바로잡고, 민족공동체 건설을 통해 우리 민족의 총체적 역량을 극대화하기 위해 필요하다. 또한 통일은 분단에 따른 유형, 무형적인 비용을 소멸시키고 새로운 이득(利得)을 창출함으로 인해 국가와 사회뿐 아니라 개인에게도 삶의 질을 향상시킬 것이다. 개인적 차원에서 통일은 이산가족의 고통을 해소하고 남북 간에 자유롭게 오고 가며 살 수 있는 등의 다양한 선택의 기회를 부여하며 인간적인 삶을 보장할 것이다. 통일은 21세기 한민족의 새로운 비상과 선진일류국가로 도약하기 위한 수단으로서 필요하다.↵

단계 3 그림 넣기

1 그림을 넣기 위해 [입력] 탭을 클릭한 후 [그림 📷] 도구를 클릭합니다.

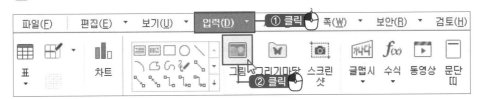

2 [그림 넣기] 대화상자에서 [라이브러리₩문서₩ITQ₩Picture] 폴더에서 '그림4.jpg' 파일을 선택하고 '문서에 포함'에 체크한 후 [넣기] 단추를 클릭하여 그림을 삽입합니다.

ⒸheckⓅoint

'글자처럼 취급'과 '마우스로 크기 지정'의 체크는 해제합니다.

③ 그림이 문서에 삽입되면 그림을 클릭한 후 [그림 🌷] 탭에서 [자르기 🔲] 도구를 클릭합니다.

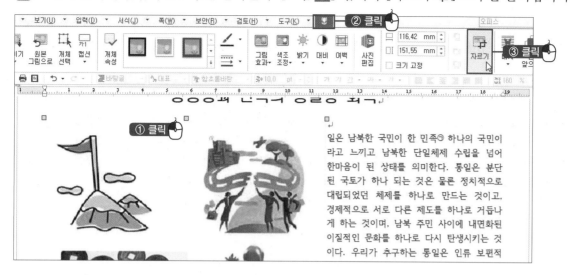

④ 자르기 조절점(ㄱ, ㄴ)을 드래그하여 원하는 그림 남깁니다.

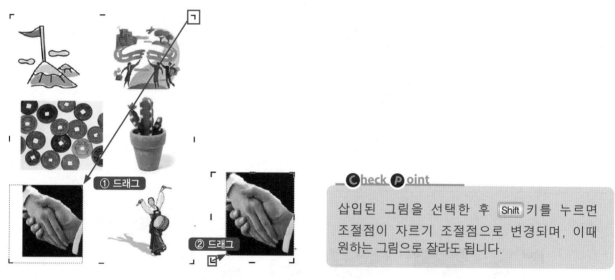

Check Point

삽입된 그림을 선택한 후 Shift 키를 누르면
조절점이 자르기 조절점으로 변경되며, 이때
원하는 그림으로 잘라도 됩니다.

⑤ 삽입된 그림을 더블클릭하여 [개체 속성] 대화상자에서 아래와 같이 속성을 설정한 후 [설정] 단추를
클릭합니다.

- [기본] 탭 : '크기 : 40㎜×40㎜', '크기 고정'에 체크, '글자처럼 취급'에 체크 해제, '본문과의 배치 : 어울림'
- [여백/캡션] 탭 : '바깥 여백 왼쪽 : 2㎜'

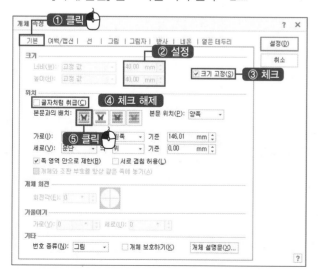

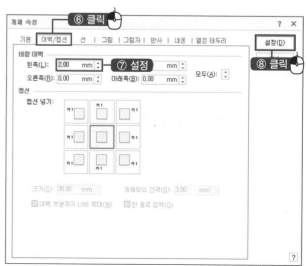

6 속성이 변경된 그림을 ≪출력형태≫와 동일한 위치에 이동하여 배치시킵니다.

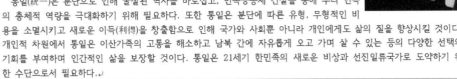

통 일은 남북한 국민이 한 민족⊙ 하나의 국민이라고 느끼고 남북한 단일체제 수립을 넘어 한마음이 된 상태를 의미한다. 통일은 분단된 국토가 하나 되는 것은 물론 정치적으로 대립되었던 체제를 하나로 만드는 것이고, 경제적으로 서로 다른 제도를 하나로 거듭나게 하는 것이며, 남북 주민 사이에 내면화된 이질적인 문화를 하나로 다시 탄생시키는 것이다. 우리가 추구하는 통일은 인류 보편적 가치로 자리 잡은 자유민주주의와 시장경제를 바탕으로 구성원 모두의 자유와 인권이 보장되는 민족공동체의 건설이다.↵

통일(統一)은 분단으로 인해 굴절된 역사를 바로잡고, 민족공동체 건설을 통해 우리 민족의 총체적 역량을 극대화하기 위해 필요하다. 또한 통일은 분단에 따른 유형, 무형적인 비용을 소멸시키고 새로운 이득(利得)을 창출함으로 인해 국가와 사회뿐 아니라 개인에게도 삶의 질을 향상시킬 것이다. 개인적 차원에서 통일은 이산가족의 고통을 해소하고 남북 간에 자유롭게 오고 가며 살 수 있는 등의 다양한 선택의 기회를 부여하며 인간적인 삶을 보장할 것이다. 통일은 21세기 한민족의 새로운 비상과 선진일류국가로 도약하기 위한 수단으로서 필요하다.↵

ⓒheck Ⓟoint

본문 오른쪽의 글자들은 같은 글꼴, 같은 크기로 작성하여도 컴퓨터 환경 등에 의해 다를 수 있습니다. 이는 채점 대상이 아니며, 감점되지 않습니다. 다만, 출력형태와 다를 경우 띄어쓰기나 오타 등이 의심되므로 지시사항대로 입력 및 설정했는지 반드시 확인해야 합니다.

단계 4 ## 내용 입력-2(중간 제목 1)

1 특수문자를 입력할 글자인 '학교' 앞을 클릭한 후 [입력] 탭-[문자표 ※]-[문자표]를 클릭합니다.

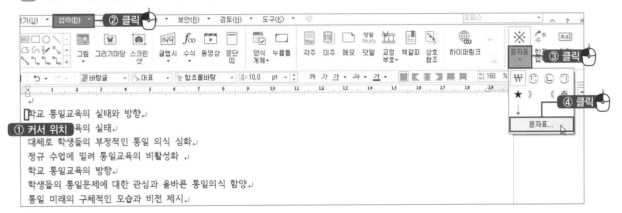

2 [문자표 입력] 대화상자에서 [한글(HNC) 문자표] 탭을 클릭한 후 문자 영역에서 '전각 기호(일반)'을 클릭하고 '♣' 기호를 선택한 후 [넣기] 단추를 클릭합니다.(또는 Ctrl + F10 키) '♣' 기호를 삽입한 후 Space Bar 키를 눌러 한 칸 띄웁니다.

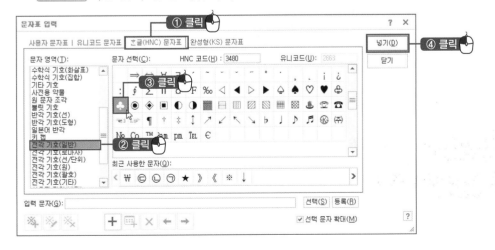

③ 제목 부분을 범위 지정한 후 [서식] 도구 상자에서 '글꼴 : 궁서', '글자 크기 : 18pt'를 설정합니다.

④ 다시 '학교 통일교육의 실태와 방향'만 범위 지정한 후 [편집] 탭에서 [글자 모양 깔] 도구를 클릭합니다.(또는 Alt + L 키)

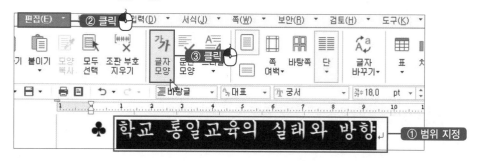

⑤ [글자 모양] 대화상자의 [기본] 탭에서 '글자 색 : 하양(RGB : 255,255,255)', '음영 색 : 파랑(RGB: 0,0,255)'을 설정하고 [설정] 단추를 클릭합니다. 작업이 완료되면 Esc 키를 눌러 범위를 해제합니다.

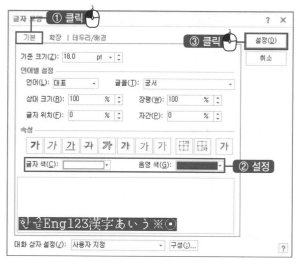

단계 5 문단 번호/문단 모양

① 문단 번호로 처리될 부분의 문장을 범위 지정하고 [서식] 탭의 목록 단추(▼)를 클릭한 후 [문단 번호 모양] 메뉴를 선택하고, [문단 번호/글머리표] 대화상자의 [문단 번호] 탭에서 첫 번째 문단 번호 모양을 선택한 후 [사용자 정의] 단추를 클릭합니다.

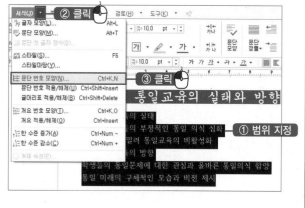

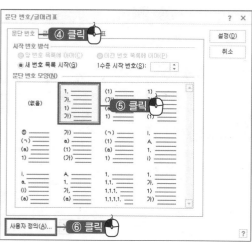

출력형태와 같은 모양이 없을 경우 유사한 문단 번호 모양이나 첫 번째 문단 번호 모양을 선택한 후 [사용자 정의]
단추를 클릭하여 설정합니다.

2 [문단 번호 사용자 정의 모양] 대화상자에서 다음과 같이 설정합니다.

- '수준 : 1수준', '번호 모양 : 가,나,다'

- '너비 조정 : 20pt', '정렬 : 오른쪽'

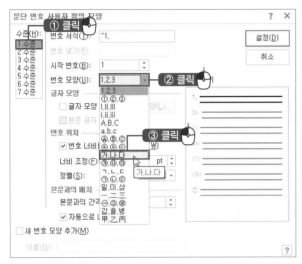

3 [문단 번호 사용자 정의 모양] 대화상자에서 다음과 같이 설정한 후 [설정] 단추를 클릭합니다.

- '수준 : 2수준', '번호 모양 : ㉠,㉡,㉢'

- '번호 서식 : ^2'('^2.'에서 '.' 삭제), '너비 조정 : 30pt', '정렬 : 오른쪽'

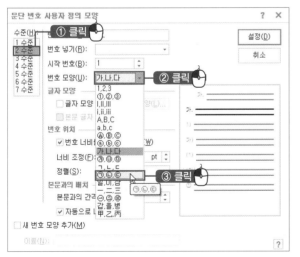
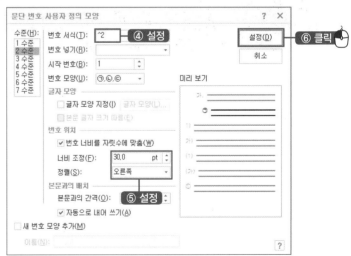

4 [문단 번호/글머리표] 대화상자에서 새로운 문단 번호 모양이 추가된 것을 확인한 후 [설정] 단추를 클릭합니다.

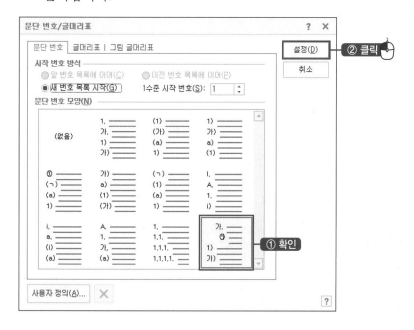

5 범위 지정한 모든 문단에 문단 번호 1수준이 적용되면 [서식] 도구 상자에서 '줄 간격 : 180%'를 설정합니다.

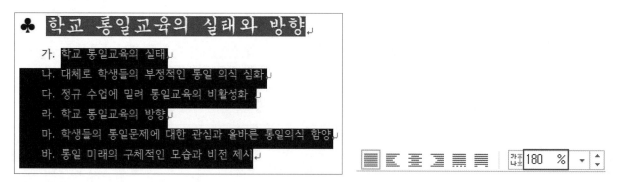

6 문단 번호를 2수준으로 지정할 부분을 범위 지정한 후 [한 수준 감소 ⬇] 도구를 클릭합니다.(또는 Ctrl +숫자 키패드 +)

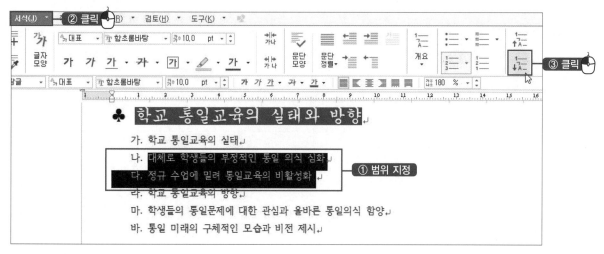

7 같은 방법으로 두 번째 2수준도 설정합니다. 작업이 완료되면 Esc 키를 눌러 범위를 해제합니다.

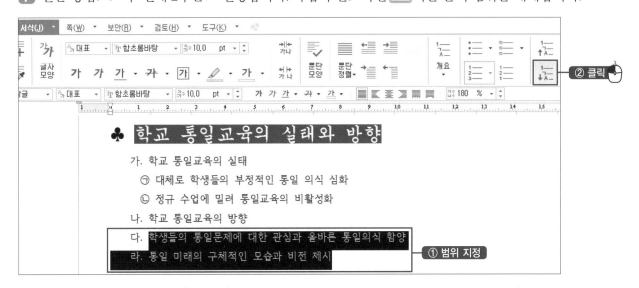

Check **P**oint

문단 번호를 지정한 후 다음 문장을 입력하려고 Enter 키를 누르면 2수준의 문단 번호가 자동적으로 설정되므로 문서작성 능력평가의 모든 문장을 입력한 후 문단 번호를 설정하는 것이 좋습니다. 문단 번호의 지정을 해제하려면 [서식] 도구 상자의 [바탕글]을 선택하면 됩니다.

단계 6 | **내용 입력-3(중간 제목 2), 표 작성**

1 두 번째 중간 제목인 '지역별 통일관 현황' 앞에 '♣' 기호를 삽입합니다(단계 4 참고). '♣ 지역별 통일관 현황'을 범위 지정한 후 [서식] 도구 상자에서 '글꼴 : 궁서', '글자 크기 : 18pt'을 지정합니다. 다시 '지역별 통일관 현황'만 범위 설정한 후 [서식] 도구 상자에서 '기울임'을 설정합니다.

2 강조점을 설정하기 위해 '지역별' 단어만 범위 지정한 후 [편집] 탭-[글자 모양 ⒄] 도구를 클릭하여 [글자 모양] 대화상자의 [확장] 탭에서 강조점을 선택하고 [설정] 단추를 클릭합니다.

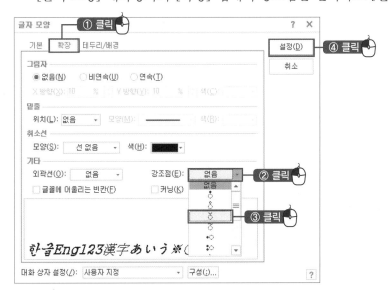

3 같은 방법으로 '현황' 단어에도 강조점을 설정합니다. 작업이 완료되면 Esc 키를 눌러 범위를 해제합니다.

4 [입력] 탭에서 [표 ▦] 도구를 클릭한 후 [표 만들기] 대화상자에서 '줄 수 : 6', '칸 수 : 4', 기타에 '글자처럼 취급'에 체크하고 [만들기] 단추를 클릭하여 표를 생성합니다.

5 셀을 합칠 부분을 범위 지정한 후 M 키를 눌러 셀을 합칩니다.(또는 [표] 탭−[셀 합치기 ▦] 도구)

↵	↵	↵	↵
↵	↵	↵	↵
↵	↵	↵	↵
↵	범위 지정 + M	↵	↵
↵	↵	↵	↵
↵	◎	↵	↵

6 표 전체를 범위 지정하고 L 키를 누른 후 다음과 같이 설정합니다.(또는 바로가기 메뉴에서 [셀 테두리/ 배경]−[각 셀마다 적용])

　　− [테두리] 탭 : '선 모양 바로 적용' 해제, '종류 − 이중 실선', '위'와 '아래' 선택

　　− [테두리] 탭 : '종류 − 선 없음', '왼쪽'과 '오른쪽' 선택

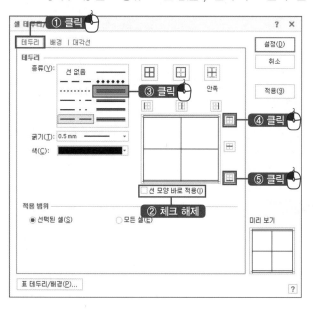 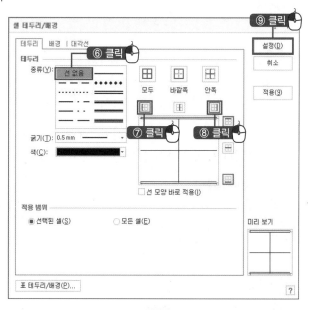

Check Point

서로 다른 선 종류를 한번에 지정할 경우 '선 모양 바로 적용'에 체크 표시가 해제되어 있어야 합니다.

7 다시 표의 1행만 범위 지정한 후 L 키를 누른 후 다음과 같이 설정합니다.

　　− [테두리] 탭 : '종류 − 이중 실선', '아래' 선택

　　− [배경] 탭 : '그러데이션', '유형 − 수평', '시작 색 − 흰색', '끝 색 − 노랑'

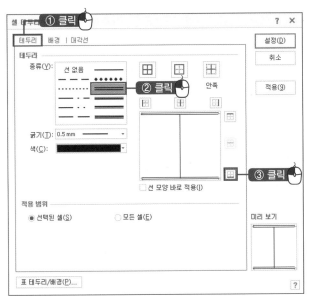

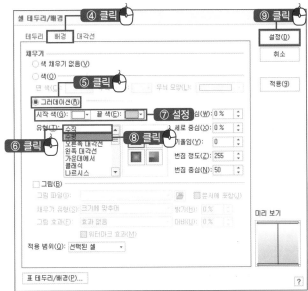

8 표 전체를 범위 지정한 후 '굴림', '10pt', '가운데 정렬 ≡'을 설정한 후 내용을 입력합니다. 범위가 지정된 상태에서 Ctrl + ↓ 키로 높이 간격을 적당히 벌려줍니다. 작업이 완료되면 Esc 키를 눌러 범위를 해제합니다.

Check Point

표와 관련된 메뉴나 단축키는 Section 2의 표 작성을 참고합니다.

단계 7 기관명 작성, 쪽 번호 매기기

1 기관명(통일교육 운영계획)을 범위 지정하고 [서식] 도구 상자에서 '글꼴 : 돋움', '글자 크기 : 24pt', '진하게', '오른쪽 정렬 ≡'을 지정합니다.

2 범위가 지정된 상태에서 Alt + L 키를 누른 다음 [글자 모양] 대화상자의 [기본] 탭에서 '장평 : 105%'를 지정하고 [설정] 단추를 클릭합니다.(또는 [편집] 탭-[글자 모양 가]) 작업이 완료되면 Esc 키를 눌러 범위를 해제합니다.

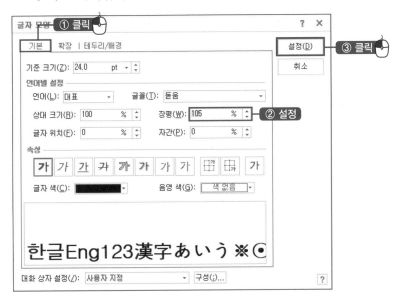

3 쪽 번호를 설정하기 위해 [쪽] 탭에서 [쪽 번호 매기기 .1.] 도구를 클릭합니다.(또는 Ctrl + N , P)

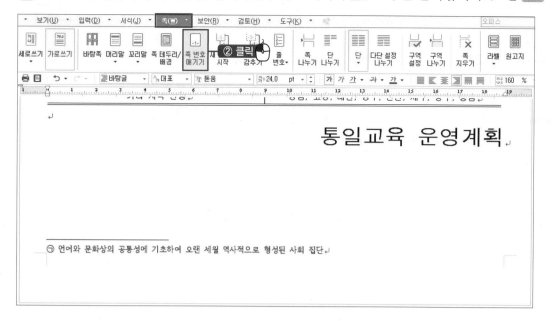

4 [쪽 번호 매기기] 대화상자에서 '번호 위치 : 오른쪽 아래', '번호 모양 : ①,②,③', '줄표 넣기 : 체크 해제'한 후 [넣기] 단추를 클릭합니다.

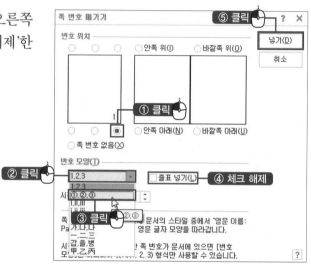

5 페이지 번호를 '⑥'으로 시작하도록 하기 위해서 [쪽] 탭에서 [새 번호로 시작] 도구를 클릭합니다.

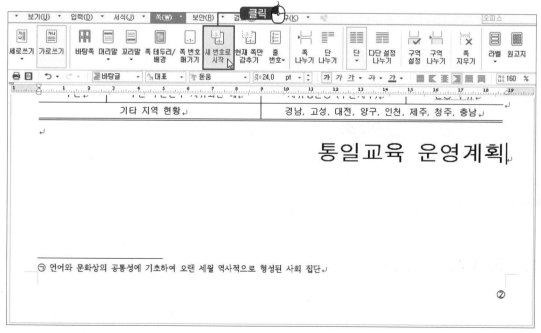

6 [새 번호로 시작] 대화상자에서 '시작 번호 : 6'을 지정하고 [넣기] 단추를 클릭합니다.

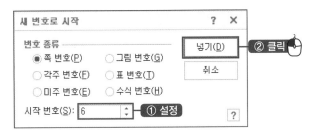

7 쪽 번호가 ≪출력형태≫와 맞는지 확인합니다.

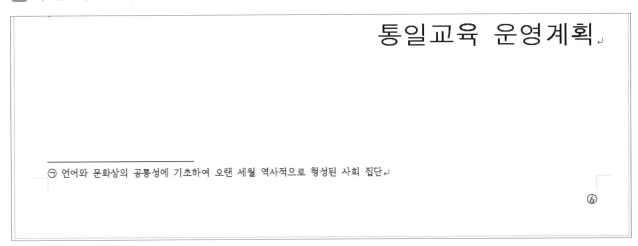

파일 저장 및 답안 전송

1 [파일]−[저장하기 💾] 메뉴를 클릭하여 저장합니다.

2 저장 경로 [내 PC₩문서₩ITQ]에 답안 파일이 있는지 확인한 후 답안작성 프로그램(KOAS 수험자용)의 [답안 전송] 단추를 클릭하여 답안을 전송합니다. 상태에 성공이라는 표시가 보이면 모든 시험이 마무리됩니다.

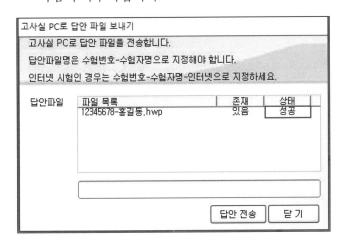

글꼴 : 돋움, 18pt, 가운데 정렬
책갈피 이름 : 단종문화제, 덧말 넣기

머리말 기능
굴림, 10pt, 오른쪽 정렬 ➡ 향토문화제

문단 첫 글자 장식 기능
글꼴 : 돋움, 면색 : 노랑

유교적 제례 의식
영월의 향기 단종문화제

그림위치(내 PC₩문서₩ITQ₩Picture
₩그림4.jpg, 문서에 포함),
자르기 기능 이용, 크기(40mmX30mm),
바깥 여백 왼쪽 : 2mm

장 릉사적 제196호이자 세계문화유산인 단종문화제는 조선의 6대 임금인 단종의 고혼과 충신들의 넋을 축제로 승화시킨 강원도 영월군의 대표적인 향토문화제이다. 1967년에 단종제라는 이름으로 시작된 이 축제는 1990년 제24회 때부터 단종문화제로 명칭을 바꾸어 현재에 이르고 있다. 행사 시기는 원래 매년 4월 5일 한식을 전후하여 3일 동안 진행되었으나 한식 무렵이면 날씨가 고르지 않아 방문객(訪問客)의 편의를 위해 2007년부터 매년 4월 마지막 주 금요일부터 3일간 실시하고 있다.

단종문화제는 평창과 정선 주민들은 물론 인근의 경상북도와 충청북도 군수들까지 방문하여 참배(參拜)를 한다. 조선 시대의 국장을 재현하고 칡줄다리기, 가장행렬, 정순왕후 선발대회 등 다양한 체험 행사가 펼쳐진다. 대표적 행사인 단종제향은 영월군에 위치한 장릉에서 해마다 봉행되는 단종대왕께 올리는 유교적 제례 의식이다. 조선 시대 중종 11년에 우승지 신상을 파견하여 제문과 함께 치제했다는 기록으로 보아 497년간 지속적으로 이루어진 제향이다. 정조 15년에 시작된 배식단의 충신제향은 조선왕릉 중에서 유일한 것이며, 단종제례는 2011년 4월 22일에 강원도 무형문화재㉮로 지정되었다.

각주

♥ 단종문화제 대표 행사 ◀

글꼴 : 굴림, 18pt, 하양, 음영색 : 파랑

  1. 칡줄다리기
     가. 주민의 화합과 안녕, 풍년 농사를 위한 전통 행사
     나. 동강을 중심으로 동서 양편이 칡줄을 잡고 줄다리기
  2. 가장행렬
     가. 단종어가, 정순왕후, 사육신, 생육신 등의 모습 재현
     나. 관내 학생들과 주민들이 조선 복식을 입고 재현

문단 번호 기능 사용
1수준 : 20pt, 오른쪽 정렬
2수준 : 30pt, 오른쪽 정렬
줄 간격 : 180%

♥ 장소별 주요 행사 ◀

글꼴 : 굴림, 18pt, 기울임, 강조점

표 전체 글꼴 : 돋움, 10pt, 가운데 정렬,
셀 배경(그러데이션) : 유형(가로)【수평】
시작색(하양), 끝색(노랑)

구분		내용
장릉	1일차	도전 퀴즈 탐험, 봉심 순흥초군청농악
	2일차	단종제향, 헌다례, 제례악, 육일무, 대왕 신령굿
	3일차	국장 연출(천전의), 대왕 신령굿
동강 둔치	1일차	정순왕후 선발대회, 민속예술경연대회, 어르신 장기대회, 민생구휼잔치
	2일차	북청사자놀이, 전통 혼례 시연, 칡줄다리기, 유등 띄우기
	3일차	화합 행사, 전국 배드민턴대회, 국장 연출

글꼴 : 궁서, 25pt, 진하게,
장평 115%, 오른쪽 정렬 ➡ **단종제위원회**

각주 구분선 : 5cm

㉮ 연극, 무용 등 무형의 문화적 소산으로 역사적 또는 예술적으로 가치가 큰 것

쪽 번호 매기기
2로 시작 ➡ B

글꼴 · 돋움, 21pt, 진하게, 가운데 정렬
책갈피 이름 : 스키, 덧말 넣기

미리말 기능
굴림, 10pt, 오른쪽 정렬 → 겨울철 레포츠

생활체육 진흥을 통한
국민 건강 함양과 체력 증진

그림위치(내 PC\문서\ITQ\
Picture\그림4.jpg, 문서에 포함),
자르기 기능 이용, 크기(30mmX35mm),
바깥 여백 왼쪽 : 2mm

문단 첫 글자 장식 기능
글꼴 : 궁서, 면색 : 노랑

스 키는 길고 평평한 활면에 신발을 붙인 도구를 신고 눈 위를 활주하는 스포츠이다. 스키의
유래는 기원전 3000년경으로 추측되며, 발생지는 러시아 동북부 알다이와 바이칼호 지방
으로 알려져 있다. 우리나라 역시 정확한 기록은 없지만 2000-3000년 전부터 스키를 타 왔던 것
으로 짐작된다. 함경도에서 발굴된 석기시대 유물에서 고대에 사용된 것으로 보이는 썰매가 나온
사례도 있다. 일제 강점기에는 제1회 조선스키대회가 열렸고, 1946년에는 조선스키협회가 창립되
었다. 그리고 1948년 정부 수립(樹立)과 함께 그 명칭이 대한스키협회로 바뀌어 오늘에 이르고 있
다.

　스키는 원래 이동 수단이었던 만큼 지역마다 발전된 형태가 달랐다. 완만한 구릉 지대인 북유럽에서는 거리 경기
위주의 노르딕 스키가 발달했고, 산세가 험한 알프스 지역에서는 경사면을 빠르게 활강하는 알파인 스키가 발달했다.
노르딕 스키에는 크로스컨트리와 스키 점프, 그리고 두 가지를 합한 노르딕 복합 종목이 있다. 알파인 스키에는 경사
면을 활주해 내려오는 활강과 회전 종목이 있다. 최근에는 고난도 묘기를 선보이는 익스트림게임ⓐ 형태의 프리스타일
스키가 큰 인기(人氣)를 끌고 있다.

각주

◆ **스키의 장비와 복장**

글꼴 : 궁서, 18pt, 진하게, 하양
음영색 : 파랑

　(1) 스키 플레이트
　　(가) 초심자는 스키가 짧을수록 안정성이 높다.
　　(나) 상급자는 자신의 신장보다 20센티미터 정도 짧은 스키를 선택한다.
　(2) 스키복 손질 및 보관법
　　(가) 스키복은 곧바로 세탁하여 얼룩이 생기는 것을 예방한다.
　　(나) 습기와 곰팡이 제거를 위해 방습제를 넣어 둔다.

문단 번호 기능 사용
1수준 : 20pt, 오른쪽 정렬
2수준 : 30pt, 오른쪽 정렬
줄 간격 : 180%

표 전체 글꼴 : 굴림, 10pt, 가운데 정렬,
셀 배경(그러데이션) : 유형(세로)【수직】
시작색(노랑), 끝색(하양)

◆ <u>스키 경기의 종류</u>

글꼴 : 궁서, 18pt, 밑줄, 강조점

구분		내용
알파인	슈퍼대회전경기	활강경기의 속도 기술에 회전 기술을 복합하여 겨루는 경기
	활강경기	출발선부터 골인선까지 최대의 속도로 활주하는 속도 계통의 경기
노르딕	크로스컨트리	스키 장비를 갖추고 장거리를 이동하는 경기
	스키 점프	2회의 점프를 실시하여 점프 거리에 점수와 자세를 합하여 우열을 가리는 경기
프리스타일	에어리얼	점프 경기장에서 곡예 점프, 착지 동작 등으로 승부를 가리는 경기
	발레스키	교차, 연속 회전, 점프 등의 기술을 발휘하면서 음악에 맞추어 스키를 타는 것

글꼴 : 돋움, 25pt, 진하게,
장평 110%, 오른쪽 정렬 → **전국스키연합회**

각주 구분선 : 5cm

ⓐ 갖가지 고난도 묘기를 행하는 모험 레포츠로서 X게임, 위험스포츠, 극한스포츠라고도 칭함

쪽 번호 매기기
4로 시작
라

글꼴 : 돋움, 18pt, 가운데 정렬
책갈피 이름 : 통영국제음악제, 덧말 넣기

머리말 기능
돋움, 10pt, 오른쪽 정렬 → 항구 음악 도시

작곡가 윤이상을 기리며
통영과 함께하는 음악의 향연

문단 첫 글자 장식 기능
글꼴 : 돋움, 면색 : 노랑

그림위치(내 PC₩문서₩ITQ₩Picture
₩그림5.jpg, 문서에 포함),
자르기 기능 이용, 크기(40mm×30mm),
바깥 여백 왼쪽 : 2mm

각주

한 반도의 남쪽 끝자락에 자리하여 섬, 바다, 뭍의 아름다움이 어우러진 매력적인 도시 통영은 걸출한 예술인(藝術人)들을 배출한 문화적 전통성과 잠재력을 가진 문화 예술의 도시이다. 현존하는 현대 음악의 5대 거장 작곡가 중 한 사람으로 불리는 통영 출신의 윤이상은 동양의 정신을 독특한 선율로 표현하여 현대 음악의 새 지평을 열었으며 자신의 음악 세계를 통해 동양과 서양의 전통이 공존하고 자연과 인간에 대한 깊은 신뢰와 화합이 살아 숨 쉬는 평화의 장을 추구하였다.

윤이상을 기리기 위해 2002년부터 시작된 통영국제음악제(TIMF)는 명실공히 세계적 수준의 음악제로 거듭나 동양의 작은 항구(港口) 도시 통영을 세계 속의 음악 도시로 발돋움시켰다. 현대 음악뿐만 아니라 고전 음악①, 재즈 등 다양한 장르를 포괄하는 국제 음악제로서 입지를 굳혀 명실상부한 아시아를 대표하는 세계적 수준의 음악제로 거듭난 것이다. 앞으로도 통영국제음악제는 수려한 자연과 역사를 품고 있는 아름다운 도시의 매력 아래 세계와 아시아 음악 문화의 중심축이 되는 축제를 확립하고 통영을 세계의 음악을 품는 문화 도시로 성장시켜 지구촌의 음악 교류에 일익을 담당할 것으로 기대를 모으고 있다.

★ **TIMF 아카데미 개요**
글꼴 : 굴림, 18pt, 하양, 음영색 : 파랑

(ㄱ) 장소 및 자격
　(1) 장소 : 경상남도 통영시 통영시민문화회관
　(2) 자격 : 30세 미만의 아시아 국적 소유자
(ㄴ) 모집 부문
　(1) 현악기 : 바이올린, 비올라, 첼로, 더블베이스
　(2) 목관악기 : 플루트, 오보에, 클라리넷, 바순

문단 번호 기능 사용
1수준 : 20pt, 오른쪽 정렬
2수준 : 30pt, 오른쪽 정렬
줄 간격 : 180%

★ *TIMF 자원봉사자 모집*
글꼴 : 굴림, 18pt, 기울임, 강조점

표 전체 글꼴 : 돋움, 10pt, 가운데 정렬,
셀 배경(그러데이션) : 유형(왼쪽 대각선),
시작색(하양), 끝색(노랑)

구분		내용
모집 대상		만 18세 이상의 대한민국 국민, 해외 동포, 국내 거주 외국인
		해외 동포나 국내 거주 외국인의 경우 한국어로 의사소통이 가능한 자
모집 분야	공연장 운영	무대 공연 진행, 극장 질서 관리, 티켓 검표 등
	게스트 서비스	아티스트 및 행사 관계자 숙박 업무 지원, 숙소 내 부대 행사 진행 등
	의전 및 행사	아티스트 통역 및 공항 의전, 공식 행사 및 부대 행사 지원 등
활동 지역		통영시민문화회관, 윤이상기념공원, 통영국제음악제 사무국 등

글꼴 : 궁서, 25pt, 진하게,
장평 110%, 오른쪽 정렬 → **통영국제음악제**

각주 구분선 : 5cm

① 대중음악에 상대되는 뜻으로 쓰이는 서양의 전통적 작곡 기법이나 연주법에 의한 음악

쪽 번호 매기기
2로 시작

②

글꼴 : 돋움, 18pt, 진하게, 가운데 정렬
책갈피 이름 : 학점은행제, 덧말 넣기

머리말 기능
돋움, 10pt, 오른쪽 정렬 → 사이버 학습

그림위치(내 PC\문서\ITQ\Picture\
그림4.jpg, 문서에 포함),
자르기 기능 이용, 크기(40mmX35mm),
바깥 여백 왼쪽 : 2mm

열린 평생 학습 사회
사이버 학점은행제

각주

문단 첫 글자 장식 기능
글꼴 : 돋움, 면색 : 노랑

학 점은행제는 학점인정 등에 관한 법률Ⓐ에 의거하여 학교뿐만 아니라 학교 밖에서 이루어지는 다양한 형태의 학습과 자격(資格)을 학점으로 인정하고 그 학점이 누적되어 일정 기준을 충족하면 학위 취득을 가능하게 함으로써 궁극적으로 열린 교육 사회와 평생 학습 사회를 구현하기 위한 제도이다. 대통령 직속 교육개혁위원회가 열린 평생 학습 사회의 발전을 조성하는 새로운 교육 체제에 대한 비전을 제시하면서 학점은행제를 제안하였으며 이를 위한 법령을 제정하고 1998년 3월부터 시행하였다. 고등학교 졸업자나 동등 이상의 학력을 가진 사람은 누구라도 학점은행제를 활용할 수 있다.

공교육 기관과 사교육 기관이 국민의 평생 학습을 위하여 권한과 책임을 분담한다는 원칙 아래 이 같은 사이버 학습 체제는 매우 중요한 의미를 지닌다. 동일한 과제의 학습을 위한 시간을 학교에서 충분히 충족시킬 수 없기 때문에 그 필요한 학습 시간을 어디에선가 확보해야 한다면 그 대안(對案)으로서 사이버 학습 체제는 매우 훌륭한 시스템으로 기능하기에 적합하다고 할 수 있다. 학교 교육의 보완 수단일 뿐만 아니라 학생의 특수한 필요를 충족하기 위한 유용한 시스템 중 하나가 될 것이다.

♣ 학점은행제의 활용

글꼴 : 굴림, 18pt, 하양
음영색 : 파랑

1) 학생의 경우
  가) 대학원 진학 준비를 위한 학위 취득
  나) 새로운 전공 분야를 공부하기 위한 학위 취득
2) 기타의 경우
  가) 뒤늦게 학업의 꿈을 펼치길 희망하는 만학도
  나) 중도에 포기한 학업을 재개하고자 하는 중퇴자

문단 번호 기능 사용
1수준 : 20pt, 오른쪽 정렬
2수준 : 30pt, 오른쪽 정렬
줄 간격 : 180%

♣ 학점인정 신청 서류

글꼴 : 굴림, 18pt, 기울임, 강조점

표 전체 글꼴 : 돋움, 10pt, 가운데 정렬,
셀 배경(그러데이션) : 유형(가로)【수평】
시작색(하양), 끝색(노랑)

구분		서류
자격증		자격증 원본 및 사본 1부, 별지 제5호의5 서식
시간제 등록		성적증명서(이수한 대학교에서 발급), 별지 제5호의4 서식
독학학위제 시험 합격/	시험 합격	제출 서류 없음(별지 서식에 독학학위제 학적 번호 기재)
시험 면제 교육 과정	시험 면제 교육 과정 이수	해당 교육 기관에서 발급하는 과정이수확인서 및 성적증명서
중요무형문화재	보유자	중요무형문화재 보유자 인정서 사본(원본 지참)
	이수자	보유자가 문화재청에 보고한 이수증 사본(원본 지참)

글꼴 : 궁서, 24pt, 진하게,
장평 110%, 오른쪽 정렬 → # 교육개혁위원회

각주 구분선 : 5cm

Ⓐ 1997년 12월 교육부 타법 개정에 의하여 1998년 1월에 시행

쪽 번호 매기기
5로 시작 → E

MEMO

PART 2

기출유형 모의고사

Part 1에서 배운 시험에 나오는 한글 기능을 토대로 시험에 출제되는 다양한 기능과 형태를 익혀 어떠한 문제가 출제되더라도 해결할 수 있도록 학습효과를 높입니다.

※정답 파일과 동영상 강의는 [자료실]에서 다운로드하세요.

기출유형 모의고사

I 회

과목	코드	문제유형	시험시간	수험번호	성 명
아래 한글	1111	A	60분	20485001	

수 험 자 유 의 사 항

- 수험자는 문제지를 받는 즉시 문제지와 **수험표상의 시험과목(프로그램)이 동일한지 반드시 확인**하여야 합니다.
- 파일명은 본인의 "수험번호-성명"으로 입력하여 답안폴더(내 PC₩문서₩ITQ)에 하나의 파일로 저장해야 하며, 답안문서 파일명이 "수험번호-성명"과 일치하지 않거나, 답안파일을 전송하지 않아 미제출로 처리될 경우 실격 처리합니다 (예 : 12345678-홍길동.hwp).
- 답안 작성을 마치면 파일을 저장하고, '답안 전송' 버튼을 선택하여 감독위원 PC로 답안을 전송하십시오. 수험생 정보와 저장한 파일명이 다를 경우 전송되지 않으므로 주의하시기 바랍니다.
- 답안 작성 중에도 **주기적으로 저장하고 '답안 전송'** 하여야 문제 발생을 줄일 수 있습니다. 작업한 내용을 저장하지 않고 전송할 경우 이전에 저장된 내용이 전송되오니 이점 유의하시기 바랍니다.
- 답안문서는 지정된 경로 외의 다른 보조기억장치에 저장하는 경우, 지정된 시험 시간 외에 작성된 파일을 활용할 경우, 기타 통신 수단(이메일, 메신저, 네트워크 등)을 이용하여 타인에게 전달 또는 외부 반출하는 경우는 부정 처리합니다.
- 시험 중 부주의 또는 고의로 시스템을 파손한 경우는 수험자가 변상해야 하며, 〈수험자 유의사항〉에 기재된 방법대로 이행하지 않아 생기는 불이익은 수험생 당사자의 책임임을 알려 드립니다.
- 문제의 조건은 한컴오피스 2020 버전으로 설정되어 있으며 한컴오피스 NEO는 【 】에 표기되어 있습니다. 이와 관련하여 작성한 답안의 출력형태가 문제지와 다를 수 있습니다.
- 시험을 완료한 수험자는 답안파일이 전송되었는지 확인한 후 감독위원의 지시에 따라 문제지를 제출하고 퇴실합니다.

답 안 작 성 요 령

- **온라인 답안 작성 절차**
  수험자 등록 ⇒ 시험 시작 ⇒ 답안파일 저장 ⇒ 답안 전송 ⇒ 시험 종료
- **공통 부문**
  - 글꼴에 대한 기본설정은 함초롬바탕, 10포인트, 검정, 줄간격 160%, 양쪽정렬로 합니다.
  - 색상은 조건의 색을 적용하고 색의 구분이 안될 경우에는 RGB 값을 적용합니다(빨강 255,0,0 / 파랑 0,0,255 / 노랑 255,255,0).
  - 각 문항에 주어진 《조건》에 따라 작성하고 언급하지 않은 조건은 《출력형태》와 같이 작성합니다.
  - 용지여백은 왼쪽·오른쪽 11㎜, 위쪽·아래쪽·머리말·꼬리말 10㎜, 제본 0㎜로 합니다.
  - 그림 삽입 문제의 경우「내 PC₩문서₩ITQ₩Picture」폴더에서 지정된 파일을 선택하여 삽입하십시오.
  - 삽입한 그림은 반드시 문서에 포함하여 저장해야 합니다(미포함 시 감점 처리).
  - 각 항목은 지정된 페이지에 출력형태와 같이 정확히 작성하시기 바라며, 그렇지 않을 경우에 해당 항목은 0점 처리됩니다.
  ※ 페이지구분 : 1페이지 – 기능평가 I (문제번호 표시 : 1. 2.),
  　　　　　　　 2페이지 – 기능평가 II (문제번호 표시 : 3. 4.),
  　　　　　　　 3페이지 – 문서작성 능력평가
- **기능평가**
  - 문제와 《조건》은 입력하지 않으며 문제번호와 답(《출력형태》)만 작성합니다.
  - 4번 문제는 묶기를 했을 경우 0점 처리됩니다.
- **문서작성 능력평가**
  - A4 용지(210㎜×297㎜) 1매 크기, 세로 서식 문서로 작성합니다.
  - ⌐⌐⌐ 표시는 문서작성에 대한 지시사항이므로 작성하지 않습니다.

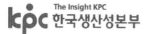

1. 다음의 ≪조건≫에 따라 스타일 기능을 적용하여 ≪출력형태≫와 같이 작성하시오. (50점)

【조건】　(1) 스타일 이름 – water
　　　　(2) 문단 모양 – 첫줄 들여쓰기 : 10pt, 문단 아래 간격 : 5pt
　　　　(3) 글자 모양 – 글꼴 : 한글(궁서)/영문(돋움), 크기 : 10pt, 장평 : 105%, 자간 : −5%

【출력형태】

　Water is a common chemical substance that is essential to all known forms of life. About 70% of the fat free mass of the human body is made of water.

　물은 살아있는 생명을 이루는 형태의 필수적인 화학물질입니다. 인체의 대부분은 지방과 약 70%의 물로 구성되어 있습니다.

2. 다음의 ≪조건≫에 따라 ≪출력형태≫와 같이 표와 차트를 작성하시오. (100점)

【표조건】　(1) 표 전체(표, 캡션) – 돋움, 10pt
　　　　(2) 정렬 – 문자 : 가운데 정렬, 숫자 : 오른쪽 정렬
　　　　(3) 셀 배경색 : 노랑
　　　　(4) 한글의 계산 기능을 이용하여 빈칸에 합계를 구하고, 캡션 기능 사용할 것
　　　　(5) 선 모양은 ≪출력형태≫와 동일하게 처리할 것

【출력형태】
　　　　　　　　　　　　　　　　　　　　　　　용수 수요 증가전망(단위 : 억 톤)

구분	2022년	2020년	2018년	2016년	2014년
생활용수	82	77	71	59	49
공업용수	36	34	31	28	25
농업용수	178	164	161	158	151
유지용수	74	67	64	57	57
합계					

【차트조건】　(1) 차트 데이터는 표 내용에서 구분별 2022년, 2020년, 2018년의 값만 이용할 것
　　　　(2) 종류 – <묶은 가로 막대형>으로 작업할 것
　　　　(3) 제목 – 돋움, 진하게, 12pt, 속성 – 채우기(하양), 테두리, 그림자(대각선 오른쪽 아래)
　　　　　　　【돋움, 진하게, 12pt, 배경 – 선 모양(두 줄로), 그림자(2pt)】
　　　　(4) 제목 이외의 전체 글꼴 – 궁서, 보통, 10pt
　　　　(5) 기타 나머지 사항은 ≪출력형태≫와 동일하게 처리할 것

【출력형태】

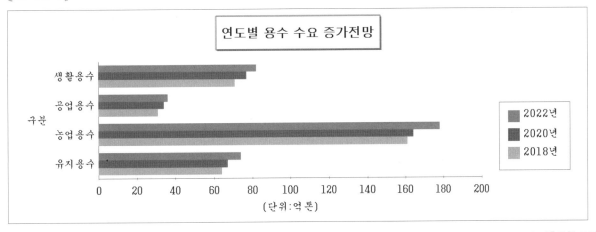

3. 다음 (1), (2)의 수식을 수식 편집기로 각각 입력하시오. (40점)

⟮출력형태⟯

(1) $\lim\limits_{n \to \infty} \dfrac{2n^2 - 3n + 1}{n^2 + 1} = 2$

(2) $\dfrac{a - \dfrac{2}{a+1}}{a+2} = \dfrac{a-1}{a+1}$

4. 다음의 ≪조건≫에 따라 ≪출력형태≫와 같이 문서를 작성하시오. (110점)

⟮조건⟯ (1) 그리기 도구를 이용하여 작성하고, 모든 도형(글맵시, 지정된 그림 포함)을 ≪출력형태≫와 같이 작성하시오.
(2) 도형의 면색은 지시사항이 없으면 색 없음을 제외하고 서로 다르게 임의로 지정하시오.

⟮출력형태⟯

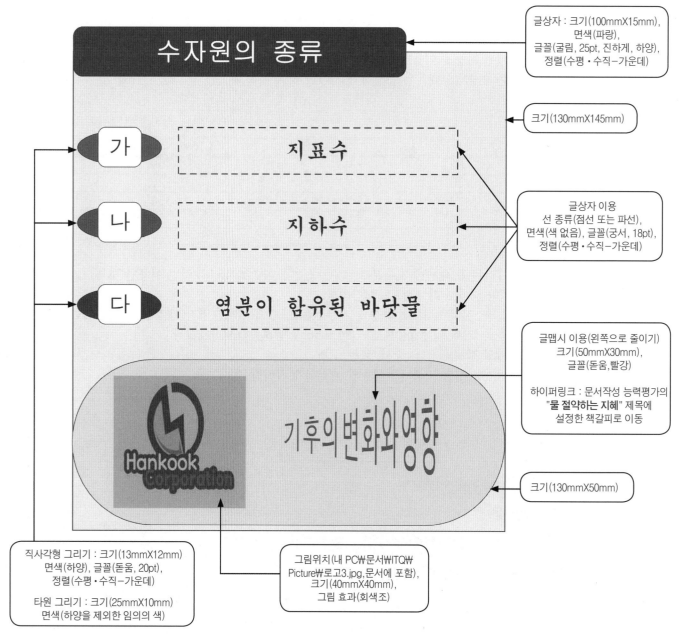

글상자 : 크기(100mmX15mm), 면색(파랑), 글꼴(굴림, 25pt, 진하게, 하양), 정렬(수평·수직-가운데)

수자원의 종류

크기(130mmX145mm)

가

지표수

나

지하수

다

염분이 함유된 바닷물

글상자 이용 선 종류(점선 또는 파선), 면색(색 없음), 글꼴(궁서, 18pt), 정렬(수평·수직-가운데)

글맵시 이용(왼쪽으로 줄이기) 크기(50mmX30mm), 글꼴(돋움, 빨강)

하이퍼링크 : 문서작성 능력평가의 "**물 절약하는 지혜**" 제목에 설정한 책갈피로 이동

기후의변화와영향

크기(130mmX50mm)

직사각형 그리기 : 크기(13mmX12mm) 면색(하양), 글꼴(돋움, 20pt), 정렬(수평·수직-가운데)
타원 그리기 : 크기(25mmX10mm) 면색(하양을 제외한 임의의 색)

그림위치(내 PC₩문서₩ITQ₩ Picture₩로고3.jpg,문서에 포함), 크기(40mmX40mm), 그림 효과(회색조)

글꼴 : 굴림, 22pt, 진하게, 가운데 정렬,
책갈피 이름 : 물절약, 덧말 넣기

머리말 기능
궁서, 10pt, 오른쪽 정렬 → **물 절약 실천**

수지원관리
물 절약하는 지혜

문단 첫 글자 장식 기능
글꼴 : 굴림, 면색 : 노랑

그림위치(내 PC₩문서₩ITQ₩Picture₩
그림4.jpg,문서에 포함),
자르기 기능 이용, 크기(45mmX40mm),
바깥 여백 왼쪽 : 2mm

물은 생명체의 근원이 될 뿐만 아니라 인간의 음용수 및 생활용수를 비롯하여 농업용수와 공업용수로 중요하게 활용되고 있으며, 생태계(生態界)의 기능을 유지시키는 역할을 한다. 지구상에 존재하는 물 가운데 약 97.5%가 바닷물이며, 1.7%는 극지방에서 빙상과 빙하로 존재하고, 약 0.8%만이 식수, 관개용수 및 공업용수로 이용할 수 있다. 물 소비량이 크게 늘어 1인당 하루 평균 300L 이상을 쓰는 미국에서는 가정생활, 잔디, 스프링클러, 세차 등으로 엄청난 양의 물을 소비하고 있다. 그러나 케냐의 시골 주민들은 최소 생존량인 80L에서 크게 모자라는 단 5L의 물을 쓰고 있다.

　우리나라는 급증하고 있는 용수 수요(需要)를 확보하기 위하여 체계적이고 효율적인 물관리 종합대책①을 추진 중에 있다. 용수 수요 전망에 따르면 2001년 327억 톤을 기준으로 할 때에 2011년에는 370억 톤의 용수가 필요할 것으로 전망되고 있다. 늘어나는 용수 수요를 해결하기 위하여 댐, 지하수 개발, 중수로 이용 시스템 및 용수 재이용 기술개발 등 다각적인 노력을 시도하고 있다. 우리나라 가정에서 10%의 물을 절약하면 연간 20억 톤(약 5천억 원)이 절약된다고 한다. 그러므로 물의 중요성과 물 절약에 대한 국민적 의식 전환이 절실히 요구된다. （각주）

◉ 물 절약 생활 수칙

글꼴 : 굴림, 18pt, 하양, 음영색 : 빨강

(ㄱ) 가정에서 실천 수칙

　(1) 부엌에서 - 설거지통 이용으로 60% 절수

　(2) 화장실에서 - 변기 수조에 물 채운 병을 넣어 20% 절수

(ㄴ) 공공기관 실천 수칙

　(1) 절수기와 물 재이용 시설의 설치를 적극 장려

　(2) 가정과 기업의 물 사랑 운동을 적극 지원

문단 번호 기능 사용
1수준 : 20pt, 오른쪽 정렬
2수준 : 40pt, 오른쪽 정렬
줄간격 : 180%

글꼴 : 굴림, 18pt
그림자, 강조점

표 전체 글꼴 : 굴림, 10pt,
가운데 정렬,
셀 배경색(그라데이션) :
유형(오른쪽 대각선),
시작색(하양), 끝색(노랑)

◉ 국가별 1인당 연간 재생 가능 수자원량

순위	국가명	수자원량	순위	국가명	수자원량
146위	한국	1,491	134위	독일	1,878
104위	프랑스	3,439	142위	폴란드	1,596
106위	일본	3,383	148위	이스라엘	276
127위	영국	2,465	156위	이집트	859
128위	중국	2,259	157위	레바논	1,261
133위	인도	1,880	167위	이라크	276

글꼴 : 궁서, 22pt, 장평 120%,
자간 10%, 가운데 정렬 → # 수 자 원 관 리 위 원 회

각주 구분선 : 5cm

① 물관리에 관한 장기계획으로 수질부분 대책이 10개년 계획

쪽 번호 매기기
1로 시작

가

Information Technology Qualification

2회 기출유형 모의고사

무료 동영상

과목	코드	문제유형	시험시간	수험번호	성 명
아래 한글	1111	A	60분	32465002	

수 험 자 유 의 사 항

● 수험자는 문제지를 받는 즉시 문제지와 **수험표상의 시험과목(프로그램)이 동일한지 반드시 확인**하여야 합니다.

● 파일명은 본인의 "수험번호-성명"으로 입력하여 답안폴더(내 PC\문서\ITQ)에 하나의 파일로 저장해야 하며, 답안문서 파일명이 "수험번호-성명"과 일치하지 않거나, 답안파일을 전송하지 않아 미제출로 처리될 경우 실격 처리합니다 (예 : 12345678-홍길동.hwp).

● 답안 작성을 마치면 파일을 저장하고, '답안 전송' 버튼을 선택하여 감독위원 PC로 답안을 전송하십시오. 수험생 정보와 저장한 파일명이 다를 경우 전송되지 않으므로 주의하시기 바랍니다.

● 답안 작성 중에도 **주기적으로 저장하고 '답안 전송'**하여야 문제 발생을 줄일 수 있습니다. 작업한 내용을 저장하지 않고 전송할 경우 이전에 저장된 내용이 전송되오니 이점 유의하시기 바랍니다.

● 답안문서는 지정된 경로 외의 다른 보조기억장치에 저장하는 경우, 지정된 시험 시간 외에 작성된 파일을 활용할 경우, 기타 통신 수단(이메일, 메신저, 네트워크 등)을 이용하여 타인에게 전달 또는 외부 반출하는 경우는 부정 처리합니다.

● 시험 중 부주의 또는 고의로 시스템을 파손한 경우는 수험자가 변상해야 하며, 〈수험자 유의사항〉에 기재된 방법대로 이행하지 않아 생기는 불이익은 수험생 당사자의 책임임을 알려 드립니다.

● 문제의 조건은 한컴오피스 2020 버전으로 설정되어 있으며 한컴오피스 NEO는 【 】에 표기되어 있습니다. 이와 관련하여 작성한 답안의 출력형태가 문제지와 다를 수 있습니다.

● 시험을 완료한 수험자는 답안파일이 전송되었는지 확인한 후 감독위원의 지시에 따라 문제지를 제출하고 퇴실합니다.

답 안 작 성 요 령

● **온라인 답안 작성 절차**
  수험자 등록 ⇒ 시험 시작 ⇒ 답안파일 저장 ⇒ 답안 전송 ⇒ 시험 종료

● **공통 부문**
· 글꼴에 대한 기본설정은 함초롬바탕, 10포인트, 검정, 줄간격 160%, 양쪽정렬로 합니다.
· 색상은 조건의 색을 적용하고 색의 구분이 안될 경우에는 RGB 값을 적용합니다(빨강 255,0,0 / 파랑 0,0,255 / 노랑 255,255,0).
· 각 문항에 주어진 ≪조건≫에 따라 작성하고 언급하지 않은 조건은 ≪출력형태≫와 같이 작성합니다.
· 용지여백은 왼쪽 · 오른쪽 11㎜, 위쪽 · 아래쪽 · 머리말 · 꼬리말 10㎜, 제본 0㎜로 합니다.
· 그림 삽입 문제의 경우「내 PC\문서\ITQ\Picture」폴더에서 지정된 파일을 선택하여 삽입하십시오.
· 삽입한 그림은 반드시 문서에 포함하여 저장해야 합니다(미포함 시 감점 처리).
· 각 항목은 지정된 페이지에 출력형태와 같이 정확히 작성하시기 바라며, 그렇지 않을 경우에 해당 항목은 0점 처리됩니다.
※ 페이지구분 : 1페이지 - 기능평가 I (문제번호 표시 : 1. 2.),
        2페이지 - 기능평가 II (문제번호 표시 : 3. 4.),
        3페이지 - 문서작성 능력평가

기능평가
· 문제와 ≪조건≫은 입력하지 않으며 문제번호와 답(≪출력형태≫)만 작성합니다.
· 4번 문제는 묶기를 했을 경우 0점 처리됩니다.

문서작성 능력평가
· A4 용지(210㎜×297㎜) 1매 크기, 세로 서식 문서로 작성합니다.
· ⌐⌐⌐⌐⌐ 표시는 문서작성에 대한 지시사항이므로 작성하지 않습니다.

1. 다음의 ≪조건≫에 따라 스타일 기능을 적용하여 ≪출력형태≫와 같이 작성하시오. (50점)

조건
(1) 스타일 이름 – mud
(2) 문단모양 – 들여 쓰기 : 10pt, 문단 아래 간격 : 5pt
(3) 글자모양 – 글꼴 : 한글(굴림)/영문(바탕), 크기 : 10pt, 장평 : 105%, 자간 : -3

출력형태

The mud festival offers a unique experience in a grand mud tub. Children can enjoy mud sliding, a mud prison and mud hand printing. Also, participants can wrestle with their equally muddy partner.

머드 축제는 거대한 진흙 욕조에서 독특한 경험을 제공합니다. 어린이 머드 슬라이딩, 머드 교도소와 진흙 손 페인팅을 즐길 수 있습니다. 또한, 참가자들은 진흙 파트너와 레슬링을 할 수 있습니다.

2. 다음의 ≪조건≫에 따라 ≪출력형태≫와 같이 표와 차트를 작성하시오. (100점)

표조건
(1) 표 전체(표, 캡션) – 돋움, 10pt
(2) 정렬 – 문자 : 가운데 정렬, 숫자 : 오른쪽 정렬
(3) 셀 배경색 : 노랑
(4) 한글의 계산 기능을 이용하여 빈칸에 평균(소수점 두 자리)을 구하고, 캡션 기능 사용할 것
(5) 선 모양은 ≪출력형태≫와 동일하게 처리할 것

출력형태

연도별 문화관광축제 만족도 변화(단위 : 7점 척도)

항목별	2016년	2017년	2018년	2019년	2020년	2021년
접근용이	5.17	5.52	5.51	5.44	5.44	5.32
행사재미	4.76	4.89	5.04	5.00	4.99	4.95
상품품질	4.33	4.36	4.43	4.50	4.50	4.47
연계관광	4.69	4.77	4.78	4.80	4.79	4.65
평균						✕

차트조건
(1) 차트 데이터는 표 내용에서 항목별 2016년, 2017년, 2018년 값만 이용할 것
(2) 종류 – <묶은 세로 막대형>으로 작업할 것
(3) 제목 – 궁서, 진하게, 12pt, 속성 – 채우기(하양), 테두리, 그림자(대각선 오른쪽 아래)
【궁서, 진하게, 12pt, 배경 – 선 모양(한 줄로), 그림자(2pt)】
(4) 제목 이외의 전체 글꼴 – 굴림, 보통, 10pt
(5) 기타 나머지 사항은 ≪출력형태≫와 동일하게 처리할 것

출력형태

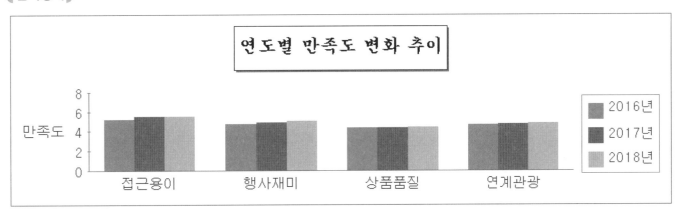

3. 다음 (1), (2)의 수식을 수식 편집기로 각각 입력하시오. (40점)

출력형태

$(1)\quad \dfrac{1}{\sqrt[3]{a}-\sqrt[3]{b}}=\dfrac{\sqrt[3]{a^2}+\sqrt[3]{ab}+\sqrt[3]{b^2}}{a-b}$

$(2)\quad S=\pi r^2+\dfrac{1}{2}\times 2\pi r\times 1$

4. 다음의 ≪조건≫에 따라 ≪출력형태≫와 같이 문서를 작성하시오. (110점)

조건 (1) 그리기 도구를 이용하여 작성하고, 모든 도형(글맵시, 지정된 그림 포함)을 ≪출력형태≫와 같이 작성하시오.
(2) 도형의 면색은 지시사항이 없으면 색 없음을 제외하고 서로 다르게 임의로 지정하시오.

출력형태

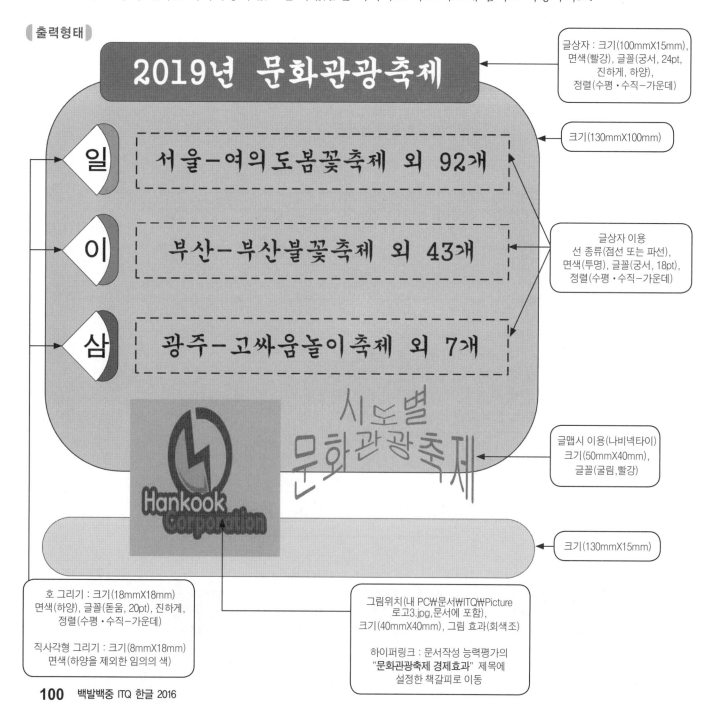

글상자 : 크기(100mmX15mm), 면색(빨강), 글꼴(궁서, 24pt, 진하게, 하양), 정렬(수평·수직−가운데)

크기(130mmX100mm)

글상자 이용
선 종류(점선 또는 파선), 면색(투명), 글꼴(궁서, 18pt), 정렬(수평·수직−가운데)

글맵시 이용(나비넥타이)
크기(50mmX40mm), 글꼴(굴림,빨강)

크기(130mmX15mm)

호 그리기 : 크기(18mmX18mm)
면색(하양), 글꼴(돋움, 20pt), 진하게, 정렬(수평·수직−가운데)

직사각형 그리기 : 크기(8mmX18mm)
면색(하양을 제외한 임의의 색)

그림위치(내 PC₩문서₩ITQ₩Picture 로고3.jpg,문서에 포함), 크기(40mmX40mm), 그림 효과(회색조)

하이퍼링크 : 문서작성 능력평가의 **"문화관광축제 경제효과"** 제목에 설정한 책갈피로 이동

글꼴 : 돋움, 20pt, 진하게, 가운데 정렬,
책갈피 이름 : 축제, 덧말 넣기

문단 첫 글자 장식 기능
글꼴 : 굴림, 면색 : 노랑

그림위치(내 PC₩문서₩ITQ₩Picture₩
그림4.jpg,문서에 포함),
자르기 기능 이용, 크기(40mmX35mm),
바깥 여백 왼쪽 : 2mm

지역별
문화관광축제 경제효과

축 제는 한 사회의 정신적, 물질적, 감정적, 지적인 것의 총체적인 복합물로서 예술과 문학을 통하여 나타난 생활방식, 인간의 기본권리, 가치체계, 전통 및 신앙을 포함하여 민족이나 특정 지역의 주민이 공감하는 유무형의 현상일체를 나타낸다. 그러므로 축제를 통하여 그 나라 혹은 지역의 전통문화(傳統文化)를 가늠할 수 있다. 축제는 하나의 사회적인 현상일 뿐 아니라 생활공동체 구성원들의 잔치이며 놀이마당으로서 즐거움과 흥겨움이 어우러진 이벤트이기도 하다. 각주

문화체육관광부가 검토 중인 "포용과 혁신의 지역문화"를 위한 제2차 지역문화진흥기본계획(2020~2024)① 에 따르면 자치와 분권의 원리를 견지하여 권한과 다양성을 보장하되, 낙후한 지역에 대한 직접적이고 적극적인 지원을 하고, 촘촘한 생활 속 환경 조성으로 어느 개인과 지역도 뒤처짐 없는 '사람이 있는 문화'를 실현하고자 한다. 또한, 창의성과 지속가능성의 존중으로 문화를 통한 지역 혁신과 내생적 발전을 추구하고자 한다. 이는 분권과 자치의 원리로 지역문화생태계의 선순환 구조를 구축하여 '내가 만드는 지역문화', '모두가 누리는 지역문화', '사회를 혁신하는 지역문화'를 목표로 추진하고 있다.

글꼴 : 궁서, 18pt, 진하게, 하양
음영색 : 파랑

★ 문화관광축제의 목적과 기능

문단 번호 기능 사용
1수준 : 15pt, 오른쪽 정렬
2수준 : 30pt, 오른쪽 정렬
줄간격 : 180%

　(1) 문화관광축제의 목적
　　　(가) 관광산업의 발전
　　　(나) 관광객 유치 확대를 통한 지역경제 육성
　(2) 사회/문화적 차원에서 지역축제의 역할과 기능
　　　(가) 주민들의 문화욕구 충족, 문화예술의 계승과 선양
　　　(나) 지역문화의 활성화, 주민의 귀속감과 공동체 의식 강화

글꼴 : 궁서, 18pt,
진하게, 강조점

표 전체 글꼴 : 돋움, 10pt, 가운데 정렬,
셀 배경색(그라데이션) : 유형(가로) [수평]
시작색(하양), 끝색(노랑)

★ 2019년 시도별 문화관광축제 선정현황

시도별	축제명	시도별	축제명
서울특별시	여의도봄꽃축제	경기도	수원화성문화축제
부산광역시	부산불꽃축제		음식문화축제
	광안리어방축제	강원도	춘천마임축제
대구광역시	대구약령시한방문화축제	충청남도	보령머드축제
인천광역시	인천소래포구축제	전라남도	함평나비대축제
광주광역시	세계청년축제	경상남도	진주남강유등축제

글꼴 : 굴림, 24pt, 진하게,
장평 110%, 가운데 정렬

→ # 문화체육관광부

각주 구분선 : 5cm

① 제2차 지역문화진흥 기본계획 수립 및 평가연구 최종보고서

쪽 번호 매기기
3으로 시작

C

3^회 기출유형 모의고사

과목	코드	문제유형	시험시간	수험번호	성 명
아래 한글	1111	A	60분	20195003	

수 험 자 유 의 사 항

◎ 수험자는 문제지를 받는 즉시 문제지와 **수험표상의 시험과목(프로그램)이 동일한지 반드시 확인**하여야 합니다.

◎ 파일명은 본인의 "수험번호-성명"으로 입력하여 답안폴더(내 PC\문서\ITQ)에 하나의 파일로 저장해야 하며, 답안문서 파일명이 "수험번호-성명"과 일치하지 않거나, 답안파일을 전송하지 않아 미제출로 처리될 경우 실격 처리합니다 (예 : 12345678-홍길동.hwp).

◎ 답안 작성을 마치면 파일을 저장하고, '답안 전송' 버튼을 선택하여 감독위원 PC로 답안을 전송하십시오. 수험생 정보와 저장한 파일명이 다를 경우 전송되지 않으므로 주의하시기 바랍니다.

◎ 답안 작성 중에도 **주기적으로 저장하고 '답안 전송'** 하여야 문제 발생을 줄일 수 있습니다. 작업한 내용을 저장하지 않고 전송할 경우 이전에 저장된 내용이 전송되오니 이점 유의하시기 바랍니다.

◎ 답안문서는 지정된 경로 외의 다른 보조기억장치에 저장하는 경우, 지정된 시험 시간 외에 작성된 파일을 활용할 경우, 기타 통신 수단(이메일, 메신저, 네트워크 등)을 이용하여 타인에게 전달 또는 외부 반출하는 경우는 부정 처리합니다.

◎ 시험 중 부주의 또는 고의로 시스템을 파손한 경우는 수험자가 변상해야 하며, <수험자 유의사항>에 기재된 방법대로 이행하지 않아 생기는 불이익은 수험생 당사자의 책임임을 알려 드립니다.

◎ 문제의 조건은 한컴오피스 2020 버전으로 설정되어 있으며 한컴오피스 NEO는 【 】에 표기되어 있습니다. 이와 관련하여 작성한 답안의 출력형태가 문제지와 다를 수 있습니다.

◎ 시험을 완료한 수험자는 답안파일이 전송되었는지 확인한 후 감독위원의 지시에 따라 문제지를 제출하고 퇴실합니다.

답 안 작 성 요 령

◎ **온라인 답안 작성 절차**

　수험자 등록 ⇒ 시험 시작 ⇒ 답안파일 저장 ⇒ 답안 전송 ⇒ 시험 종료

◎ **공통 부문**

· 글꼴에 대한 기본설정은 함초롬바탕, 10포인트, 검정, 줄간격 160%, 양쪽정렬로 합니다.

· 색상은 조건의 색을 적용하고 색의 구분이 안될 경우에는 RGB 값을 적용합니다(빨강 255,0,0 / 파랑 0,0,255 / 노랑 255,255,0).

· 각 문항에 주어진 ≪조건≫에 따라 작성하고 언급하지 않은 조건은 ≪출력형태≫와 같이 작성합니다.

· 용지여백은 왼쪽 · 오른쪽 11㎜, 위쪽 · 아래쪽 · 머리말 · 꼬리말 10㎜, 제본 0㎜로 합니다.

· 그림 삽입 문제의 경우「내 PC\문서\ITQ\Picture」폴더에서 지정된 파일을 선택하여 삽입하십시오.

· 삽입한 그림은 반드시 문서에 포함하여 저장해야 합니다(미포함 시 감점 처리).

· 각 항목은 지정된 페이지에 출력형태와 같이 정확히 작성하시기 바라며, 그렇지 않을 경우에 해당 항목은 0점 처리됩니다.

※ 페이지구분 : 1페이지 – 기능평가 I (문제번호 표시 : 1. 2.),

　　　　　　　 2페이지 – 기능평가 II (문제번호 표시 : 3. 4.),

　　　　　　　 3페이지 – 문서작성 능력평가

기능평가

· 문제와 ≪조건≫은 입력하지 않으며 문제번호와 답(≪출력형태≫)만 작성합니다.

· 4번 문제는 묶기를 했을 경우 0점 처리됩니다.

문서작성 능력평가

· A4 용지(210㎜×297㎜) 1매 크기, 세로 서식 문서로 작성합니다.

· ┌╌╌┐ 표시는 문서작성에 대한 지시사항이므로 작성하지 않습니다.

1. 다음의 ≪조건≫에 따라 스타일 기능을 적용하여 ≪출력형태≫와 같이 작성하시오. (50점)

조건
(1) 스타일 이름 – leisure
(2) 문단 모양 – 왼쪽 여백 : 15pt, 문단 아래 간격 : 10pt
(3) 글자 모양 – 글꼴 : 한글(돋움)/영문(궁서), 크기 : 10pt, 장평 : 105%, 자간 : 5%

출력형태

Whenever I become time, I haunt climbing. Because is fairly good in health in physical strength administration dimension.

풍요롭지 않지만 쫓기는 삶을 살지 않는 여유로운 여가생활을 즐기는 삶이야말로 현대인이 궁극적으로 바라고 지향하는 목표일 것입니다.

2. 다음의 ≪조건≫에 따라 ≪출력형태≫와 같이 표와 차트를 작성하시오. (100점)

표조건
(1) 표 전체(표, 캡션) – 돋움, 10pt
(2) 정렬 – 문자 : 가운데 정렬, 숫자 : 오른쪽 정렬
(3) 셀 배경(면색) : 노랑
(4) 한글의 계산 기능을 이용하여 빈칸에 합계를 구하고, 캡션 기능 사용할 것
(5) 선 모양은 ≪출력형태≫와 동일하게 처리할 것

출력형태

체육국 예산현황(단위 : 백만 원)

구분	2015년	2016년	2017년	2018년	합계
생활체육	30,764	31,047	35,882	42,904	
생활체육 진흥	74,108	88,201	103,335	123,845	
국가대표 양성	24,654	33,360	33,949	24,805	
국제교류 협력	2,987	3,655	3,658	3,794	✕

차트조건
(1) 차트 데이터는 표 내용에서 연도별 생활체육, 생활체육 진흥, 국가대표 양성의 값만 이용할 것
(2) 종류 – <묶은 세로 막대형>으로 작업할 것
(3) 제목 – 돋움, 진하게, 12pt, 속성 – 채우기(하양), 테두리, 그림자(대각선 오른쪽 아래)
【돋움, 진하게, 12pt, 배경 – 선 모양(한 줄로), 그림자(2pt)】
(4) 제목 이외의 전체 글꼴 – 돋움, 보통, 10pt
(5) 축제목과 범례는 ≪출력형태≫와 동일하게 처리할 것

출력형태

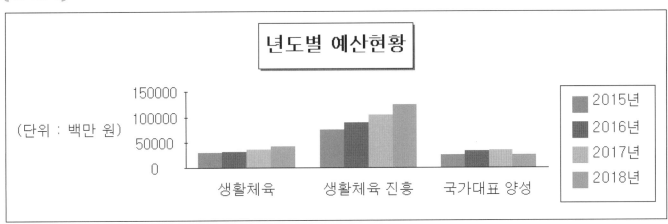

3. 다음 (1), (2)의 수식을 수식 편집기로 각각 입력하시오. (40점)

【출력형태】

(1) $h = \sqrt{k^2 - r^2}$, $S = \dfrac{1}{3}\pi r^2 h$

(2) $m = \dfrac{\triangle P}{K_a} = \dfrac{\triangle t_b}{K_b} = \dfrac{\triangle t_f}{K_f}$

4. 다음의 ≪조건≫에 따라 ≪출력형태≫와 같이 문서를 작성하시오. (110점)

【조건】 (1) 그리기 도구를 이용하여 작성하고, 모든 도형(글맵시, 지정된 그림 포함)을 ≪출력형태≫와 같이
　　　　　 작성하시오.
　　　　 (2) 도형의 면색은 지시사항이 없으면 색 없음을 제외하고 서로 다르게 임의로 지정하시오.

【출력형태】

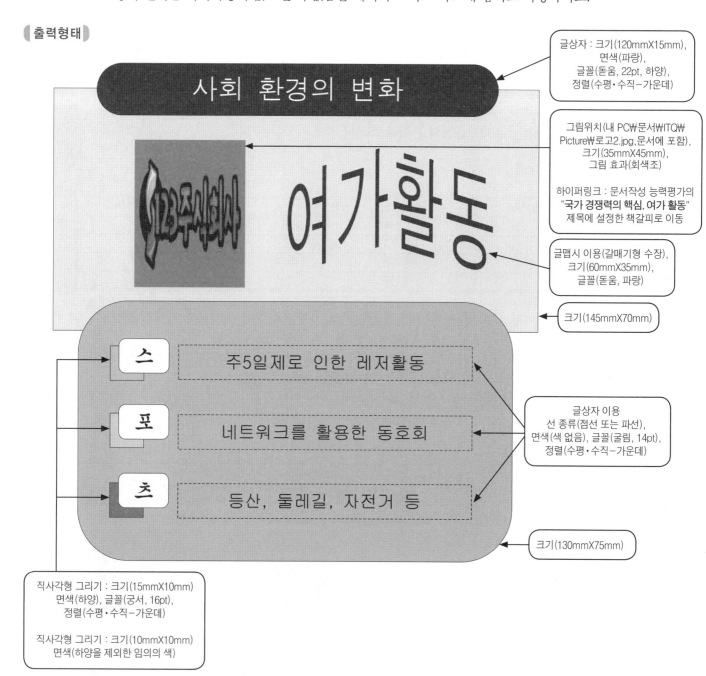

글꼴 : 돋움, 18pt, 진하게, 가운데 정렬,
책갈피 이름 : 관광자원, 덧말 넣기

머리말 기능
돋움, 10pt, 오른쪽 정렬　→　관광자원 개발사업

그림위치(내 PC\문서\ITQ\Picture\
그림4.jpg, 문서에 포함),
자르기 기능 이용, 크기(40mmX30mm),
바깥 여백 왼쪽 : 2mm

삶의 질
국가 경쟁력의 핵심, 여가활동

문단 첫 글자 장식 기능
글꼴 : 돋움, 면색 : 노랑

경 제 성장만이 국가의 주된 목표가 되던 시절을 지나 이제는 여가가 21세기 국가 경
쟁력의 핵심이 되고 있다. 우리나라는 선진국 진입의 발판이라는 1인당 국민소득 2
만 달러 시대에 접어들면서 여가에 대한 인식 및 가치관이 변화하고 있으며, 다양한 매체의
등장 및 컴퓨터의 대중화로 새로운 형태의 여가활동이 등장하면서 국민들의 다양한 여가생
활 수요를 증대시키고 있다. 변화하는 사회, 경제, 정책적 환경은 새로운 여가의 흐름으로
나타나고 있으며, 국민의 삶의 질 향상과 국가경쟁력 증진 차원에서 여가의 중요성은 더욱
커지고 있다.

　국민들의 행복에 대한 인식도 변화하면서 생존권, 재산권 보장 외에 삶의 질을 높이려는 행복추구권(幸福追求權)의
요구가 증대되고 있다. 단순 노동 중심에서 삶의 질 향상을 위한 생활 중심, 여가 중심 사회로의 변화가 확산되면서
전 세계 국정의 핵심 코드가 행복이 되고 있다. 과거 국내총생산 중심 시대에서 국민총행복의 시대로 전환되고 있으
며, 이러한 흐름은 전 세계적으로 확대되어 프랑스는 행복경제를 주장하고 캐나다는 웰빙지수①를, 영국은 행복지수를
개발하는 등 적극적인 움직임을 보이고 있다.

각주

글꼴 : 굴림, 18pt, 하양
음영색 : 파랑

국내 여가 환경의 변화 요인

1. 경제 환경의 변화
　가. 경제적 위기에 따른 소비 부진, 창조산업의 성장
　나. 생계형에서 가치형으로의 소비 패턴 변화
2. 정책 환경의 변화
　가. 국민행복시대를 위한 생활공감 정책
　나. 새로운 국가발전 패러다임으로서의 녹색 성장

문단 번호 기능 사용
1수준 : 20pt, 오른쪽 정렬
2수준 : 30pt, 오른쪽 정렬
줄 간격 : 180%

글꼴 : 굴림, 18pt,
기울임, 강조점

문화센터 프로그램

표 전체 글꼴 : 돋움, 10pt, 가운데 정렬,
셀 배경(그러데이션) : 유형(가로)【수평】,
시작색(하양), 끝색(노랑)

구분	작품명	공연 프로그램	공연장소
연극	제페토할아버지의 꿈	피노키오를 만든 할아버지의 이야기	
전시회	야생화 전시회	한국꽃꽂이협회 다원회 주관	양천문화회관 대극장
음악회	우리동네 음악회	베를리오즈, 로마의 사육제 서곡	해누리타운 해누리홀
	양천 아리랑	한국의 무반주 합창, 한국의 선율, 한국의 얼	
뮤지컬	고흐즈	그림과 뮤지컬의 만남	
	인어공주	가족이 함께 즐기는 가족 뮤지컬	

글꼴 : 궁서, 25pt, 진하게,
장평 97%, 오른쪽 정렬　→　**양천문화회관**

각주 구분선 : 5cm

① 웰빙 체감 수준을 건강성, 환경성, 안전성, 충족성, 사회성으로 정량화하여 나타낸 웰빙 만족도 측정 지표

쪽 번호 매기기
2로 시작

2

과목	코드	문제유형	시험시간	수험번호	성 명
아래 한글	1111	A	60분	87041004	

수 험 자 유 의 사 항

◎ 수험자는 문제지를 받는 즉시 문제지와 **수험표상의 시험과목(프로그램)이 동일한지 반드시 확인**하여야 합니다.

◎ 파일명은 본인의 "수험번호-성명"으로 입력하여 답안폴더(내 PC\문서\ITQ)에 하나의 파일로 저장해야 하며, 답안문서 파일명이 "수험번호-성명"과 일치하지 않거나, 답안파일을 전송하지 않아 미제출로 처리될 경우 실격 처리합니다 (예 : 12345678-홍길동.hwp).

◎ 답안 작성을 마치면 파일을 저장하고, '답안 전송' 버튼을 선택하여 감독위원 PC로 답안을 전송하십시오. 수험생 정보와 저장한 파일명이 다를 경우 전송되지 않으므로 주의하시기 바랍니다.

◎ 답안 작성 중에도 **주기적으로 저장하고 '답안 전송'** 하여야 문제 발생을 줄일 수 있습니다. 작업한 내용을 저장하지 않고 전송할 경우 이전에 저장된 내용이 전송되오니 이점 유의하시기 바랍니다.

◎ 답안문서는 지정된 경로 외의 다른 보조기억장치에 저장하는 경우, 지정된 시험 시간 외에 작성된 파일을 활용할 경우, 기타 통신 수단(이메일, 메신저, 네트워크 등)을 이용하여 타인에게 전달 또는 외부 반출하는 경우는 부정 처리합니다.

◎ 시험 중 부주의 또는 고의로 시스템을 파손한 경우는 수험자가 변상해야 하며, 〈수험자 유의사항〉에 기재된 방법대로 이행하지 않아 생기는 불이익은 수험생 당자자의 책임임을 알려 드립니다.

◎ 문제의 조건은 한컴오피스 2020 버전으로 설정되어 있으며 한컴오피스 NEO는 【 】에 표기되어 있습니다. 이와 관련하여 작성한 답안의 출력형태가 문제지와 다를 수 있습니다.

◎ 시험을 완료한 수험자는 답안파일이 전송되었는지 확인한 후 감독위원의 지시에 따라 문제지를 제출하고 퇴실합니다.

답 안 작 성 요 령

◎ 온라인 답안 작성 절차
 수험자 등록 ⇒ 시험 시작 ⇒ 답안파일 저장 ⇒ 답안 전송 ⇒ 시험 종료

◎ 공통 부문
· 글꼴에 대한 기본설정은 함초롬바탕, 10포인트, 검정, 줄간격 160%, 양쪽정렬로 합니다.
· 색상은 조건의 색을 적용하고 색의 구분이 안될 경우에는 RGB 값을 적용합니다(빨강 255,0,0 / 파랑 0,0,255 / 노랑 255,255,0).
· 각 문항에 주어진 ≪조건≫에 따라 작성하고 언급하지 않은 조건은 ≪출력형태≫와 같이 작성합니다.
· 용지여백은 왼쪽 · 오른쪽 11mm, 위쪽 · 아래쪽 · 머리말 · 꼬리말 10mm, 제본 0mm로 합니다.
· 그림 삽입 문제의 경우「내 PC\문서\ITQ\Picture」폴더에서 지정된 파일을 선택하여 삽입하십시오.
· 삽입한 그림은 반드시 문서에 포함하여 저장해야 합니다(미포함 시 감점 처리).
· 각 항목은 지정된 페이지에 출력형태와 같이 정확히 작성하시기 바라며, 그렇지 않을 경우에 해당 항목은 0점 처리됩니다.
※ 페이지구분 : 1페이지 – 기능평가Ⅰ (문제번호 표시 : 1. 2.),
        2페이지 – 기능평가Ⅱ (문제번호 표시 : 3. 4.),
        3페이지 – 문서작성 능력평가

기능평가
· 문제와 ≪조건≫은 입력하지 않으며 문제번호와 답(≪출력형태≫)만 작성합니다.
· 4번 문제는 묶기를 했을 경우 0점 처리됩니다.

문서작성 능력평가
· A4 용지(210mm×297mm) 1매 크기, 세로 서식 문서로 작성합니다.
· 표시는 문서작성에 대한 지시사항이므로 작성하지 않습니다.

1. 다음의 《조건》에 따라 스타일 기능을 적용하여 《출력형태》와 같이 작성하시오. (50점)

【조건】 (1) 스타일 이름 – cruise
(2) 문단 모양 – 왼쪽 여백 : 15pt, 문단 아래 간격 : 10pt
(3) 글자 모양 – 글꼴 : 한글(궁서)/영문(돋움), 크기 : 10pt, 장평 : 105%, 자간 : −3%

【출력형태】

A cruise ship or cruise liner is a passenger ship used for pleasure voyages, where the voyage itself and the ship's amenities are part of the experience. Cruise has become a major part of the tourism industry.

크루즈선은 관광객들이 편안하게 이용할 수 있도록 하는 고도의 방음, 방진 기술과 고급 인테리어 기술이 필요한 배를 말하며, 이러한 선박여행을 하는 사람들이 점차 증가하고 있다.

2. 다음의 《조건》에 따라 《출력형태》와 같이 표와 차트를 작성하시오. (100점)

【표조건】 (1) 표 전체(표, 캡션) – 돋움, 10pt
(2) 정렬 – 문자 : 가운데 정렬, 숫자 : 오른쪽 정렬
(3) 셀 배경 : 노랑
(4) 한글의 계산 기능을 이용하여 빈칸에 합계를 구하고, 캡션 기능 사용할 것
(5) 선 모양은 《출력형태》와 동일하게 처리할 것

【출력형태】

크루즈 여행객(단위 : 천 명)

지역	2018년	2019년	2020년	2021년	합계
아시아	1,457	1,504	1,864	2,143	
유럽	1,795	1,806	2,014	2,384	
북미	1,678	1,894	1,991	2,001	
아프리카	480	520	741	845	

【차트조건】 (1) 차트 데이터는 표 내용에서 지역별 2018년, 2019년, 2020년, 2021년의 값만 이용할 것
(2) 종류 – 〈묶은 세로 막대형〉으로 작업할 것
(3) 제목 – 돋움, 진하게, 12pt, 속성 – 채우기(하양), 테두리, 그림자(대각선 오른쪽 아래)
　　　　【돋움, 진하게, 12pt, 배경 – 선 모양(한 줄로), 그림자(2pt)】
(4) 제목 이외의 전체 글꼴 – 돋움, 보통, 10pt
(5) 축제목과 범례는 《출력형태》와 동일하게 처리할 것

【출력형태】

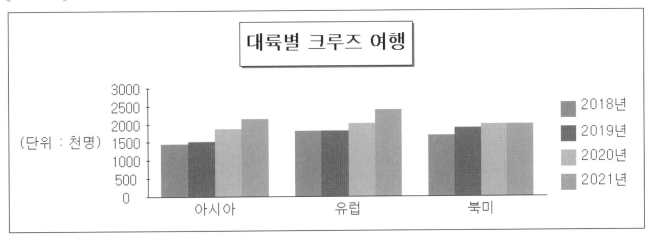

3. 다음 (1), (2)의 수식을 수식 편집기로 각각 입력하시오. (40점)

〖출력형태〗

(1) $d = \dfrac{x}{2}\sqrt{\dfrac{V_2 - V_1}{V_2 + V_1}}$

(2) $\dfrac{F}{h_2} = I_2 k_1 \dfrac{I_1}{d} = 2 \times 10^{-7} \dfrac{I_1 I_2}{d}$

4. 다음의 ≪조건≫에 따라 ≪출력형태≫와 같이 문서를 작성하시오. (110점)

〖조건〗 (1) 그리기 도구를 이용하여 작성하고, 모든 도형(글맵시, 지정된 그림 포함)을 ≪출력형태≫와 같이
작성하시오.
(1) 도형의 면색은 지시사항이 없으면 색 없음을 제외하고 서로 다르게 임의로 지정하시오.

〖출력형태〗

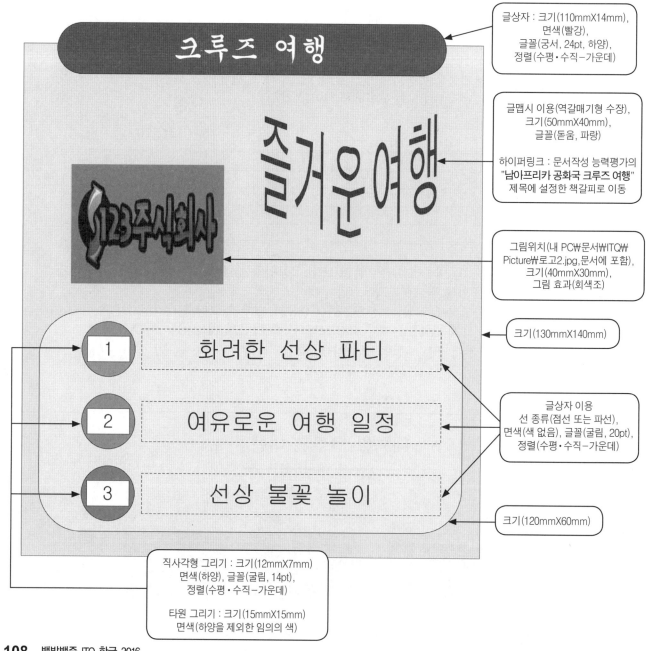

글상자 : 크기(110mmX14mm),
면색(빨강),
글꼴(궁서, 24pt, 하양),
정렬(수평 · 수직-가운데)

글맵시 이용(역갈매기형 수장),
크기(50mmX40mm),
글꼴(돋움, 파랑)

하이퍼링크 : 문서작성 능력평가의
"남아프리카 공화국 크루즈 여행"
제목에 설정한 책갈피로 이동

그림위치(내 PC\문서\ITQ\
Picture\로고2.jpg,문서에 포함),
크기(40mmX30mm),
그림 효과(회색조)

크기(130mmX140mm)

글상자 이용
선 종류(점선 또는 파선),
면색(색 없음), 글꼴(굴림, 20pt),
정렬(수평 · 수직-가운데)

크기(120mmX60mm)

직사각형 그리기 : 크기(12mmX7mm)
면색(하양), 글꼴(굴림, 14pt),
정렬(수평 · 수직-가운데)

타원 그리기 : 크기(15mmX15mm)
면색(하양을 제외한 임의의 색)

글꼴 : 돋움, 18pt, 진하게, 가운데 정렬,
책갈피 이름 : 선박여행, 덧말 넣기

머리말 기능
돋움, 10pt, 오른쪽 정렬　→　크루즈여행 전문여행사

문단 첫 글자 장식 기능
글꼴 : 돋움, 면색 : 노랑

cruise tour
남아프리카 공화국 크루즈 여행

각주

그림위치(내 PC\문서\ITQ\Picture
\그림5.jpg, 문서에 포함),
자르기 기능 이용, 크기(40mmX25mm),
바깥 여백 왼쪽 : 2mm

선 상의 화려한 꽃인 남아프리카 공화국㉮ 크루즈 여행에 여러분을 초대합니다. 남아프리카 공화국(Republic of South Africa)은 아프리카 대륙의 최남단에 있는 나라로 남위 22~25, 동경 16~33에 위치하며 동서남북(東西南北)으로 각각 약 1,600km에 이르는 나라입니다. 동쪽과 동북쪽으로 모잠비크, 스와질란드, 서북쪽으로 나미비아, 북쪽으로 보츠와나, 짐바브웨와 접하고 동남쪽으로 인도양, 서남쪽으로 대서양과 접하고 있습니다. 영토 내에 독립국 레소토가 있습니다. 수도는 프리토리아로 멋진 여행을 즐기실 수 있습니다.

　우리나라에서 남아프리카 공화국까지 가는 방법은 싱가포르와 홍콩을 경유해서 남아공 요하네스버그까지 가는 2가지 방법으로 홍콩을 경유(經由)하여 가는 방법과 싱가포르를 경유하여 가는 방법이 있습니다. 이 경우는 같은 항공사를 이용하기 때문에 홍콩 경유보다는 조금은 편리할 수 있습니다. 비행기 요금은 항공사마다 다르지만 캐세이퍼시픽, 남아프리카항공, 싱가포르항공이 루프트한자 독일항공과 KLM네덜란드항공보다 저렴합니다.

　최상의 서비스와 편안한 객실, 맛있는 식사와 멋있는 볼거리로 가득 찬 남아프리카 크루즈 여행은 무엇을 상상하시든지 그 이상의 만족을 드릴 것입니다.

♣ 비자 및 교육 진행

글꼴 : 굴림, 18pt, 하양, 음영색 : 파랑

　1) 비자 업무

　　가) 완성된 비자 서류 및 수수료 접수

　　나) 비자 인터뷰 - 주민등록증 지참

　2) 여행 교육

　　가) 크루즈 여행 안전 가이드

　　나) 현지 안내 교육 - 처음 방문하는 고객들을 위한 교육

문단 번호 기능 사용
1수준 : 20pt, 오른쪽 정렬
2수준 : 30pt, 오른쪽 정렬
줄 간격 : 180%

표 전체 글꼴 : 돋움, 10pt, 가운데 정렬,
셀 배경(그러데이션) : 유형(가로)【수평】,
시작색(하양), 끝색(노랑)

♣ *여행 일정표*

글꼴 : 굴림, 18pt,
기울임, 강조점

지역	장소	관광	서비스
요하네스버그	요하네스버그	비즈니스데이 와인 축제	가이드 인솔 차량 제공
		오드 미이스터 코어 선발대회	
	크루거 국립공원	1898년 개장	
		차량 및 식사 제공	
	넬슨 만델라 쇼핑센터	다양한 토속 제품	
		크루즈 여행객 할인	

글꼴 : 궁서, 20pt, 진하게,
장평 120%, 오른쪽 정렬　→　# 성 안 여 행 사

각주 구분선 : 5cm

㉮ 행정수도 : 프리토리아, 입법수도 : 케이프타운, 사법수도 : 블룸폰테인

쪽 번호 매기기
5로 시작

ⓔ

과목	코드	문제유형	시험시간	수험번호	성 명
아래 한글	1111	A	60분	53245005	

수 험 자 유 의 사 항

- 수험자는 문제지를 받는 즉시 문제지와 **수험표상의 시험과목(프로그램)이 동일한지 반드시 확인**하여야 합니다.
- 파일명은 본인의 "수험번호-성명"으로 입력하여 답안폴더(내 PC₩문서₩ITQ)에 하나의 파일로 저장해야 하며, 답안문서 파일명이 "수험번호-성명"과 일치하지 않거나, 답안파일을 전송하지 않아 미제출로 처리될 경우 실격 처리합니다 (예 : 12345678-홍길동.hwp).
- 답안 작성을 마치면 파일을 저장하고, '답안 전송' 버튼을 선택하여 감독위원 PC로 답안을 전송하십시오. 수험생 정보와 저장한 파일명이 다를 경우 전송되지 않으므로 주의하시기 바랍니다.
- 답안 작성 중에도 **주기적으로 저장**하고 **'답안 전송'** 하여야 문제 발생을 줄일 수 있습니다. 작업한 내용을 저장하지 않고 전송할 경우 이전에 저장된 내용이 전송되오니 이점 유의하시기 바랍니다.
- 답안문서는 지정된 경로 외의 다른 보조기억장치에 저장하는 경우, 지정된 시험 시간 외에 작성된 파일을 활용할 경우, 기타 통신 수단(이메일, 메신저, 네트워크 등)을 이용하여 타인에게 전달 또는 외부 반출하는 경우는 부정 처리합니다.
- 시험 중 부주의 또는 고의로 시스템을 파손한 경우는 수험자가 변상해야 하며, <수험자 유의사항>에 기재된 방법대로 이행하지 않아 생기는 불이익은 수험생 당사자의 책임임을 알려 드립니다.
- 문제의 조건은 한컴오피스 2020 버전으로 설정되어 있으며 한컴오피스 NEO는 【 】에 표기되어 있습니다. 이와 관련하여 작성한 답안의 출력형태가 문제지와 다를 수 있습니다.
- 시험을 완료한 수험자는 답안파일이 전송되었는지 확인한 후 감독위원의 지시에 따라 문제지를 제출하고 퇴실합니다.

답 안 작 성 요 령

- **온라인 답안 작성 절차**
  수험자 등록 ⇒ 시험 시작 ⇒ 답안파일 저장 ⇒ 답안 전송 ⇒ 시험 종료
- **공통 부문**
- 글꼴에 대한 기본설정은 함초롬바탕, 10포인트, 검정, 줄간격 160%, 양쪽정렬로 합니다.
- 색상은 조건의 색을 적용하고 색의 구분이 안될 경우에는 RGB 값을 적용합니다(빨강 255,0,0 / 파랑 0,0,255 / 노랑 255,255,0).
- 각 문항에 주어진 ≪조건≫에 따라 작성하고 언급하지 않은 조건은 ≪출력형태≫와 같이 작성합니다.
- 용지여백은 왼쪽 · 오른쪽 11㎜, 위쪽 · 아래쪽 · 머리말 · 꼬리말 10㎜, 제본 0㎜로 합니다.
- 그림 삽입 문제의 경우「내 PC₩문서₩ITQ₩Picture」폴더에서 지정된 파일을 선택하여 삽입하십시오.
- 삽입한 그림은 반드시 문서에 포함하여 저장해야 합니다(미포함 시 감점 처리).
- 각 항목은 지정된 페이지에 출력형태와 같이 정확히 작성하시기 바라며, 그렇지 않을 경우에 해당 항목은 0점 처리됩니다.
- ※ 페이지구분 : 1페이지 - 기능평가Ⅰ (문제번호 표시 : 1. 2.),
  　　　　　　　 2페이지 - 기능평가Ⅱ (문제번호 표시 : 3. 4.),
  　　　　　　　 3페이지 - 문서작성 능력평가

기능평가
- 문제와 ≪조건≫은 입력하지 않으며 문제번호와 답(≪출력형태≫)만 작성합니다.
- 4번 문제는 묶기를 했을 경우 0점 처리됩니다.

문서작성 능력평가
- A4 용지(210㎜×297㎜) 1매 크기, 세로 서식 문서로 작성합니다.
- ⌜⌝ 표시는 문서작성에 대한 지시사항이므로 작성하지 않습니다.

1. 다음의 ≪조건≫에 따라 스타일 기능을 적용하여 ≪출력형태≫와 같이 작성하시오. (50점)

조건　(1) 스타일 이름 – kangchi
　　　(2) 문단모양 – 왼쪽 여백 : 10pt, 문단 아래 간격 : 10pt
　　　(3) 글자모양 – 글꼴 : 한글(돋움)/영문(궁서), 크기 : 10pt, 장평 : 110%, 자간 : –5%

출력형태

Based on Kang-chi, which belongs to meat-eating Mammalia, lives nearby Dok-do. The overall image is designed for cute. And the color of this character is pastel blue that matches with sea color.

육식 포유류에 속하는 강치는 독도에서 서식하며 생활합니다. 강치의 이미지는 귀엽습니다. 그리고 특성은 바다색깔과 일치하는 파스텔 블루입니다.

2. 다음의 ≪조건≫에 따라 ≪출력형태≫와 같이 표와 차트를 작성하시오. (100점)

표조건　(1) 표 전체(표, 캡션) – 굴림, 10pt
　　　(2) 정렬 – 문자 : 가운데 정렬, 숫자 : 오른쪽 정렬
　　　(3) 셀 배경색 : 노랑
　　　(4) 한글의 계산 기능을 이용하여 빈칸에 합계를 구하고, 캡션 기능 사용할 것
　　　(5) 선 모양은 ≪출력형태≫와 동일하게 처리할 것

출력형태

독도 이용을 위한 분야별 투자계획(단위 : 백만 원)

투자분야	2022년	2021년	2020년	2019년	2018년	총사업비
자연환경보전	1,326	1,210	1,320	2,710	1,234	7,800
해양수산자원	1,800	1,800	1,800	800	670	6,870
시설관리	150	300	2,100	4,560	2,825	9,935
지식정보	630	805	680	755	670	3,540
합계						

차트조건　(1) 차트 데이터는 표 내용에서 투자분야별 2022년, 2021년, 2020년의 값만 이용할 것
　　　(2) 종류 – <묶은 세로 막대형>으로 작업할 것
　　　(3) 제목 – 궁서, 진하게, 12pt, 속성 – 채우기(하양), 테두리, 그림자(대각선 오른쪽 아래)
　　　　　【궁서, 진하게, 12pt, 배경 – 선 모양(한 줄로), 그림자(2pt)】
　　　(4) 제목 이외의 전체 글꼴 – 굴림, 보통, 10pt
　　　(5) 기타 나머지 사항은 ≪출력형태≫와 동일하게 처리할 것

출력형태

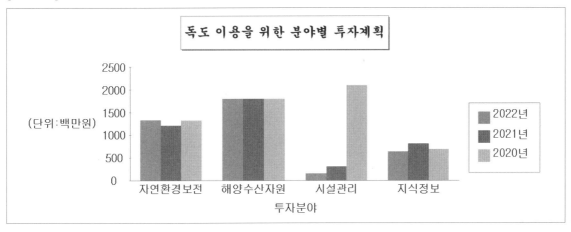

3. 다음 (1), (2)의 수식을 수식 편집기로 각각 입력하시오. (40점)

《출력형태》

(1) $f^{'}(x) = \lim\limits_{\triangle x \to 0} \dfrac{f(x + \triangle x) + f(x)}{\triangle x}$

(2) $\cos C = \dfrac{a^2 + b^2 - c^2}{2ab}$

4. 다음의 ≪조건≫에 따라 ≪출력형태≫와 같이 문서를 작성하시오. (110점)

《조건》 (1) 그리기 도구를 이용하여 작성하고, 모든 도형(글맵시, 지정된 그림 포함)을 ≪출력형태≫와 같이 작성하시오.
(2) 도형의 면색은 지시사항이 없으면 색 없음을 제외하고 서로 다르게 임의로 지정하시오.

《출력형태》

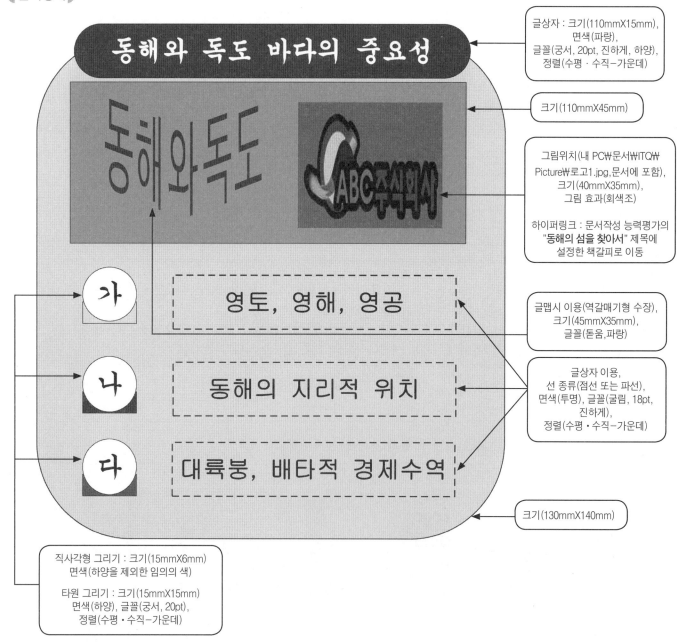

글상자 : 크기(110mmX15mm),
면색(파랑),
글꼴(궁서, 20pt, 진하게, 하양),
정렬(수평·수직-가운데)

크기(110mmX45mm)

그림위치(내 PC₩문서₩ITQ₩
Picture₩로고1.jpg,문서에 포함),
크기(40mmX35mm),
그림 효과(회색조)

하이퍼링크 : 문서작성 능력평가의
"동해의 섬을 찾아서" 제목에
설정한 책갈피로 이동

글맵시 이용(역갈매기형 수장),
크기(45mmX35mm),
글꼴(돋움,파랑)

글상자 이용,
선 종류(점선 또는 파선),
면색(투명), 글꼴(굴림, 18pt,
진하게),
정렬(수평·수직-가운데)

크기(130mmX140mm)

직사각형 그리기 : 크기(15mmX6mm)
면색(하양을 제외한 임의의 색)

타원 그리기 : 크기(15mmX15mm)
면색(하양), 글꼴(궁서, 20pt),
정렬(수평·수직-가운데)

글꼴 : 돋움, 18pt, 진하게, 가운데 정렬,
책갈피 이름 : 동해의 섬, 덧말 넣기

머리말 기능
굴림, 10pt, 오른쪽 정렬 → 독도의 역사

문단 첫 글자 장식 기능
글꼴 : 굴림, 면색 : 노랑

무릉도원
동해의 섬을 찾아서

그림위치(내 PC\문서\ITQ\Picture\
그림4.jpg,문서에 포함),
자르기 기능 이용, 크기(40mmX40mm),
바깥 여백 왼쪽 : 2mm

고 려시대 김부식이 편찬한 삼국사기(1145년)의 지증왕 13년 '신라본기'와 '이사부 열전'에 오늘날 우리가 독도로 인정하는 우산도에 대한 기록이 실려 있다. 지금과 마찬가지로 독도는 예로부터 울릉도와 함께 문헌에 수록되어 있다. 삼국시대 이전에는 울릉도가 독립적으로 우산국(于山國)이라는 고대부족읍락국가를 이루고 살았는데, 그 영역은 가시거리 내에 위치한 독도를 포함해 울릉도 주변의 작은 섬들을 포함하는 것이었다. 우산국 사람들은 본토에 귀속되는 것을 거부하며 살아 왔지만 신라의 이사부가 우산국을 신라에 귀속시켰다.

현재까지 울릉도에서 발굴되고 있는 유적과 유물들은 우산국이 신라에 정복되기 이전에 이미 상당한 문화수준에 도달했음을 보여주는 동시에 정복 이후에는 한반도(韓半島) 본토 문화를 적극적으로 수용했음을 보여주고 있다. 과거의 독도는 동해 끝자락에 위치한 작은 외딴섬으로 크게 주목받지 못했지만 해양에 대한 의존도가 점차 높아지고 있는 오늘날에는 정치, 경제, 군사, 학술 등 다방면에서 매우 중요한 위치를 차지하게 되었다. 이러한 이유로 현재 일본과 그 영유권을 두고 민족의 자존심이 걸린 첨예한 갈등Ⓐ이 빚어지고 있다.

각주

● 독도관련 일반현황 자료

글꼴 : 궁서, 18pt, 진하게, 하양
음영색 : 파랑

가) 위치 및 면적

    a) 행정구역상 대한민국 울릉군 울릉읍 독도리

    b) 89개 부속도서로 구성, 총면적은 187,453제곱미터

나) 법적인 지위

    a) 국유재산법 제 6조의 규정에 의거 해양수산부의 재산으로 등재

    b) 1982년 11월 16일 독도를 천연기념물 제 336호로 지정

문단 번호 기능 사용
1수준 : 15pt, 오른쪽 정렬
2수준 : 25pt, 오른쪽 정렬
줄 간격 : 180%

표 전체 글꼴 : 굴림, 10pt, 가운데 정렬,
셀 배경색(그라데이션) : 유형(세로)【수직】,
시작색(하양), 끝색(노랑)

● 울릉도와 독도 옛 지도자료

글꼴 : 궁서, 18pt
진하게, 강조점

자료번호	유물명	크기	시대구분	소장처	비고
자료1	울릉도 내도	65*110	1882	서울대학교규장각	나리동 면적표기
자료2	동여	290*520	19세기중기	국립중앙박물관	대동여지도
자료3	동여-울릉도	41*26	19세기중기	국립중앙박물관	주토굴 표시
자료4	지나조선고지도	31.9*41.4	1600~1767	국립중앙도서관	우산국(독도) 표기
자료5	천하지도-조선도	38.8*31	1767~1776	서울역사박물관	우마도 표기
자료6	여지도-전국도	34.5*36.5	1736~1776	국립중앙도서관	우산도, 울릉도 표시

글꼴 : 돋움, 25pt, 진하게,
장평 130%, 가운데 정렬

독도바다 지킴이

각주 구분선 : 5cm

Ⓐ 독도가 역사적으로나 국제법상으로 대한민국의 영토라는 정부의 입장

E

쪽 번호 매기기
5로 시작

6회 기출유형 모의고사

과목	코드	문제유형	시험시간	수험번호	성 명
아래 한글	1111	A	60분	21975006	

수 험 자 유 의 사 항

◉ 수험자는 문제지를 받는 즉시 문제지와 **수험표상의 시험과목(프로그램)이 동일한지 반드시 확인**하여야 합니다.

◉ 파일명은 본인의 "수험번호-성명"으로 입력하여 답안폴더(내 PC₩문서₩ITQ)에 하나의 파일로 저장해야 하며, 답안문서 파일명이 "수험번호-성명"과 일치하지 않거나, 답안파일을 전송하지 않아 미제출로 처리될 경우 실격 처리합니다 (예 : 12345678-홍길동.hwp).

◉ 답안 작성을 마치면 파일을 저장하고, '답안 전송' 버튼을 선택하여 감독위원 PC로 답안을 전송하십시오. 수험생 정보와 저장한 파일명이 다를 경우 전송되지 않으므로 주의하시기 바랍니다.

◉ 답안 작성 중에도 **주기적으로 저장하고 '답안 전송'** 하여야 문제 발생을 줄일 수 있습니다. 작업한 내용을 저장하지 않고 전송할 경우 이전에 저장된 내용이 전송되오니 이점 유의하시기 바랍니다.

◉ 답안문서는 지정된 경로 외의 다른 보조기억장치에 저장하는 경우, 지정된 시험 시간 외에 작성된 파일을 활용할 경우, 기타 통신 수단(이메일, 메신저, 네트워크 등)을 이용하여 타인에게 전달 또는 외부 반출하는 경우는 부정 처리합니다.

◉ 시험 중 부주의 또는 고의로 시스템을 파손한 경우는 수험자가 변상해야 하며, 〈수험자 유의사항〉에 기재된 방법대로 이행하지 않아 생기는 불이익은 수험생 당사자의 책임임을 알려 드립니다.

◉ 문제의 조건은 한컴오피스 2020 버전으로 설정되어 있으며 한컴오피스 NEO는 【 】에 표기되어 있습니다. 이와 관련하여 작성한 답안의 출력형태가 문제지와 다를 수 있습니다.

◉ 시험을 완료한 수험자는 답안파일이 전송되었는지 확인한 후 감독위원의 지시에 따라 문제지를 제출하고 퇴실합니다.

답 안 작 성 요 령

◉ 온라인 답안 작성 절차
    수험자 등록 ⇒ 시험 시작 ⇒ 답안파일 저장 ⇒ 답안 전송 ⇒ 시험 종료

◉ 공통 부문
· 글꼴에 대한 기본설정은 함초롬바탕, 10포인트, 검정, 줄간격 160%, 양쪽정렬로 합니다.
· 색상은 조건의 색을 적용하고 색의 구분이 안될 경우에는 RGB 값을 적용합니다(빨강 255,0,0 / 파랑 0,0,255 / 노랑 255,255,0).
· 각 문항에 주어진 ≪조건≫에 따라 작성하고 언급하지 않은 조건은 ≪출력형태≫와 같이 작성합니다.
· 용지여백은 왼쪽 · 오른쪽 11㎜, 위쪽 · 아래쪽 · 머리말 · 꼬리말 10㎜, 제본 0㎜로 합니다.
· 그림 삽입 문제의 경우「내 PC₩문서₩ITQ₩Picture」폴더에서 지정된 파일을 선택하여 삽입하십시오.
· 삽입한 그림은 반드시 문서에 포함하여 저장해야 합니다(미포함 시 감점 처리).
· 각 항목은 지정된 페이지에 출력형태와 같이 정확히 작성하시기 바라며, 그렇지 않을 경우에 해당 항목은 0점 처리됩니다.
※ 페이지구분 : 1페이지 – 기능평가 I (문제번호 표시 : 1. 2.),
             2페이지 – 기능평가 II (문제번호 표시 : 3. 4.),
             3페이지 – 문서작성 능력평가

기능평가
· 문제와 ≪조건≫은 입력하지 않으며 문제번호와 답(≪출력형태≫)만 작성합니다.
· 4번 문제는 묶기를 했을 경우 0점 처리됩니다.

문서작성 능력평가
· A4 용지(210㎜×297㎜) 1매 크기, 세로 서식 문서로 작성합니다.
· [ ] 표시는 문서작성에 대한 지시사항이므로 작성하지 않습니다.

The Insight KPC
kpc 한국생산성본부

1. 다음의 ≪조건≫에 따라 스타일 기능을 적용하여 ≪출력형태≫와 같이 작성하시오. (50점)

조건 (1) 스타일 이름 – robot
(2) 문단 모양 – 왼쪽 여백 : 15pt, 문단 아래 간격 : 10pt
(3) 글자 모양 – 글꼴 : 한글(돋움)/영문(굴림), 크기 : 10pt, 장평 : 95%, 자간 : 5%

출력형태

We are to hold this contest to breed talented individuals in science technologies and make it easy and convenient for everybody to use and handle them in everyday lives.

인간 생활의 새로운 패러다임을 열어갈 로봇 경연대회는 창의력을 개발하고 참가자 상호 간에 정보를 교환하며 지능 로봇의 시연과 전시회에 일반인이 직접 체험할 수 있는 기회를 제공합니다.

2. 다음의 ≪조건≫에 따라 ≪출력형태≫와 같이 표와 차트를 작성하시오. (100점)

표조건 (1) 표 전체(표, 캡션) – 돋움, 10pt
(2) 정렬 – 문자 : 가운데 정렬, 숫자 : 오른쪽 정렬
(3) 셀 배경(면색) : 노랑
(4) 한글의 계산 기능을 이용하여 빈칸에 평균(소수점 두 자리)을 구하고, 캡션 기능 사용할 것
(5) 선 모양은 ≪출력형태≫와 동일하게 처리할 것

출력형태

로봇 퍼포먼스 경연대회 참가자 현황(단위 : 명)

지역	2015년	2016년	2017년	2018년	평균
초등학교	929	834	692	981	
중학교	869	854	881	923	
고등학교	315	429	421	488	
일반인	967	1,205	1,235	1,211	

차트조건 (1) 차트 데이터는 표 내용에서 연도별 초등학교, 중학교, 고등학교의 값만 이용할 것
(2) 종류 – <묶은 세로 막대형>으로 작업할 것
(3) 제목 – 굴림, 진하게, 12pt, 속성 – 채우기(하양), 테두리, 그림자(대각선 오른쪽 아래)
　【굴림, 진하게, 12pt, 배경 – 선 모양(한 줄로), 그림자(2pt)】
(4) 제목 이외의 전체 글꼴 – 굴림, 보통, 10pt
(5) 축제목과 범례는 ≪출력형태≫와 동일하게 처리할 것

출력형태

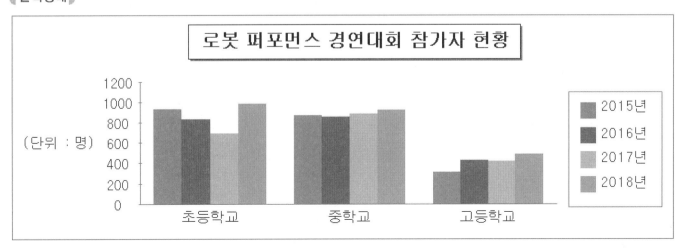

3. 다음 (1), (2)의 수식을 수식 편집기로 각각 입력하시오. (40점)

출력형태

(1) $\sum_{k=1}^{10} (k^3 + 6k^2 + 4k + 3) = 256$

(2) $\dfrac{b}{\sqrt{a^2 + b^2}} = \dfrac{2\tan\theta}{1 + \tan^2\theta}$

4. 다음의 ≪조건≫에 따라 ≪출력형태≫와 같이 문서를 작성하시오. (110점)

조건
(1) 그리기 도구를 이용하여 작성하고, 모든 도형(글맵시, 지정된 그림 포함)을 ≪출력형태≫와 같이 작성하시오.
(2) 도형의 면색은 지시사항이 없으면 색 없음을 제외하고 서로 다르게 임의로 지정하시오.

출력형태

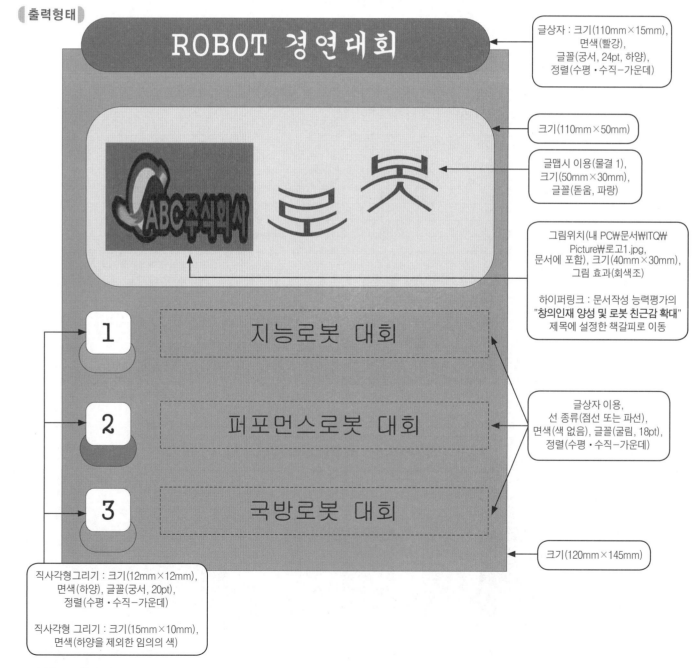

글상자 : 크기(110mm×15mm), 면색(빨강), 글꼴(궁서, 24pt, 하양), 정렬(수평·수직-가운데)

크기(110mm×50mm)

글맵시 이용(물결 1), 크기(50mm×30mm), 글꼴(돋움, 파랑)

그림위치(내 PC₩문서₩ITQ₩Picture₩로고1.jpg, 문서에 포함), 크기(40mm×30mm), 그림 효과(회색조)

하이퍼링크 : 문서작성 능력평가의 **"창의인재 양성 및 로봇 친근감 확대"** 제목에 설정한 책갈피로 이동

글상자 이용, 선 종류(점선 또는 파선), 면색(색 없음), 글꼴(굴림, 18pt), 정렬(수평·수직-가운데)

크기(120mm×145mm)

직사각형그리기 : 크기(12mm×12mm), 면색(하양), 글꼴(궁서, 20pt), 정렬(수평·수직-가운데)

직사각형 그리기 : 크기(15mm×10mm), 면색(하양을 제외한 임의의 색)

로봇 퍼포먼스 경연대회
창의인재 양성 및 로봇 친근감 확대

로 봇을 통하여 국민들에게 과학기술에 대한 관심과 흥미를 부여하고 창의적 아이디어 발굴 및 우수 로봇 인재 양성에 기여하고자 국립과천과학관㉠이 2월 12일 제10회 로봇 퍼포먼스 경연대회를 개최합니다.

현대사회는 공장에서의 대량생산을 기반으로 한 산업사회를 거쳐 사람의 두뇌 자체가 생산 공장인 지식사회로 빠르게 변화(變化)하고 있습니다. 미래는 지금보다도 더 창의적이고 복합적인 과학기술 능력을 요구하는 사회가 될 것입니다. 국립과천과학관은 청소년들이 이러한 미래사회에 대비하여 무한한 호기심과 상상력을 바탕으로 뛰어난 창의력을 갖춘 과학 인재로 자라나길 바라며 끊임없이 노력하고 있습니다. 또 어른들에게는 과학기술의 중요성을 널리 홍보하여 그 대중화(大衆化)에 앞장서고 있습니다. 이와 함께 우리나라 국민 모두가 과학기술을 이해하고 활용하여 경제적 풍요를 이룰 수 있도록 최선을 다하고 있습니다. 초등학생부터 중학생, 고등학생, 대학생, 일반인까지 로봇을 사랑하는 사람이면 누구나 참가할 수 있는 이번 경연대회를 통하여 그동안 갈고 닦은 기량을 맘껏 펼치시기 바랍니다.

★ 경연대회 개최 개요

　I. 일시 및 장소

　　A. 일시 : 2019. 2. 12(화) 10:00 - 17:00

　　B. 장소 : 국립과천과학관 첨단 기술관 1층

　II. 참가대상 및 참가종목

　　A. 참가대상 : 초등학생 이상 나이 제한 없음(1팀당 3명 이하)

　　B. 참가종목 : 학생부(초/중/고), 일반부(대학생/일반인)

★ 로봇 퍼포먼스 경연대회 시상

구분	순위	훈격	상금(단위 : 만 원)
지능로봇	대상	산업통상자원부장관상	3,000
	최우수상/우수상	경상북도지사상/포항시장상	각 1,000/각 500
	장려상/특별상	한국로봇융합연구원장상/유엘산업안전상	각 300
퍼포먼스 로봇	금상/은상	경상북도지사상/포항시장상	500/각 300
	동상/인기상	한국로봇융합연구원장상	각 200/100

국립과천과학관

───────────

㉠ 사이버 과학관, 생태체험 학습관, 과학교육 체험장, 천문시설 등을 갖춘 과학 기관

과목	코드	문제유형	시험시간	수험번호	성 명
아래 한글	1111	A	60분	16715007	

수 험 자 유 의 사 항

◉ 수험자는 문제지를 받는 즉시 문제지와 **수험표상의 시험과목(프로그램)이 동일한지 반드시 확인**하여야 합니다.

◉ 파일명은 본인의 "수험번호-성명"으로 입력하여 답안폴더(내 PC\문서\ITQ)에 하나의 파일로 저장해야 하며, 답안문서 파일명이 "수험번호-성명"과 일치하지 않거나, 답안파일을 전송하지 않아 미제출로 처리될 경우 실격 처리합니다 (예 : 12345678-홍길동.hwp).

◉ 답안 작성을 마치면 파일을 저장하고, '답안 전송' 버튼을 선택하여 감독위원 PC로 답안을 전송하십시오. 수험생 정보와 저장한 파일명이 다를 경우 전송되지 않으므로 주의하시기 바랍니다.

◉ 답안 작성 중에도 **주기적으로 저장하고 '답안 전송'** 하여야 문제 발생을 줄일 수 있습니다. 작업한 내용을 저장하지 않고 전송할 경우 이전에 저장된 내용이 전송되오니 이점 유의하시기 바랍니다.

◉ 답안문서는 지정된 경로 외의 다른 보조기억장치에 저장하는 경우, 지정된 시험 시간 외에 작성된 파일을 활용할 경우, 기타 통신 수단(이메일, 메신저, 네트워크 등)을 이용하여 타인에게 전달 또는 외부 반출하는 경우는 부정 처리합니다.

◉ 시험 중 부주의 또는 고의로 시스템을 파손한 경우는 수험자가 변상해야 하며, <수험자 유의사항>에 기재된 방법대로 이행하지 않아 생기는 불이익은 수험생 당사자의 책임임을 알려 드립니다.

◉ 문제의 조건은 한컴오피스 2020 버전으로 설정되어 있으며 한컴오피스 NEO는 【 】에 표기되어 있습니다. 이와 관련하여 작성한 답안의 출력형태가 문제지와 다를 수 있습니다.

◉ 시험을 완료한 수험자는 답안파일이 전송되었는지 확인한 후 감독위원의 지시에 따라 문제지를 제출하고 퇴실합니다.

답 안 작 성 요 령

◉ 온라인 답안 작성 절차
  수험자 등록 ⇒ 시험 시작 ⇒ 답안파일 저장 ⇒ 답안 전송 ⇒ 시험 종료

◉ 공통 부문
· 글꼴에 대한 기본설정은 함초롬바탕, 10포인트, 검정, 줄간격 160%, 양쪽정렬로 합니다.
· 색상은 조건의 색을 적용하고 색의 구분이 안될 경우에는 RGB 값을 적용합니다(빨강 255,0,0 / 파랑 0,0,255 / 노랑 255,255,0).
· 각 문항에 주어진 ≪조건≫에 따라 작성하고 언급하지 않은 조건은 ≪출력형태≫와 같이 작성합니다.
· 용지여백은 왼쪽 · 오른쪽 11㎜, 위쪽 · 아래쪽 · 머리말 · 꼬리말 10㎜, 제본 0㎜로 합니다.
· 그림 삽입 문제의 경우「내 PC\문서\ITQ\Picture」폴더에서 지정된 파일을 선택하여 삽입하십시오.
· 삽입한 그림은 반드시 문서에 포함하여 저장해야 합니다(미포함 시 감점 처리).
· 각 항목은 지정된 페이지에 출력형태와 같이 정확히 작성하시기 바라며, 그렇지 않을 경우에 해당 항목은 0점 처리됩니다.
※ 페이지구분 : 1페이지 – 기능평가 I (문제번호 표시 : 1. 2.),
             2페이지 – 기능평가 II (문제번호 표시 : 3. 4.),
             3페이지 – 문서작성 능력평가

기능평가
· 문제와 ≪조건≫은 입력하지 않으며 문제번호와 답(≪출력형태≫)만 작성합니다.
· 4번 문제는 묶기를 했을 경우 0점 처리됩니다.

문서작성 능력평가
· A4 용지(210㎜×297㎜) 1매 크기, 세로 서식 문서로 작성합니다.
· ┌┈┈┈┐ 표시는 문서작성에 대한 지시사항이므로 작성하지 않습니다.

1. 다음의 ≪조건≫에 따라 스타일 기능을 적용하여 ≪출력형태≫와 같이 작성하시오. (50점)

조건
(1) 스타일 이름 – internet
(2) 문단 모양 – 왼쪽 여백 : 15pt, 문단 아래 간격 : 10pt
(3) 글자 모양 – 글꼴 : 한글(굴림)/영문(궁서), 크기 : 10pt, 장평 : 115%, 자간 : −5%

출력형태

The object of the CTRC's investigation includes, but not limited to, cyber attacks against the Republic of Korea and its people.

인터넷이 보편화됨에 따라 자기의 의견을 다른 사람에게 쉽게 표출할 수 있게 되었고, 다른 사람에게 피해를 주지 않고 자유롭게 의견을 표출하는 인터넷 예의에 대한 조기교육이 시행되고 있다.

2. 다음의 ≪조건≫에 따라 ≪출력형태≫와 같이 표와 차트를 작성하시오. (100점)

표조건
(1) 표 전체(표, 캡션) – 돋움, 10pt
(2) 정렬 – 문자 : 가운데 정렬, 숫자 : 오른쪽 정렬
(3) 셀 배경(면색) : 노랑
(4) 한글의 계산 기능을 이용하여 빈칸에 합계를 구하고, 캡션 기능 사용할 것
(5) 선 모양은 ≪출력형태≫와 동일하게 처리할 것

출력형태

사이버테러/일반사이버 범죄(단위 : 건)

년도	사이버테러 발생	사이버테러 검거	일반사이버 발생	일반사이버 검거	합계
2015년	84,265	33,159	24,392	87,449	
2016년	35,334	19,437	18,221	64,024	
2017년	19,295	16,574	19,345	73,846	
2018년	17,685	15,362	105,089	120,218	✕

차트조건
(1) 차트 데이터는 표 내용에서 년도별 2015년, 2016년, 2017년의 값만 이용할 것
(2) 종류 – <묶은 세로 막대형>으로 작업할 것
(3) 제목 – 굴림, 진하게, 12pt 속성 – 채우기(하양), 테두리, 그림자(대각선 오른쪽 아래)
      【굴림, 진하게, 12pt, 배경 – 선 모양(한 줄로), 그림자(2pt)】
(4) 제목 이외의 전체 글꼴 – 굴림, 보통, 10pt
(5) 축제목과 범례는 ≪출력형태≫와 동일하게 처리할 것

출력형태

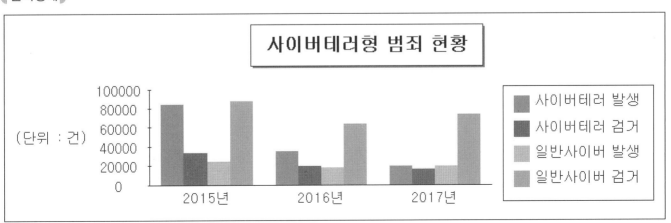

3. 다음 (1), (2)의 수식을 수식 편집기로 각각 입력하시오. (40점)

출력형태

(1) $\displaystyle \sum_{k=1}^{n} k^3 = \frac{n(n+1)}{2} = \sum_{k=1}^{n} k$

(2) $\displaystyle \int_{\alpha}^{\beta} A(x-\alpha)(x-\beta)dx = -\frac{A}{6}(\beta-\alpha)^3$

4. 다음의 ≪조건≫에 따라 ≪출력형태≫와 같이 문서를 작성하시오. (110점)

조건 (1) 그리기 도구를 이용하여 작성하고, 모든 도형(글맵시, 지정된 그림 포함)을 ≪출력형태≫와 같이
작성하시오.
(2) 도형의 면색은 지시사항이 없으면 색 없음을 제외하고 서로 다르게 임의로 지정하시오.

출력형태

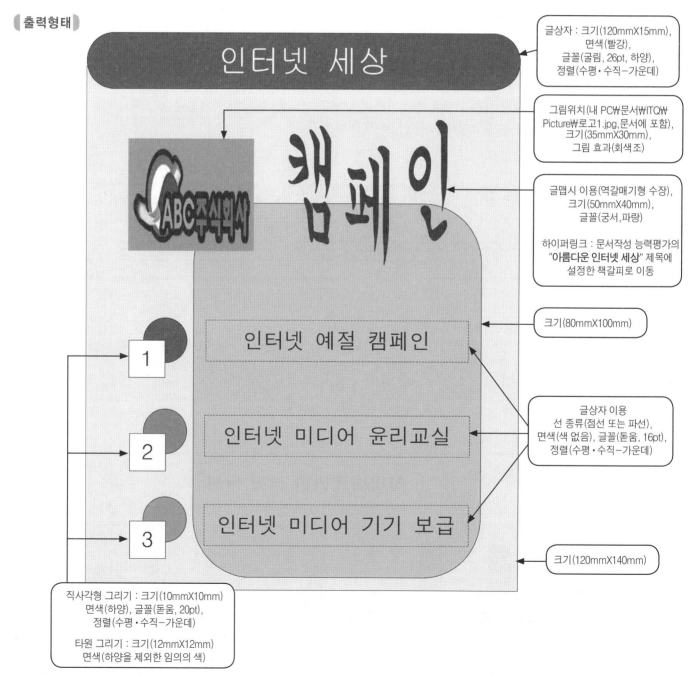

글꼴 : 돋움, 18pt, 진하게, 가운데 정렬,
책갈피 이름 : 인터넷, 덧말 넣기

머리말 기능
돋움, 10pt, 오른쪽 정렬 → 아름누리

문단 첫 글자 장식 기능
글꼴 : 돋움, 면색 : 노랑

인터넷 교육
아름다운 인터넷 세상

그림위치(내 PC\문서\ITQ\Picture\
그림5.jpg, 문서에 포함),
자르기 기능 이용, 크기(40mmX30mm),
바깥 여백 왼쪽 : 2mm

청 소년들이 인터넷 윤리를 쉽게 배우고 체험할 수 있는 행사가 서울 시청 앞 광장에서 성대하게 열린다. 이 캠페인은 우리 청소년들이 정보화 역기능의 심각성을 인식하고, 정보윤리를 배우고 또 알리기 위해 자율적으로 만든 '아름누리 지킴이' 동아리에서 펼치는 실천 활동의 하나로 우리나라의 미래를 짊어질 청소년들이 스스로 인터넷 윤리를 실천하는 사회적 분위기를 조성한다는 점에서 그 의미가 매우 크며, 이 날 행사에서는 전국 '아름누리 지킴이'가 결성된 130개 학교 중 56개 초.중.고등학교에서 1,200여 명의 청소년과 지도교사가 모여 정보화 역기능을 방지하고 행복한 인터넷 환경을 만들어 나가겠다는 '아름누리 지킴이' 다짐의식을 거행한다. （각주）

　행정안전부⑦는 이번 캠페인을 통해 청소년과 시민이 '아름다운 인터넷 세상 만들기'에 함께 참여(參與)하여 생활 속 인터넷 윤리를 실천하고 선진적인 정보문화를 구현하는 계기가 마련될 것으로 기대하고 있다.

★ 아름누리 행사 내용

글꼴 : 굴림, 18pt, 하양, 음영색 : 파랑

　　1) '아름누리 지킴이' 발대식
　　　가) 아름누리 지킴이 단기 및 어깨띠 수여
　　　나) 홍보대사 위촉패 전달 및 선플 실천 서약식
　　2) 아름누리 캠페인 부대 행사
　　　가) 홍보대사 축하공연
　　　나) 시민과 함께하는 다양한 이벤트 행사

문단 번호 기능 사용
1수준 : 20pt, 오른쪽 정렬
2수준 : 30pt, 오른쪽 정렬
줄 간격 : 180%

글꼴 : 굴림, 18pt,
기울임, 강조점

표 전체 글꼴 : 돋움, 10pt, 가운데 정렬,
셀 배경(그러데이션) : 유형(왼쪽 대각선),
시작색(하양), 끝색(노랑)

★ *시민과 함께 하는 체험행사 공연*

시간	참여 대상	진행 내용	공통
14:00~16:00	아름누리 단원	인터넷 중독 예방 교육 인터넷 중독 카운셀링	교육자료 배포 시청각 교육
16:00~17:00		게임 중독 예방 교육 게임 중독 카운셀링	
17:00~18:00		인터넷 예절 교육	
19:00~21:30	시민, 아름누리 단원	밴드 공연 및 인기가수 초청 공연	

글꼴 : 궁서, 25pt, 진하게,
장평 120%, 오른쪽 정렬 → ## 아름누리 지킴이

각주 구분선 : 5cm

쪽 번호 매기기
1로 시작
↓
가

⑦ 중앙정부의 행정관리 및 지방정부에 대한 관리 및 조정 기능 등을 담당하는 중앙행정기관

8회 기출유형 모의고사

과목	코드	문제유형	시험시간	수험번호	성 명
아래 한글	1111	A	60분	36985008	

수험자 유의사항

- 수험자는 문제지를 받는 즉시 문제지와 **수험표상의 시험과목(프로그램)이 동일한지 반드시 확인**하여야 합니다.
- 파일명은 본인의 "수험번호-성명"으로 입력하여 답안폴더(내 PC\문서\ITQ)에 하나의 파일로 저장해야 하며, 답안문서 파일명이 "수험번호-성명"과 일치하지 않거나, 답안파일을 전송하지 않아 미제출로 처리될 경우 실격 처리합니다 (예 : 12345678-홍길동.hwp).
- 답안 작성을 마치면 파일을 저장하고, '답안 전송' 버튼을 선택하여 감독위원 PC로 답안을 전송하십시오. 수험생 정보와 저장한 파일명이 다를 경우 전송되지 않으므로 주의하시기 바랍니다.
- 답안 작성 중에도 **주기적으로 저장하고 '답안 전송'** 하여야 문제 발생을 줄일 수 있습니다. 작업한 내용을 저장하지 않고 전송할 경우 이전에 저장된 내용이 전송되오니 이점 유의하시기 바랍니다.
- 답안문서는 지정된 경로 외의 다른 보조기억장치에 저장하는 경우, 지정된 시험 시간 외에 작성된 파일을 활용할 경우, 기타 통신 수단(이메일, 메신저, 네트워크 등)을 이용하여 타인에게 전달 또는 외부 반출하는 경우는 부정 처리합니다.
- 시험 중 부주의 또는 고의로 시스템을 파손한 경우는 수험자가 변상해야 하며, <수험자 유의사항>에 기재된 방법대로 이행하지 않아 생기는 불이익은 수험생 당사자의 책임임을 알려 드립니다.
- 문제의 조건은 한컴오피스 2020 버전으로 설정되어 있으며 한컴오피스 NEO는 【 】에 표기되어 있습니다. 이와 관련하여 작성한 답안의 출력형태가 문제지와 다를 수 있습니다.
- 시험을 완료한 수험자는 답안파일이 전송되었는지 확인한 후 감독위원의 지시에 따라 문제지를 제출하고 퇴실합니다.

답안 작성 요령

- **온라인 답안 작성 절차**
  수험자 등록 ⇒ 시험 시작 ⇒ 답안파일 저장 ⇒ 답안 전송 ⇒ 시험 종료
- **공통 부문**
- 글꼴에 대한 기본설정은 함초롬바탕, 10포인트, 검정, 줄간격 160%, 양쪽정렬로 합니다.
- 색상은 조건의 색을 적용하고 색의 구분이 안될 경우에는 RGB 값을 적용합니다(빨강 255,0,0 / 파랑 0,0,255 / 노랑 255,255,0).
- 각 문항에 주어진 ≪조건≫에 따라 작성하고 언급하지 않은 조건은 ≪출력형태≫와 같이 작성합니다.
- 용지여백은 왼쪽·오른쪽 11㎜, 위쪽·아래쪽·머리말·꼬리말 10㎜, 제본 0㎜로 합니다.
- 그림 삽입 문제의 경우「내 PC\문서\ITQ\Picture」폴더에서 지정된 파일을 선택하여 삽입하십시오.
- 삽입한 그림은 반드시 문서에 포함하여 저장해야 합니다(미포함 시 감점 처리).
- 각 항목은 지정된 페이지에 출력형태와 같이 정확히 작성하시기 바라며, 그렇지 않을 경우에 해당 항목은 0점 처리됩니다.
- ※ 페이지구분 : 1페이지 – 기능평가 I (문제번호 표시 : 1. 2.),
  　　　　　　　 2페이지 – 기능평가 II (문제번호 표시 : 3. 4.),
  　　　　　　　 3페이지 – 문서작성 능력평가
- **기능평가**
- 문제와 ≪조건≫은 입력하지 않으며 문제번호와 답(≪출력형태≫)만 작성합니다.
- 4번 문제는 묶기를 했을 경우 0점 처리됩니다.
- **문서작성 능력평가**
- A4 용지(210㎜×297㎜) 1매 크기, 세로 서식 문서로 작성합니다.
- [: : :] 표시는 문서작성에 대한 지시사항이므로 작성하지 않습니다.

1. 다음의 ≪조건≫에 따라 스타일 기능을 적용하여 ≪출력형태≫와 같이 작성하시오. (50점)

【조건】　(1) 스타일 이름 – subway
　　　　　(2) 문단 모양 – 왼쪽 여백 : 10pt, 문단 아래 간격 : 10pt
　　　　　(3) 글자 모양 – 글꼴 : 한글(돋움)/영문(궁서), 크기 : 10pt, 장평 : 105%, 자간 : –5%

【출력형태】

서울메트로는 안전한 지하철 기반 위에 행복하고 즐거운 생활 공간을 만들기 위해 시민 여러분의 생각을 담고, 시민 편의를 위한 효율적인 공간으로 재구성하고 있습니다.

Seoul Metro was the first local public enterprise to be established under Article 49 of the Local Public Enterprises and the Seoul Metropolitan Rapid Transit Corporation Establishment Regulation.

2. 다음의 ≪조건≫에 따라 ≪출력형태≫와 같이 표와 차트를 작성하시오. (100점)

【표조건】　(1) 표 전체(표, 캡션) – 돋움, 10pt
　　　　　(2) 정렬 – 문자 : 가운데 정렬, 숫자 : 오른쪽 정렬
　　　　　(3) 셀 배경(면색) : 노랑
　　　　　(4) 한글의 계산 기능을 이용하여 빈칸에 평균(소수점 두 자리)을 구하고, 캡션 기능 사용할 것
　　　　　(5) 선 모양은 ≪출력형태≫와 동일하게 처리할 것

【출력형태】　　　　　　　　　　　　　　　　　　　　　　　수송현황(단위 : 명/일)

구분	09:00~10:00	10:00~11:00	11:00~12:00	12:00~13:00	평균
서울역	2,577	3,143	3,971	4,743	
시청역	1,073	1,233	1,426	1,563	
종각역	1,597	1,605	1,900	2,395	
종로3가역	948	1,238	1,651	2,110	

【차트조건】　(1) 차트 데이터는 표 내용에서 시간별 서울역, 시청역의 값만 이용할 것
　　　　　　(2) 종류 – <묶은 세로 막대형>으로 작업할 것
　　　　　　(3) 제목 – 돋움, 진하게, 12pt, 속성 – 채우기(하양), 테두리, 그림자(대각선 오른쪽 아래)
　　　　　　　　　【돋움, 진하게, 12pt, 배경 – 선 모양(한 줄로), 그림자(2pt)】
　　　　　　(4) 제목 이외의 전체 글꼴 – 돋움, 보통, 10pt
　　　　　　(5) 축제목과 범례는 ≪출력형태≫와 동일하게 처리할 것

【출력형태】

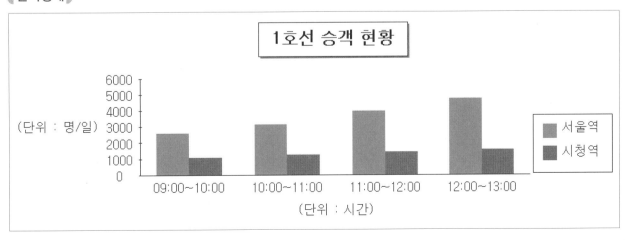

3. 다음 (1), (2)의 수식을 수식 편집기로 각각 입력하시오. (40점)

《출력형태》

(1) $T = 2\pi\sqrt{\dfrac{r^3}{GM}} = 5.9 \times 10^5$

(2) $\displaystyle\sum_{k=1}^{n} k^2 = \frac{1}{6}n(n+1)(2n+1)$

4. 다음의 《조건》에 따라 《출력형태》와 같이 문서를 작성하시오. (110점)

《조건》 (1) 그리기 도구를 이용하여 작성하고, 모든 도형(글맵시, 지정된 그림 포함)을 《출력형태》와 같이 작성하시오.
(2) 도형의 면색은 지시사항이 없으면 색 없음을 제외하고 서로 다르게 임의로 지정하시오.

《출력형태》

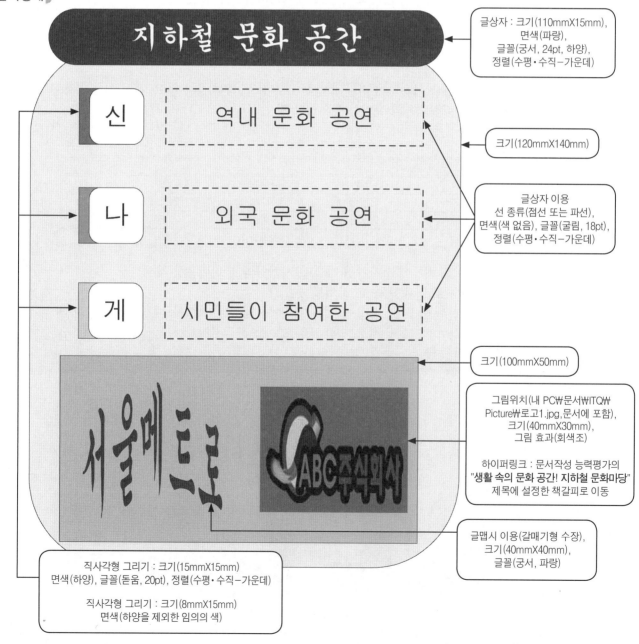

글상자 : 크기(110mmX15mm),
면색(파랑),
글꼴(궁서, 24pt, 하양),
정렬(수평·수직−가운데)

지 하 철 문 화 공 간

신　　역내 문화 공연

크기(120mmX140mm)

나　　외국 문화 공연

글상자 이용
선 종류(점선 또는 파선),
면색(색 없음), 글꼴(굴림, 18pt),
정렬(수평·수직−가운데)

게　　시민들이 참여한 공연

크기(100mmX50mm)

그림위치(내 PC₩문서₩ITQ₩
Picture₩로고1.jpg, 문서에 포함),
크기(40mmX30mm),
그림 효과(회색조)

하이퍼링크 : 문서작성 능력평가의
"생활 속의 문화 공간! 지하철 문화마당"
제목에 설정한 책갈피로 이동

글맵시 이용(갈매기형 수장),
크기(40mmX40mm),
글꼴(궁서, 파랑)

직사각형 그리기 : 크기(15mmX15mm)
면색(하양), 글꼴(돋움, 20pt), 정렬(수평·수직−가운데)

직사각형 그리기 : 크기(8mmX15mm)
면색(하양을 제외한 임의의 색)

글꼴 : 궁서, 22pt, 진하게, 가운데 정렬,
책갈피 이름 : 지하철, 덧말 넣기

지하철 문화공연
생활 속의 문화 공간! 지하철 문화마당

머리말 기능
굴림, 10pt, 오른쪽 정렬 → 문화마당

문단 첫 글자 장식 기능
글꼴 : 돋움, 면색 : 노랑

그림위치(내 PC₩문서₩ITQ₩Picture₩그림5.jpg, 문서에 포함),
자르기 기능 이용, 크기(40mmX30mm), 바깥 여백 왼쪽 : 2mm

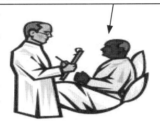

서 울 메트로는 천만 시민의 교통기관으로서의 역할뿐만 아니라 쾌적한 쉼터와 함께하는 생활 속의 문화 공간을 제공하고자 다양한 노력을 하고 있습니다. 1986년 지하철 3호선 개통과 함께 지난 20년간 역사적 문화시설인 경복궁을 중심으로 한 문화예술 지역의 초입에서 대중적인 문화 공간으로 자리하고 있는 미술관의 시설을 개선하여 더욱 편리하게 관람(觀覽)할 수 있는 예술 공간이 되도록 하였습니다. 공공미술관㉮으로서 공공성과 대중성의 결합을 통하여 문화생산성을 높이고 시민에게 휴식과 사색의 재충전 공간으로 거듭나기 위해 더욱 노력할 것입니다.

각주

또한, 공연전문기관이 레일아트 및 이일공과 역사 내 공연문화 활동에 관한 약정을 체결하고 지하철 예술무대를 공동운영하고 있습니다. 이일공과 레일아트에 참가신청을 하시면 소정의 오디션을 거쳐 공연하실 수 있습니다. 신청 자격은 프로, 아마추어 불문(不問)이며 공연에 필요한 현장지원을 받으실 수 있습니다.

특히, 올해부터는 2호선 사당역과 선릉역, 4호선 동대문역사문화공원역 등 3개 역에서 역별로 특화된 장르의 공연을 실시한다. 젊은이들이 좋아하는 인디음악과 분위기 있는 클래식이 가장 많으며, 국악, 댄스, K-POP부터 팝페라, 아카펠라까지 다양하고 이색적인 공연들이 펼쳐진다.

♣ 지하철 상설 공연 무대 현황

글꼴 : 돋움, 18pt, 하양
음영색 : 파랑

(1) 사당역 지하1층 대합실

　(가) 음향장비 : 메인스피커, 서브스피커, 오디오믹서

　(나) 조명장치 : 다운라이트-92개, 스포트라이트-22개

(2) 을지로입구역 지하1층 대합실

　(가) 음향장비 : 메인스피커, CD플레이어, 케이블 및 자재

　(나) 조명장치 : 다운라이트-92개

문단 번호 기능 사용
1수준 : 10pt, 오른쪽 정렬
2수준 : 20pt, 오른쪽 정렬
줄 간격 : 180%

♣ 공연 일정 안내

글꼴 : 돋움, 18pt,
기울임, 강조점

표 전체 글꼴 : 굴림, 10pt, 가운데 정렬,
셀 배경(그러데이션) : 유형(가로)【수평】,
시작색(하양), 끝색(노랑)

일자	시간	역	공연자	공연내용	비고
24(월)	18:00~19:00	선릉역	레트루아	인디밴드	2호선 공연 일정은 바뀔 수 있습니다.
25(화)	17:00~19:00	사당역	라파엘	라틴팝	
	18:00~20:00		공소야	통기타 라이브	
26(수)	15:00~17:00	선릉역	Soleil	재즈밴드	
	19:00~21:00		기호밴드	인디밴드	

글꼴 : 돋움, 20pt, 진하게,
장평 110%, 오른쪽 정렬 → # 서울 메트로 경영지원본부

각주 구분선 : 5cm

㉮ 서울 메트로 미술관은 2005년 11월 구 경복궁 미술관의 시설을 개선하여 개관하였습니다.

쪽 번호 매기기
1로 시작

A

9회 기출유형 모의고사

무료 동영상

과목	코드	문제유형	시험시간	수험번호	성 명
아래 한글	1111	A	60분	12645009	

수 험 자 유 의 사 항

● 수험자는 문제지를 받는 즉시 문제지와 **수험표상의 시험과목(프로그램)이 동일한지 반드시 확인**하여야 합니다.

● 파일명은 본인의 "수험번호-성명"으로 입력하여 답안폴더(내 PC₩문서₩ITQ)에 하나의 파일로 저장해야 하며, 답안문서 파일명이 "수험번호-성명"과 일치하지 않거나, 답안파일을 전송하지 않아 미제출로 처리될 경우 실격 처리합니다 (예 : 12345678-홍길동.hwp).

● 답안 작성을 마치면 파일을 저장하고, '답안 전송' 버튼을 선택하여 감독위원 PC로 답안을 전송하십시오. 수험생 정보와 저장한 파일명이 다를 경우 전송되지 않으므로 주의하시기 바랍니다.

● 답안 작성 중에도 **주기적으로 저장하고 '답안 전송'** 하여야 문제 발생을 줄일 수 있습니다. 작업한 내용을 저장하지 않고 전송할 경우 이전에 저장된 내용이 전송되오니 이점 유의하시기 바랍니다.

● 답안문서는 지정된 경로 외의 다른 보조기억장치에 저장하는 경우, 지정된 시험 시간 외에 작성된 파일을 활용할 경우, 기타 통신 수단(이메일, 메신저, 네트워크 등)을 이용하여 타인에게 전달 또는 외부 반출하는 경우는 부정 처리합니다.

● 시험 중 부주의 또는 고의로 시스템을 파손한 경우는 수험자가 변상해야 하며, <수험자 유의사항>에 기재된 방법대로 이행하지 않아 생기는 불이익은 수험생 당사자의 책임임을 알려 드립니다.

● 문제의 조건은 한컴오피스 2020 버전으로 설정되어 있으며 한컴오피스 NEO는 【 】에 표기되어 있습니다. 이와 관련하여 작성한 답안의 출력형태가 문제지와 다를 수 있습니다.

● 시험을 완료한 수험자는 답안파일이 전송되었는지 확인한 후 감독위원의 지시에 따라 문제지를 제출하고 퇴실합니다.

답 안 작 성 요 령

● 온라인 답안 작성 절차
  수험자 등록 ⇒ 시험 시작 ⇒ 답안파일 저장 ⇒ 답안 전송 ⇒ 시험 종료

● 공통 부문
 · 글꼴에 대한 기본설정은 함초롬바탕, 10포인트, 검정, 줄간격 160%, 양쪽정렬로 합니다.
 · 색상은 조건의 색을 적용하고 색의 구분이 안될 경우에는 RGB 값을 적용합니다(빨강 255,0,0 / 파랑 0,0,255 / 노랑 255,255,0).
 · 각 문항에 주어진 ≪조건≫에 따라 작성하고 언급하지 않은 조건은 ≪출력형태≫와 같이 작성합니다.
 · 용지여백은 왼쪽 · 오른쪽 11㎜, 위쪽 · 아래쪽 · 머리말 · 꼬리말 10㎜, 제본 0㎜로 합니다.
 · 그림 삽입 문제의 경우「내 PC₩문서₩ITQ₩Picture」폴더에서 지정된 파일을 선택하여 삽입하십시오.
 · 삽입한 그림은 반드시 문서에 포함하여 저장해야 합니다(미포함 시 감점 처리).
 · 각 항목은 지정된 페이지에 출력형태와 같이 정확히 작성하시기 바라며, 그렇지 않을 경우에 해당 항목은 0점 처리됩니다.
 ※ 페이지구분 : 1페이지 - 기능평가 I (문제번호 표시 : 1. 2.),
　　　　　　　　 2페이지 - 기능평가 II (문제번호 표시 : 3. 4.),
　　　　　　　　 3페이지 - 문서작성 능력평가

● 기능평가
 · 문제와 ≪조건≫은 입력하지 않으며 문제번호와 답(≪출력형태≫)만 작성합니다.
 · 4번 문제는 묶기를 했을 경우 0점 처리됩니다.

● 문서작성 능력평가
 · A4 용지(210㎜×297㎜) 1매 크기, 세로 서식 문서로 작성합니다.
 · 〔‾‾‾〕 표시는 문서작성에 대한 지시사항이므로 작성하지 않습니다.

1. 다음의 《조건》에 따라 스타일 기능을 적용하여 《출력형태》와 같이 작성하시오. (50점)

조건　(1) 스타일 이름 – brand
　　　　(2) 문단모양 – 왼쪽 여백 : 10pt, 문단 아래 간격 : 10pt
　　　　(3) 글자모양 – 글꼴 : 한글(궁서)/영문(돋움), 크기 : 10pt, 장평 : 110%, 자간 : –5%

출력형태

Brand owners need to ensure that they deliver high-quality services that are aligned with a compelling vision and delivered with a genuine commitment to customer satisfaction.

브랜드 소유자는 그들이 매력적인 비전에 부합하고 고객 만족을 진정한 헌신과 함께 전달되며, 고품질 서비스를 제공하고 있는지 확인해야 합니다.

2. 다음의 《조건》에 따라 《출력형태》와 같이 표와 차트를 작성하시오. (100점)

표조건　(1) 표 전체(표, 캡션) – 돋움, 10pt
　　　　(2) 정렬 – 문자 : 가운데 정렬, 숫자 : 오른쪽 정렬
　　　　(3) 셀 배경색 : 노랑
　　　　(4) 한글의 계산 기능을 이용하여 빈칸에 평균(소수점 두 자리)을 구하고, 캡션 기능 사용할 것
　　　　(5) 선 모양은 《출력형태》와 동일하게 처리할 것

출력형태　　　　　　　　　　　　　　　　　　　　　　　브랜드 순위 유지율(단위 : %)

구분	상위 10개	상위 20개	하위 10개	하위 20개	평균
2021년	90	80	10	55	
2020년	80	80	0	50	
2019년	90	80	10	25	
2018년	80	80	10	20	
2017년	90	80	0	20	

차트조건　(1) 차트 데이터는 표 내용에서 구분별 2021년, 2020년, 2019년 값만 이용할 것
　　　　　(2) 종류 – <묶은 세로 막대형>으로 작업할 것
　　　　　(3) 제목 – 돋움, 진하게, 12pt, 속성 – 채우기(하양), 테두리, 그림자(대각선 오른쪽 아래)
　　　　　　　　【돋움, 진하게, 12pt, 배경 – 선 모양(한 줄로), 그림자(3pt)】
　　　　　(4) 제목 이외의 전체 글꼴 – 굴림, 보통, 10pt
　　　　　(5) 기타 나머지 사항은 《출력형태》와 동일하게 처리할 것

출력형태

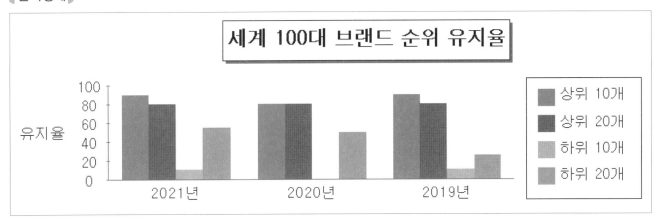

3. 다음 (1), (2)의 수식을 수식 편집기로 각각 입력하시오. (40점)

출력형태

(1) $K = 2 \int_{\frac{a}{2}}^{a} \frac{b}{a} \sqrt{a^2 - x^2}\, dx$　　　　(2) $l = 2\pi r \times \dfrac{x}{360\,^{\circ}}$　,　$S = \pi r^2 \times \dfrac{x}{360\,^{\circ}}$

4. 다음의 《조건》에 따라 《출력형태》와 같이 문서를 작성하시오. (110점)

조건　(1) 그리기 도구를 이용하여 작성하고, 모든 도형(글맵시, 지정된 그림 포함)을 《출력형태》와 같이
　　　　　작성하시오.
　　　　(2) 도형의 면색은 지시사항이 없으면 색 없음을 제외하고 서로 다르게 임의로 지정하시오.

출력형태

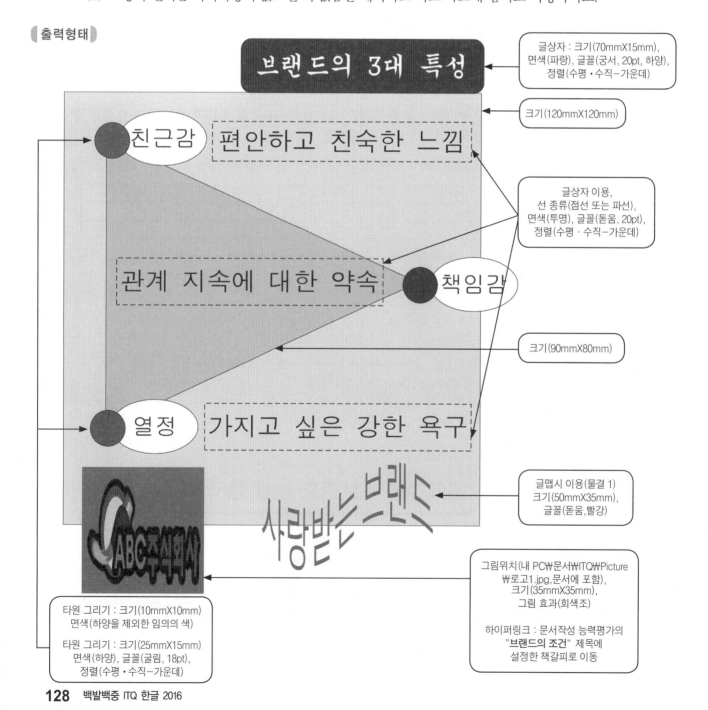

글상자 : 크기(70mmX15mm),
면색(파랑), 글꼴(궁서, 20pt, 하양),
정렬(수평・수직-가운데)

크기(120mmX120mm)

글상자 이용,
선 종류(점선 또는 파선),
면색(투명), 글꼴(돋움, 20pt),
정렬(수평・수직-가운데)

크기(90mmX80mm)

글맵시 이용(물결 1)
크기(50mmX35mm),
글꼴(돋움,빨강)

그림위치(내 PC₩문서₩ITQ₩Picture
₩로고1.jpg,문서에 포함),
크기(35mmX35mm),
그림 효과(회색조)

하이퍼링크 : 문서작성 능력평가의
"브랜드의 조건" 제목에
설정한 책갈피로 이동

타원 그리기 : 크기(10mmX10mm)
면색(하양을 제외한 임의의 색)

타원 그리기 : 크기(25mmX15mm)
면색(하양), 글꼴(굴림, 18pt),
정렬(수평・수직-가운데)

글꼴 : 돋움, 20pt, 진하게, 가운데 정렬,
책갈피 이름 : 브랜드, 덧말 넣기

머리말 기능
바탕, 10pt, 오른쪽 정렬 → 브랜드

그림위치(내 PC\문서\ITQ\Picture\그림5.gif,
문서에 포함), 자르기 기능 이용, 크기(35mmX50mm),
바깥 여백 왼쪽 : 2mm

문단 첫 글자 장식 기능
글꼴 : 돋움, 면색 : 노랑

사랑받는
브랜드의 조건

정 크푸드의 대명사(代名詞) 맥도날드가 전 세계 소비자로부터 꾸준히 선택받고 고가의 루이비통 가방을 많은 여성들이 선망(羨望)하는 이유는 무엇일까? 그것은 바로 논리를 넘어선 소비자의 '사랑'이 뒷받침되었기 때문이다. '사랑'은 소비자가 브랜드에 대해서 느낄 수 있는 최상의 감정이며 사랑받는 브랜드란 가족이나 친구, 연인 등과 같이 소비자에게 다양한 사랑의 감정을 불러일으키는 브랜드를 뜻한다. 심리학 연구 결과에 따르면 사랑의 감정은 친밀감, 열정, 책임감의 3가지 요소[a]로 구성된다고 한다. 소비자의 사랑을 받는 브랜드는 사랑의 3대 특성을 보유하고 있으며, 이 특성이 얼마나 강한가에 따라 브랜드에 대한 사랑을 7가지 유형으로 구분할 수도 있다.

각주

　글로벌 기업은 신뢰와 존경 등 이성적이고 논리적인 평판에 만족하지 않고 소비자의 마음을 사로잡을 수 있는 사랑의 영역으로 브랜드 관리의 지평을 더욱더 넓히고 있다. 한국 기업도 글로벌 브랜드 강자로 도약하기 위해 정교하고 심층적인 접근을 통해 소비자의 사랑을 확보하여 인지되고 선호되는 수준을 뛰어넘어 사랑을 받는 브랜드를 지향할 필요가 있다. 톱 브랜드는 단순히 선택받는 대상이 아니라 오랜 기간 소비자와의 감정적 관계를 구축하여 국가별 경기 등락, 산업 및 기술의 격차, 지역별 문화 이질성 등을 초월하여 소비자의 지속적 지지를 얻는 것이다.

글꼴 : 궁서, 18pt, 하양
음영색 : 빨강

■ 사랑받는 브랜드 관리

문단 번호 기능 사용
1수준 : 15pt, 오른쪽 정렬
2수준 : 25pt, 오른쪽 정렬
줄 간격 : 180%

ㄱ) 행사 일정

(1) 기간 : 2020년 1월 14일(화) ~ 1월 16일(목)

(2) 전시장 및 매장 : 전국 상설할인 매장 및 백화점

ㄴ) 이벤트 및 상품

(1) 이벤트 : 유명 가수 특별공연, 브랜드별 30% 할인 판매

(2) 상품 : 행사기간 중 모든 고객에게 탁상달력 증정, 매일 선착순 100명에게 고급지갑 선물

■ 사랑받는 브랜드의 관계 유형

글꼴 : 궁서 , 18pt,
밑줄, 강조점

유형			이미지	
	소꿉친구 사랑	친근감	네슬레	세계 소비자의 어린 시절 친구
	탐닉적 사랑	열정	플레이보이	젊은 시절의 비밀스러운 경험
	실리적 사랑	책임감	비자	언제 어디서나 사용 가능한 해결사
	낭만적 사랑	친근감, 열정	맥도날드	과하지 않은 일상 탈출
	가족 같은 사랑	친근감, 책임감	P&G	대를 이어 온 살림 도우미
	복종적 사랑	열정, 책임감	루이비통	권위와 지위를 상징하는 명품
	완성된 사랑	친근감, 열정, 책임감	애플	지속적인 신화 창조자

글꼴 : 굴림, 23pt, 진하게,
장평 95%, 가운데 정렬

브랜드마케팅 컨설턴트

표 전체 글꼴 : 굴림, 10pt, 가운데 정렬,
셀 배경색(그라데이션) : 유형(가로)【수평】,
시작색(하양), 끝색(노랑)

각주 구분선 : 5cm

[a] Robert Sternberg의 사랑의 삼각 이론

쪽 번호 매기기
1로 시작　　　→ A

기출유형 모의고사

과목	코드	문제유형	시험시간	수험번호	성 명
아래 한글	1111	A	60분	22435010	

수 험 자 유 의 사 항

◉ 수험자는 문제지를 받는 즉시 문제지와 **수험표상의 시험과목(프로그램)이 동일한지 반드시 확인**하여야 합니다.

◉ 파일명은 본인의 "수험번호-성명"으로 입력하여 답안폴더(내 PC₩문서₩ITQ)에 하나의 파일로 저장해야 하며, 답안문서 파일명이 "수험번호-성명"과 일치하지 않거나, 답안파일을 전송하지 않아 미제출로 처리될 경우 실격 처리합니다 (예 : 12345678-홍길동.hwp).

◉ 답안 작성을 마치면 파일을 저장하고, '답안 전송' 버튼을 선택하여 감독위원 PC로 답안을 전송하십시오. 수험생 정보와 저장한 파일명이 다를 경우 전송되지 않으므로 주의하시기 바랍니다.

◉ 답안 작성 중에도 **주기적으로 저장하고 '답안 전송'**하여야 문제 발생을 줄일 수 있습니다. 작업한 내용을 저장하지 않고 전송할 경우 이전에 저장된 내용이 전송되오니 이점 유의하시기 바랍니다.

◉ 답안문서는 지정된 경로 외의 다른 보조기억장치에 저장하는 경우, 지정된 시험 시간 외에 작성된 파일을 활용할 경우, 기타 통신 수단(이메일, 메신저, 네트워크 등)을 이용하여 타인에게 전달 또는 외부 반출하는 경우는 부정 처리합니다.

◉ 시험 중 부주의 또는 고의로 시스템을 파손한 경우는 수험자가 변상해야 하며, <수험자 유의사항>에 기재된 방법대로 이행하지 않아 생기는 불이익은 수험생 당사자의 책임임을 알려 드립니다.

◉ 문제의 조건은 한컴오피스 2020 버전으로 설정되어 있으며 한컴오피스 NEO는 【 】에 표기되어 있습니다. 이와 관련하여 작성한 답안의 출력형태가 문제지와 다를 수 있습니다.

◉ 시험을 완료한 수험자는 답안파일이 전송되었는지 확인한 후 감독위원의 지시에 따라 문제지를 제출하고 퇴실합니다.

답 안 작 성 요 령

◉ **온라인 답안 작성 절차**
  수험자 등록 ⇒ 시험 시작 ⇒ 답안파일 저장 ⇒ 답안 전송 ⇒ 시험 종료

◉ **공통 부문**
· 글꼴에 대한 기본설정은 함초롬바탕, 10포인트, 검정, 줄간격 160%, 양쪽정렬로 합니다.
· 색상은 조건의 색을 적용하고 색의 구분이 안될 경우에는 RGB 값을 적용합니다(빨강 255,0,0 / 파랑 0,0,255 / 노랑 255,255,0).
· 각 문항에 주어진 ≪조건≫에 따라 작성하고 언급하지 않은 조건은 ≪출력형태≫와 같이 작성합니다.
· 용지여백은 왼쪽 · 오른쪽 11㎜, 위쪽 · 아래쪽 · 머리말 · 꼬리말 10㎜, 제본 0㎜로 합니다.
· 그림 삽입 문제의 경우「내 PC₩문서₩ITQ₩Picture」폴더에서 지정된 파일을 선택하여 삽입하십시오.
· 삽입한 그림은 반드시 문서에 포함하여 저장해야 합니다(미포함 시 감점 처리).
· 각 항목은 지정된 페이지에 출력형태와 같이 정확히 작성하시기 바라며, 그렇지 않을 경우에 해당 항목은 0점 처리됩니다.
※ 페이지구분 : 1페이지 – 기능평가Ⅰ (문제번호 표시 : 1. 2.),
　　　　　　　2페이지 – 기능평가Ⅱ (문제번호 표시 : 3. 4.),
　　　　　　　3페이지 – 문서작성 능력평가

기능평가
· 문제와 ≪조건≫은 입력하지 않으며 문제번호와 답(≪출력형태≫)만 작성합니다.
· 4번 문제는 묶기를 했을 경우 0점 처리됩니다.

문서작성 능력평가
· A4 용지(210㎜×297㎜) 1매 크기, 세로 서식 문서로 작성합니다.
· 표시는 문서작성에 대한 지시사항이므로 작성하지 않습니다.

1. 다음의 ≪조건≫에 따라 스타일 기능을 적용하여 ≪출력형태≫와 같이 작성하시오. (50점)

조건 (1) 스타일 이름 – paragliding
(2) 문단모양 – 왼쪽 여백 : 10pt, 문단 아래 간격 : 10pt
(3) 글자모양 – 글꼴 : 한글(굴림)/영문(돋움), 크기 : 10pt, 장평 : 103%, 자간 : –8%

출력형태

Hot Air Balloon Festival will be held in Daejeon, Applications of "2019 Daejeon Powered Paragliding Competition" will be accepted till September 9th.

2019년 9월 가을 하늘을 화려하게 수놓을 오색 열기구의 향연이 펼쳐집니다. 평생 잊지 못할 추억과 낭만의 세계로 여러분을 초대합니다. "2019 대전 동력 패러글라이딩대회"의 신청은 9월 9일까지 접수합니다.

2. 다음의 ≪조건≫에 따라 ≪출력형태≫와 같이 표와 차트를 작성하시오. (100점)

표조건 (1) 표 전체(표, 캡션) – 굴림, 10pt
(2) 정렬 – 문자 : 가운데 정렬, 숫자 : 오른쪽 정렬
(3) 셀 배경색 : 노랑
(4) 한글의 계산 기능을 이용하여 빈칸에 합계를 구하고, 캡션 기능 사용할 것
(5) 선 모양은 ≪출력형태≫와 동일하게 처리할 것

출력형태   2019 열기구 및 패러글라이딩 상위권 점수 현황

참가자명	1차 시도	2차 시도	3차 시도	4차 시도	5차 시도	합계
김성안	500	600	800	950	600	
한정수	500	700	487	800	600	
박윤정	500	500	900	600	500	
김종철	500	500	800	600	500	✕
최우성	500	450	1,000	800	600	✕

차트조건 (1) 차트 데이터는 표 내용에서 김성안, 한정수, 박윤정의 1차시도, 2차시도, 3차시도 값만 이용할 것
(2) 종류 – <꺾은선형>으로 작업할 것
(3) 제목 – 굴림, 진하게, 12pt, 속성 – 채우기(하양), 테두리, 그림자(대각선 오른쪽 아래)
　　【굴림, 진하게, 12pt, 배경 – 선 모양(두 줄로), 그림자(2pt)】
(4) 제목 이외의 전체 글꼴 – 돋움, 보통, 10pt
(5) 기타 나머지 사항은 ≪출력형태≫와 동일하게 처리할 것

출력형태

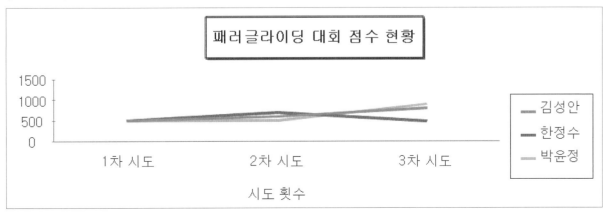

3. 다음 (1), (2)의 수식을 수식 편집기로 각각 입력하시오. (40점)

≪출력형태≫

(1) $R_n = \dfrac{(b-a)^n}{n!} f^{(n)}a + \theta(b-a), 0 < \theta \le 1$ (2) $\left\|\dfrac{\overline{z_2}}{z_4} - \dfrac{\overline{z_2}}{z_4}\right\| = \dfrac{\overline{z_2}}{z_4} \Leftrightarrow |\alpha + \beta| \le |\alpha| + |\beta| (\alpha\beta \ge 0)$

4. 다음의 ≪조건≫에 따라 ≪출력형태≫와 같이 문서를 작성하시오. (110점)

≪조건≫ (1) 그리기 도구를 이용하여 작성하고, 모든 도형(글맵시, 지정된 그림 포함)을 ≪출력형태≫와 같이 작성하시오.
(2) 도형의 면색은 지시사항이 없으면 색 없음을 제외하고 서로 다르게 임의로 지정하시오.

≪출력형태≫

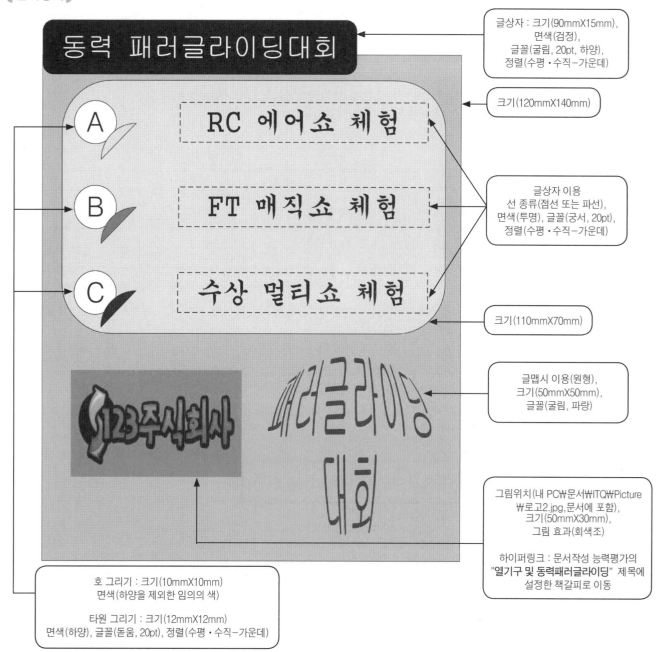

글상자 : 크기(90mmX15mm),
면색(검정),
글꼴(굴림, 20pt, 하양),
정렬(수평·수직-가운데)

크기(120mmX140mm)

글상자 이용
선 종류(점선 또는 파선),
면색(투명), 글꼴(궁서, 20pt),
정렬(수평·수직-가운데)

크기(110mmX70mm)

글맵시 이용(원형),
크기(50mmX50mm),
글꼴(굴림, 파랑)

그림위치(내 PC₩문서₩ITQ₩Picture
₩로고2.jpg,문서에 포함),
크기(50mmX30mm),
그림 효과(회색조)

하이퍼링크 : 문서작성 능력평가의
"열기구 및 동력패러글라이딩" 제목에
설정한 책갈피로 이동

호 그리기 : 크기(10mmX10mm)
면색(하양을 제외한 임의의 색)

타원 그리기 : 크기(12mmX12mm)
면색(하양), 글꼴(돋움, 20pt), 정렬(수평·수직-가운데)

머리말 기능
돋움, 10pt, 오른쪽 정렬 ➤ 패러글라이딩

글꼴 : 돋움, 20pt, 진하게, 오른쪽 정렬,
책갈피 이름 : 국제대회, 덧말 넣기

대전광역시협회장배
열기구 및 패러글라이딩

그림위치(내 PC₩문서₩ITQ₩Picture₩그림4.jpg,문서에 포함),
자르기 기능 이용, 크기(40mmX30mm), 바깥 여백 왼쪽 : 2mm

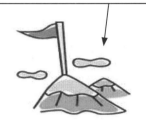

문단 첫 글자 장식 기능
글꼴 : 굴림, 면색 : 색 없음

열기구는 220여 년 전 프랑스의 죠셉 몽골피에와 그의 동생 에띠앙 몽골피에 형제에 의해 탄생되었다. 더운 공기는 일반 공기보다 가벼워 상승한다는 원리를 적용하여 실크를 소재로 한 체적 $1m^3$의 원형 기구의 내부에 나무와 젖은 밀집을 태워 발생한 뜨거운 공기를 채운 후 지상으로부터 30여 미터 상승시키는데 성공한 것이 최초의 열기구(熱器具)이다. 이에 반해 패러글라이더(Para-glider)는 낙하산과 행글라이더(hang-glider)의 특성이 조합된 우수한 비행체이다. 낙하산의 안정성과 행글라이더의 활공 성능이 결합된 것으로 스카이다이빙처럼 비행기에서 뛰어내리는 것이 아니라 기체를 언덕에 미리 펼쳐 놓고 파일럿이 하네스라고 하는 비행 장구를 착용한 다음 기체와 연결한 후 바람을 맞받으며 내리막길을 약 10미터 정도 달려 양력이 발생되면 이륙하는 원리이다.

각주

올해로 21년째 접어든 대전광역시협회장배@대회는 자연(自然)과 열기구의 조화 그리고 아름다운 가을 하늘의 청명함과 패러글라이더가 어우러지는 멋진 쇼를 직접 즐길 수 있는 기회가 될 것이다. 또한 열기구대회를 통해 보다 역동적이고 활기찬 선진 과학도시로 발돋움하는 계기가 될 것이다.

글꼴 : 궁서, 18pt, 하양
음영색 : 빨강

◆ 동력 패러글라이딩대회

   1. 열기구 대회 주요 경기 방식

      가. 지정된 장소로 날아 들어오는 경기 방식

      나. 두 장소 중의 한 곳을 조종사가 선정하여 날아가는 방식

   2. 동력 패러글라이딩대회 주요 경기 방식

      가. 정해진 곳에 착륙한 후 다시 이륙하는 경기 방식

      나. 정해진 깃발 사이를 2m 고도로 통과하는 경기 방식

문단 번호 기능 사용
1수준 : 20pt, 오른쪽 정렬
2수준 : 30pt, 오른쪽 정렬
줄 간격 : 180%

글꼴 : 궁서 , 18pt,
기울임, 강조점

표 전체 글꼴 : 굴림, 10pt, 가운데 정렬,
셀 배경색(그라데이션) : 유형(세로)【수직】,
시작색(하양), 끝색(노랑)

◆ *대전 패러글라이딩대회 개막식 일정*

구분	항목	시간	내용
식전행사	식전축하공연	18:00 - 18:30	해군의장대의 시범공연
공식행사	개식고지	18:30 - 19:00	사회자 환영 및 축하인사, 행사소개
	개회사	19:00 - 19:30	조직위원장 등단, 개회사
	축사	19:30 - 20:30	대전시장 등단, 환영사
	나이트글로우 쇼	20:30 - 21:00	나이트글로우 쇼 연출 및 불꽃놀이
식후행사	축하공연		직장인밴드 Rock Festival
	기원행사		소원성취 풍등 날리기

대전광역시패러글라이딩협회

글꼴 : 궁서, 20pt, 진하게,
장평 110%, 가운데 정렬

각주 구분선 : 5cm

㉮ 참가대상 : 전국패러글라이딩 동호인 및 자격증 보유자

쪽 번호 매기기
4로 시작 ➤ ④

2. 문서 편집 기능-2

기능	메뉴	리본 메뉴	단축키
특수문자 입력	[입력] 탭-[문자표]	[입력] 탭-[입력도우미]-[문자표🖼]	Ctrl + F10
글자 겹치기	[입력] 탭-[글자 겹치기]	[입력]-[글자 겹치기㉑]	
수식 입력하기	[입력] 탭-[개체]-[수식]	[입력] 탭-[개체]-[수식𝑓∞]	Ctrl + N , M
각주 달기	[입력] 탭-[주석]-[각주]	[입력] 탭-[참조]-[각주🗐]	Ctrl + N , N
차트	[입력] 탭-[개체]-[차트]	[입력] 탭-[표]-[차트📊] 또는 [편집] 탭 -[입력]-[차트📊]	
글상자	[입력] 탭-[개체]-[글상자]	[입력] 탭-[개체]-[글상자🗒]	Ctrl + N , B
그림 삽입	[입력] 탭-[그림]	[입력] 탭-[개체]-[그림🖼]	Ctrl + N , I
그리기마당	[입력] 탭-[그림]- [그리기마당]	[입력] 탭-[개체]-[그리기마당📁]	
글맵시	[입력] 탭-[개체]-[글맵시]	[입력] 탭-[개체]-[글맵시🔠]	
글자 모양	[서식] 탭-[글자 모양]	[편집] 탭-[서식]-[글자 모양🐀]	Alt + L
문단 모양	[서식] 탭-[문단 모양]	[편집] 탭-[서식]-[문단 모양🗐]	Alt + T
스타일	[서식] 탭-[스타일]		F6
문단 번호	[서식] 탭-[개요 번호 모양]	[서식] 탭-[개요]-[개요🗐]	Ctrl + K , N
머리말/꼬리말	[쪽] 탭-[머리말/꼬리말]	[쪽] 탭-[쪽 모양]-[머리말🗐]	Ctrl + N , H
쪽 번호	[쪽] 탭-[쪽 번호 매기기]	[쪽] 탭-[쪽 모양]-[쪽 번호 매기기🗐]	Ctrl + N , P
맞춤법 검사	[도구] 탭-[맞춤법]	[도구] 탭-[언어 도구]-[맞춤법 검사✅]	F8
정렬하기	[도구] 탭-[정렬]	[도구] 탭-[블록]-[정렬📊]	
그림 자르기	[그림] 탭-[크기]-[자르기]	[그림] 탭-[크기]-[자르기🗐]	
개체 묶기		[그림] 탭-[정렬]-[개체 묶기🗗]	
되돌리기		[되돌리기↩]	Ctrl + Z
다시 실행하기		[다시 실행↪]	Ctrl + Shift + Z
한자 변환			한자 키 또는 F9 키

PART
3

기출문제

기출문제를 풀어봄으로써 최근 출제경향을 파악하고
수검자의 실력을 확인하도록 합니다.

※정답 파일과 동영상 강의는 [자료실]에서 다운로드하세요.

기출문제

과목	코드	문제유형	시험시간	수험번호	성 명
아래 한글	1111	A	60분	40015011	

수 험 자 유 의 사 항

◎ 수험자는 문제지를 받는 즉시 문제지와 **수험표상의 시험과목(프로그램)이 동일한지 반드시 확인**하여야 합니다.

◎ 파일명은 본인의 "수험번호-성명"으로 입력하여 답안폴더(내 PC\문서\ITQ)에 하나의 파일로 저장해야 하며, 답안문서 파일명이 "수험번호-성명"과 일치하지 않거나, 답안파일을 전송하지 않아 미제출로 처리될 경우 실격 처리합니다 (예 : 12345678-홍길동.hwp).

◎ 답안 작성을 마치면 파일을 저장하고, '답안 전송' 버튼을 선택하여 감독위원 PC로 답안을 전송하십시오. 수험생 정보와 저장한 파일명이 다를 경우 전송되지 않으므로 주의하시기 바랍니다.

◎ 답안 작성 중에도 **주기적으로 저장하고 '답안 전송'** 하여야 문제 발생을 줄일 수 있습니다. 작업한 내용을 저장하지 않고 전송할 경우 이전에 저장된 내용이 전송되오니 이점 유의하시기 바랍니다.

◎ 답안문서는 지정된 경로 외의 다른 보조기억장치에 저장하는 경우, 지정된 시험 시간 외에 작성된 파일을 활용할 경우, 기타 통신 수단(이메일, 메신저, 네트워크 등)을 이용하여 타인에게 전달 또는 외부 반출하는 경우는 부정 처리합니다.

◎ 시험 중 부주의 또는 고의로 시스템을 파손한 경우는 수험자가 변상해야 하며, 〈수험자 유의사항〉에 기재된 방법대로 이행하지 않아 생기는 불이익은 수험생 당사자의 책임임을 알려 드립니다.

◎ 문제의 조건은 한컴오피스 2020 버전으로 설정되어 있으며 한컴오피스 NEO는 【 】에 표기되어 있습니다. 이와 관련하여 작성한 답안의 출력형태가 문제지와 다를 수 있습니다.

◎ 시험을 완료한 수험자는 답안파일이 전송되었는지 확인한 후 감독위원의 지시에 따라 문제지를 제출하고 퇴실합니다.

답 안 작 성 요 령

◎ 온라인 답안 작성 절차

　　수험자 등록 ⇒ 시험 시작 ⇒ 답안파일 저장 ⇒ 답안 전송 ⇒ 시험 종료

◎ 공통 부문

· 글꼴에 대한 기본설정은 함초롬바탕, 10포인트, 검정, 줄간격 160%, 양쪽정렬로 합니다.

· 색상은 조건의 색을 적용하고 색의 구분이 안될 경우에는 RGB 값을 적용합니다(빨강 255,0,0 / 파랑 0,0,255 / 노랑 255,255,0).

· 각 문항에 주어진 ≪조건≫에 따라 작성하고 언급하지 않은 조건은 ≪출력형태≫와 같이 작성합니다.

· 용지여백은 왼쪽 · 오른쪽 11㎜, 위쪽 · 아래쪽 · 머리말 · 꼬리말 10㎜, 제본 0㎜로 합니다.

· 그림 삽입 문제의 경우「내 PC\문서\ITQ\Picture」폴더에서 지정된 파일을 선택하여 삽입하십시오.

· 삽입한 그림은 반드시 문서에 포함하여 저장해야 합니다(미포함 시 감점 처리).

· 각 항목은 지정된 페이지에 출력형태와 같이 정확히 작성하시기 바라며, 그렇지 않을 경우에 해당 항목은 0점 처리됩니다.

※ 페이지구분 : 1페이지 - 기능평가 I (문제번호 표시 : 1. 2.),
　　　　　　　 2페이지 - 기능평가 II (문제번호 표시 : 3. 4.),
　　　　　　　 3페이지 - 문서작성 능력평가

기능평가

· 문제와 ≪조건≫은 입력하지 않으며 문제번호와 답(≪출력형태≫)만 작성합니다.

· 4번 문제는 묶기를 했을 경우 0점 처리됩니다.

문서작성 능력평가

· A4 용지(210㎜×297㎜) 1매 크기, 세로 서식 문서로 작성합니다.

· ⌐‾‾‾¬ 표시는 문서작성에 대한 지시사항이므로 작성하지 않습니다.

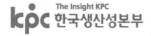

1. 다음의 ≪조건≫에 따라 스타일 기능을 적용하여 ≪출력형태≫와 같이 작성하시오. (50점)

조건 (1) 스타일 이름 – education
(2) 문단 모양 – 왼쪽 여백 : 15pt, 문단 아래 간격 : 10pt
(3) 글자 모양 – 글꼴 : 한글(궁서)/영문(굴림), 크기 : 10pt, 장평 : 95%, 자간 : 5%

출력형태

Edutech Korea awaits with all the latest developments and trends in the education and vocation sectors. Discover what's new of East Asian Education at Seoul, Korea.

에듀테크 코리아에서는 교육 및 직업 분야의 최신 발전상과 동향을 한자리에서 볼 수 있다. 동아시아 교육의 새로운 장을 대한민국 서울에서 만날 수 있다.

2. 다음의 ≪조건≫에 따라 ≪출력형태≫와 같이 표와 차트를 작성하시오. (100점)

표조건 (1) 표 전체(표, 캡션) – 돋움, 10pt
(2) 정렬 – 문자 : 가운데 정렬, 숫자 : 오른쪽 정렬
(3) 셀 배경(면색) : 노랑
(4) 한글의 계산 기능을 이용하여 빈칸에 평균(소수점 두 자리)을 구하고, 캡션 기능 사용할 것
(5) 선 모양은 ≪출력형태≫와 동일하게 처리할 것

출력형태

연도별 대한민국 교육박람회 참관객(단위 : 명)

구분	2016년	2017년	2018년	2019년	평균
10대	5,728	6,394	8,469	9,807	
20대	7,396	8,043	11,478	12,264	
30대	9,854	10,675	12,265	13,498	
40대 이상	5,293	7,942	8,274	9,684	✕

차트조건 (1) 차트 데이터는 표 내용에서 연도별 10대, 20대, 30대의 값만 이용할 것
(2) 종류 – <묶은 세로 막대형>으로 작업할 것
(3) 제목 – 굴림, 진하게, 12pt, 속성 – 채우기(하양), 테두리, 그림자(대각선 오른쪽 아래)
   【굴림, 진하게, 12pt, 배경 – 선 모양(한 줄로), 그림자(2pt)】
(4) 제목 이외의 전체 글꼴 – 굴림, 보통, 10pt
(5) 축제목과 범례는 ≪출력형태≫와 동일하게 처리할 것

출력형태

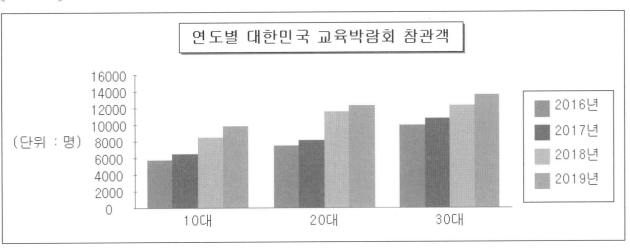

3. 다음 (1), (2)의 수식을 수식 편집기로 각각 입력하시오. (40점)

《출력형태》

(1) $\int_0^1 (\sin x + \frac{x}{2})dx = \int_0^1 \frac{1+\sin x}{2}dx$

(2) $\lambda = \frac{h}{mh} = \frac{h}{\sqrt{2meV}}$

4. 다음의 《조건》에 따라 《출력형태》와 같이 문서를 작성하시오. (110점)

《조건》   (1) 그리기 도구를 이용하여 작성하고, 모든 도형(글맵시, 지정된 그림 포함)을 《출력형태》와 같이
작성하시오.
      (2) 도형의 면색은 지시사항이 없으면 색 없음을 제외하고 서로 다르게 임의로 지정하시오.

《출력형태》

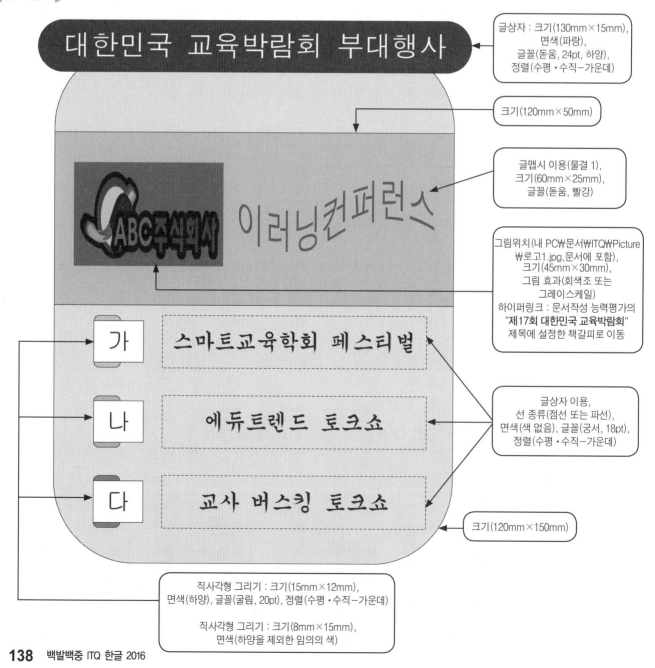

글꼴 : 돋움, 18pt, 진하게, 가운데 정렬
책갈피 이름 : 박람회, 덧말 넣기

머리말 기능
굴림, 10pt, 오른쪽 정렬 → 에듀테크

에듀테크 코리아 2020
제17회 대한민국 교육박람회

문단 첫 글자 장식 기능
글꼴 : 궁서, 면색 : 노랑

그림위치(내 PC₩문서₩ITQ₩Picture₩
그림4.jpg, 문서에 포함)
자르기 기능 이용, 크기(40mm×35mm),
바깥 여백 왼쪽 : 2mm

에 듀테크로 급변하는 미래교육의 패러다임을 제시하고 전 세계 교육리더들이 한자리에 모이는 '제17회 대한민국 교육박람회'가 2020년 1월 16일부터 3일간 서울 코엑스 1층 전시관에서 개최된다. 에듀테크란 교육과 기술이란 단어를 결합한 단어로 교육 분야에 정보통신기술을 융합(融合)한 새로운 교육 흐름을 뜻한다. 인공지능, 빅데이터, 가상현실 등과 결합한 에듀테크는 가상현실을 통한 체험학습, 온라인 공개수업, 로봇 및 소프트웨어 코딩체험, 전자칠판 및 전자교과서를 통한 멀티미디어 활용 학습 등 우리의 교육환경의 새로운 변화를 이끌고 있다.

대한민국 교육박람회에서는 '교육이 미래다(The Future is Education)'라는 주제로 교육과 기술의 융합을 통한 에듀테크 및 교육콘텐츠, 최신 교육환경 및 시설과 어학, 조기교육 등 교육 전반에 대한 분야별 우수 기업과 제품들을 한자리에서 만나볼 수 있다. 캐나다, 미국, 일본 등 글로벌 연사(演士)들이 미래교육에 대한 준비와 방향에 대해 논의하는 국제 컨퍼런스 EDUCON 2020, 인공지능ⓐ을 활용한 영어교사 연수회, 로봇교육 및 가상현실 교육 체험관 등 미래교육을 체험할 수 있는 다채로운 프로그램이 마련되어 있다.

각주

♠ 대한민국 교육박람회 행사 개요

글꼴 : 굴림, 18pt, 하양
음영색 : 빨강

Ⓐ 기간 및 장소
    ① 기간 : 2020. 1. 16(목) - 18(토)
    ② 장소 : 코엑스 A, B, C홀
Ⓑ 주최 및 후원
    ① 주최 : (사)한국교육, 녹색환경연구원, 엑스포럼
    ② 후원 : 교육부, 서울특별시교육청 외 16개 시도교육청 외 다수

문단 번호 기능 사용
1수준 : 20pt, 오른쪽 정렬
2수준 : 30pt, 오른쪽 정렬
줄 간격 : 180%

♠ 일자별 주요 운영 프로그램

글꼴 : 굴림, 18pt, 밑줄, 강조점

표 전체 글꼴 : 돋움, 10pt, 가운데 정렬
셀 배경(그러데이션) : 유형(왼쪽 대각선),
시작색(하양), 끝색(노랑)

구분	프로그램	시간	장소	운영기관
1일차	2020 국제교육 컨퍼런스	10:00 - 18:00	A홀	사무국
	SW교육토크 콘서트	14:00 - 17:00	B홀	이티에듀
2일차	2020 학술심포지움	10:00 - 17:00	C홀	교육부
	서울 미래교육포럼	13:00 - 17:00	A홀 세미나홀	서울특별시교육청
3일차	안전급식 세미나	10:30 - 17:30		한국농수산식품유통공사
	베스트셀러 저자의 교육특강	10:00 - 16:10	B홀 세미나홀	한국교육리더십센터

글꼴 : 궁서, 24pt, 진하게
장평 95%, 오른쪽 정렬 → **대한민국교육박람회사무국**

각주 구분선 : 5cm

ⓐ 인간의 지능이 가지는 학습, 추리, 적응, 논증 따위의 기능을 갖춘 컴퓨터 시스템

쪽 번호 매기기
5로 시작 → E

과목	코드	문제유형	시험시간	수험번호	성 명
아래 한글	1111	A	60분	36405012	

수 험 자 유 의 사 항

- 수험자는 문제지를 받는 즉시 문제지와 **수험표상의 시험과목(프로그램)이 동일한지 반드시 확인**하여야 합니다.

- 파일명은 본인의 "수험번호-성명"으로 입력하여 답안폴더(내 PC₩문서₩ITQ)에 하나의 파일로 저장해야 하며, 답안문서 파일명이 "수험번호-성명"과 일치하지 않거나, 답안파일을 전송하지 않아 미제출로 처리될 경우 실격 처리합니다 (예 : 12345678-홍길동.hwp).

- 답안 작성을 마치면 파일을 저장하고, '답안 전송' 버튼을 선택하여 감독위원 PC로 답안을 전송하십시오. 수험생 정보와 저장한 파일명이 다를 경우 전송되지 않으므로 주의하시기 바랍니다.

- 답안 작성 중에도 **주기적으로 저장하고 '답안 전송'** 하여야 문제 발생을 줄일 수 있습니다. 작업한 내용을 저장하지 않고 전송할 경우 이전에 저장된 내용이 전송되오니 이점 유의하시기 바랍니다.

- 답안문서는 지정된 경로 외의 다른 보조기억장치에 저장하는 경우, 지정된 시험 시간 외에 작성된 파일을 활용할 경우, 기타 통신 수단(이메일, 메신저, 네트워크 등)을 이용하여 타인에게 전달 또는 외부 반출하는 경우는 부정 처리합니다.

- 시험 중 부주의 또는 고의로 시스템을 파손한 경우는 수험자가 변상해야 하며, <수험자 유의사항>에 기재된 방법대로 이행하지 않아 생기는 불이익은 수험생 당사자의 책임임을 알려 드립니다.

- 문제의 조건은 한컴오피스 2020 버전으로 설정되어 있으며 한컴오피스 NEO는【 】에 표기되어 있습니다. 이와 관련하여 작성한 답안의 출력형태가 문제지와 다를 수 있습니다.

- 시험을 완료한 수험자는 답안파일이 전송되었는지 확인한 후 감독위원의 지시에 따라 문제지를 제출하고 퇴실합니다.

답 안 작 성 요 령

- **온라인 답안 작성 절차**
  수험자 등록 ⇒ 시험 시작 ⇒ 답안파일 저장 ⇒ 답안 전송 ⇒ 시험 종료

- **공통 부문**
- 글꼴에 대한 기본설정은 함초롬바탕, 10포인트, 검정, 줄간격 160%, 양쪽정렬로 합니다.
- 색상은 조건의 색을 적용하고 색의 구분이 안될 경우에는 RGB 값을 적용합니다(빨강 255,0,0 / 파랑 0,0,255 / 노랑 255,255,0).
- 각 문항에 주어진 ≪조건≫에 따라 작성하고 언급하지 않은 조건은 ≪출력형태≫와 같이 작성합니다.
- 용지여백은 왼쪽 · 오른쪽 11㎜, 위쪽 · 아래쪽 · 머리말 · 꼬리말 10㎜, 제본 0㎜로 합니다.
- 그림 삽입 문제의 경우「내 PC₩문서₩ITQ₩Picture」폴더에서 지정된 파일을 선택하여 삽입하십시오.
- 삽입한 그림은 반드시 문서에 포함하여 저장해야 합니다(미포함 시 감점 처리).
- 각 항목은 지정된 페이지에 출력형태와 같이 정확히 작성하시기 바라며, 그렇지 않을 경우에 해당 항목은 0점 처리됩니다.
- ※ 페이지구분 : 1페이지 – 기능평가 Ⅰ (문제번호 표시 : 1. 2.),
                  2페이지 – 기능평가 Ⅱ (문제번호 표시 : 3. 4.),
                  3페이지 – 문서작성 능력평가

- **기능평가**
- 문제와 ≪조건≫은 입력하지 않으며 문제번호와 답(≪출력형태≫)만 작성합니다.
- 4번 문제는 묶기를 했을 경우 0점 처리됩니다.

- **문서작성 능력평가**
- A4 용지(210㎜×297㎜) 1매 크기, 세로 서식 문서로 작성합니다.
- ┌┈┐ 표시는 문서작성에 대한 지시사항이므로 작성하지 않습니다.

The Insight KPC
kpc 한국생산성본부

1. 다음의 ≪조건≫에 따라 스타일 기능을 적용하여 ≪출력형태≫와 같이 작성하시오. (50점)

조건   (1) 스타일 이름 – evacuation
         (2) 문단 모양 – 왼쪽 여백 : 15pt, 문단 아래 간격 : 10pt
         (3) 글자 모양 – 글꼴 : 한글(돋움)/영문(궁서), 크기 : 10pt, 장평 : 95%, 자간 : 5%

출력형태

In the event of a fire, anyone becomes embarrassed and sometimes their judgment is less than usual, so they become choked by smoke, causing damage to their precious lives.

불특정 다수를 수용하거나 출입하는 사업장에서 가장 중요한 것은 화재 시 대피 유도인데 큰 소리로 외치는 대신 침착한 행동으로 대피를 유도해야 한다.

2. 다음의 ≪조건≫에 따라 ≪출력형태≫와 같이 표와 차트를 작성하시오. (100점)

표조건   (1) 표 전체(표, 캡션) – 돋움, 10pt
         (2) 정렬 – 문자 : 가운데 정렬, 숫자 : 오른쪽 정렬
         (3) 셀 배경(면색) : 노랑
         (4) 한글의 계산 기능을 이용하여 빈칸에 합계를 구하고, 캡션 기능 사용할 것
         (5) 선 모양은 ≪출력형태≫와 동일하게 처리할 것

출력형태

주요시설 화재발생 현황(단위 : 건)

구분	2017년	2018년	2019년	2020년	합계
교육시설	312	328	355	340	
운송시설	117	116	80	116	
의료/복지시설	329	375	386	416	
주거시설	11,584	11,541	11,765	12,001	✕

차트조건   (1) 차트 데이터는 표 내용에서 연도별 교육시설, 운송시설, 의료/복지시설의 값만 이용할 것
         (2) 종류 – <묶은 가로 막대형>으로 작업할 것
         (3) 제목 – 굴림, 진하게, 12pt, 속성 – 채우기(하양), 테두리, 그림자(대각선 오른쪽 아래)
         【굴림, 진하게, 12pt, 배경 – 선 모양(한 줄로), 그림자(2pt)】
         (4) 제목 이외의 전체 글꼴 – 굴림, 보통, 10pt
         (5) 축제목과 범례는 ≪출력형태≫와 동일하게 처리할 것

출력형태

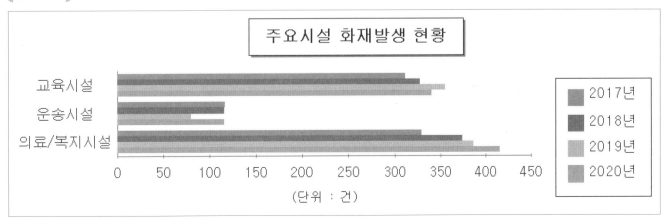

주요시설 화재발생 현황

3. 다음 (1), (2)의 수식을 수식 편집기로 각각 입력하시오. (40점)

출력형태

(1) $\dfrac{PV}{T} = \dfrac{1 \times 22.4}{273} \fallingdotseq 0.082$

(2) $\displaystyle\int_0^3 \dfrac{\sqrt{6t^2 - 18t + 12}}{5} dt = 11$

4. 다음의 《조건》에 따라 《출력형태》와 같이 문서를 작성하시오. (110점)

조건 (1) 그리기 도구를 이용하여 작성하고, 모든 도형(글맵시, 지정된 그림 포함)을 《출력형태》와 같이 작성하시오.
(2) 도형의 면색은 지시사항이 없으면 색 없음을 제외하고 서로 다르게 임의로 지정하시오.

출력형태

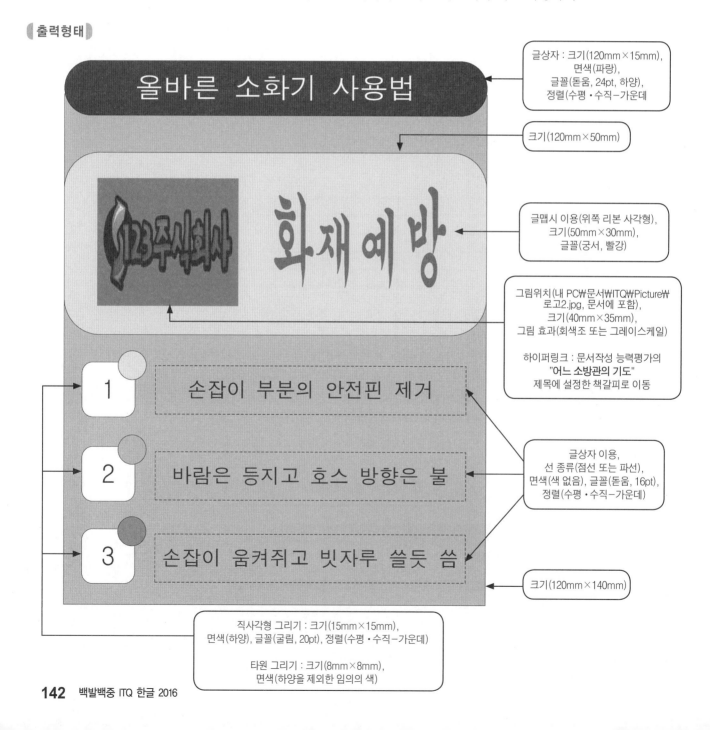

글꼴 : 궁서, 18pt, 진하게, 가운데 정렬
책갈피 이름 : 화재, 덧말 넣기

머리말 기능
굴림, 10pt, 오른쪽 정렬 → 소방안전 지킴이

문단 첫 글자 장식 기능
글꼴 : 돋움, 면색 : 노랑

뜨거운 사명
어느 소방관의 기도

각주

그림위치(내 PC\문서ITQ\Picture\
그림4.jpg, 문서에 포함)
자르기 기능 이용, 크기(40mm×35mm),
바깥 여백 왼쪽 : 2mm

소 방관이 지은 기도문이 있다. 이 시㉠는 화재 진압 도중 어린아이를 구하지 못한 죄책감과 간절함으로 작성된 거라 한다. '제가 부름을 받을 때는 신이시여 아무리 강력한 화염 속에서도 한 생명을 구할 수 있는 힘을 저에게 주소서 너무 늦기 전에 어린아이를 감싸 안을 수 있게 하시고 공포에 떠는 노인을 구하게 하소서 저에게는 언제나 안전을 기할 수 있게 하시어 가냘픈 외침까지도 들을 수 있게 하시고 신속하고 효율적으로 화재를 진압하게 하소서 그리고 신의 뜻에 따라 저의 목숨을 잃게 되면 신의 은총으로 저와 아내와 가족을 돌보아 주소서 (후략)' 이 시는 전 세계 소방관들의 신조처럼 알려져 있다.

대한민국 소방관, 국민 대부분이 가장 신뢰(信賴)하지만 처우는 최하위 약자인 직업, 모두가 도망쳐 나올 때 위험으로 뛰어드는 사람들이다. 소방관이 다치거나 순직할 때 국가의 작은 영웅(英雄)이라고 조명하는 것은 잠시뿐, 사람들도 세상도 그들을 너무 빨리 잊는다. 하지만 소방관들은 숨도 제대로 못 쉬는 화염 속으로 언제 무너질지 모르는 건물 속으로 오늘도 생명을 구하러 뛰어 들어간다. 이처럼 우리 주변에서 공공을 위해 묵묵히 자신의 일에 종사하는 분들이 존중받고 대접받는 사회가 빨리 되길 간절히 바란다.

글꼴 : 굴림, 18pt, 하양
음영색 : 파랑

★ 전기, 가스 화재 예방요령

1) 전기 화재 예방요령

　① 한 콘센트에 여러 개 플러그를 꽂는 문어발식 사용금지

　② 사용한 전기 기구는 반드시 플러그를 뽑고 외출

2) 가스 화재 예방요령

　① 사용 전 가스가 누출되지는 않았는지 냄새로 확인

　② 사용 후 연소기 코크와 중간 밸브 잠금 확인

문단 번호 기능 사용
1수준 : 20pt, 오른쪽정렬,
2수준 : 30pt, 오른쪽정렬
줄 간격 : 180%

표 전체 글꼴 : 돋움, 10pt, 가운데 정렬
셀 배경(그러데이션) : 유형(가로)【수평】,
시작색(하양), 끝색(노랑)

글꼴 : 굴림, 18pt, 밑줄, 강조점

★ 긴급신고 관련기관 연락처

접수내용	관련기관	전화번호	접수내용	관련기관	전화번호
화재, 구조, 구급신고	119안전신고센터	119	사이버 테러	한국인터넷진흥원	118
범죄신고	경찰청	112	해양 긴급 신고	행정안전부	122
간첩신고	국가정보원	111	마약, 범죄종합신고	검찰청	1301
	경찰청	113	병영생활 고충상담	국방헬프콜	1303

글꼴 : 돋움, 24pt, 진하게
장평 110%, 오른쪽 정렬 → # 국가화재정보센터

각주 구분선 : 5cm

㉠ 1958년 미국의 '스모키 린'이라는 소방관이 쓴 기도문

쪽 번호 매기기
4로 시작 → ④

3회 기출문제

과목	코드	문제유형	시험시간	수험번호	성 명
아래 한글	1111	A	60분	24685013	

수 험 자 유 의 사 항

◎ 수험자는 문제지를 받는 즉시 문제지와 **수험표상의 시험과목(프로그램)이 동일한지 반드시 확인**하여야 합니다.

◎ 파일명은 본인의 "수험번호-성명"으로 입력하여 답안폴더(내 PC\문서\ITQ)에 하나의 파일로 저장해야 하며, 답안문서 파일명이 "수험번호-성명"과 일치하지 않거나, 답안파일을 전송하지 않아 미제출로 처리될 경우 실격 처리합니다 (예 : 12345678-홍길동.hwp).

◎ 답안 작성을 마치면 파일을 저장하고, '답안 전송' 버튼을 선택하여 감독위원 PC로 답안을 전송하십시오. 수험생 정보와 저장한 파일명이 다를 경우 전송되지 않으므로 주의하시기 바랍니다.

◎ 답안 작성 중에도 **주기적으로 저장하고 '답안 전송'** 하여야 문제 발생을 줄일 수 있습니다. 작업한 내용을 저장하지 않고 전송할 경우 이전에 저장된 내용이 전송되오니 이점 유의하시기 바랍니다.

◎ 답안문서는 지정된 경로 외의 다른 보조기억장치에 저장하는 경우, 지정된 시험 시간 외에 작성된 파일을 활용할 경우, 기타 통신 수단(이메일, 메신저, 네트워크 등)을 이용하여 타인에게 전달 또는 외부 반출하는 경우는 부정 처리합니다.

◎ 시험 중 부주의 또는 고의로 시스템을 파손한 경우는 수험자가 변상해야 하며, <수험자 유의사항>에 기재된 방법대로 이행하지 않아 생기는 불이익은 수험생 당사자의 책임임을 알려 드립니다.

◎ 문제의 조건은 한컴오피스 2020 버전으로 설정되어 있으며 한컴오피스 NEO는 【 】에 표기되어 있습니다. 이와 관련하여 작성한 답안의 출력형태가 문제지와 다를 수 있습니다.

◎ 시험을 완료한 수험자는 답안파일이 전송되었는지 확인한 후 감독위원의 지시에 따라 문제지를 제출하고 퇴실합니다.

답 안 작 성 요 령

◎ 온라인 답안 작성 절차
수험자 등록 ⇒ 시험 시작 ⇒ 답안파일 저장 ⇒ 답안 전송 ⇒ 시험 종료

◎ 공통 부문
· 글꼴에 대한 기본설정은 함초롬바탕, 10포인트, 검정, 줄간격 160%, 양쪽정렬로 합니다.
· 색상은 조건의 색을 적용하고 색의 구분이 안될 경우에는 RGB 값을 적용합니다(빨강 255,0,0 / 파랑 0,0,255 / 노랑 255,255,0).
· 각 문항에 주어진 ≪조건≫에 따라 작성하고 언급하지 않은 조건은 ≪출력형태≫와 같이 작성합니다.
· 용지여백은 왼쪽 · 오른쪽 11㎜, 위쪽 · 아래쪽 · 머리말 · 꼬리말 10㎜, 제본 0㎜로 합니다.
· 그림 삽입 문제의 경우「내 PC\문서\ITQ\Picture」폴더에서 지정된 파일을 선택하여 삽입하십시오.
· 삽입한 그림은 반드시 문서에 포함하여 저장해야 합니다(미포함 시 감점 처리).
· 각 항목은 지정된 페이지에 출력형태와 같이 정확히 작성하시기 바라며, 그렇지 않을 경우에 해당 항목은 0점 처리됩니다.
※ 페이지구분 : 1페이지 – 기능평가 I (문제번호 표시 : 1. 2.),
　　　　　　　 2페이지 – 기능평가 II (문제번호 표시 : 3. 4.),
　　　　　　　 3페이지 – 문서작성 능력평가

기능평가
· 문제와 ≪조건≫은 입력하지 않으며 문제번호와 답(≪출력형태≫)만 작성합니다.
· 4번 문제는 묶기를 했을 경우 0점 처리됩니다.

문서작성 능력평가
· A4 용지(210㎜×297㎜) 1매 크기, 세로 서식 문서로 작성합니다.
· ⌐ ⌐ 표시는 문서작성에 대한 지시사항이므로 작성하지 않습니다.

The Insight KPC
kpc 한국생산성본부

1. 다음의 ≪조건≫에 따라 스타일 기능을 적용하여 ≪출력형태≫와 같이 작성하시오. (50점)

조건 (1) 스타일 이름 – library
       (2) 문단 모양 – 왼쪽 여백 : 10pt, 문단 아래 간격 : 10pt
       (3) 글자 모양 – 글꼴 : 한글(돋움)/영문(궁서), 크기 : 10pt, 장평 : 105%, 자간 : −5%

출력형태

The collection of resources is done through submission of documents, and through the purchase, donation, and international exchanges of publications.

독서는 문학 작품이나 교양 도서를 통한 자기 수양은 물론 삶을 살아가는 데 필요한 지식과 정보를 얻기 위한 기본 수단으로 매우 중요하다.

2. 다음의 ≪조건≫에 따라 ≪출력형태≫와 같이 표와 차트를 작성하시오. (100점)

표조건 (1) 표 전체(표, 캡션) – 돋움, 10pt
       (2) 정렬 – 문자 : 가운데 정렬, 숫자 : 오른쪽 정렬
       (3) 셀 배경(면색) : 노랑
       (4) 한글의 계산 기능을 이용하여 빈칸에 합계를 구하고, 캡션 기능 사용할 것
       (5) 선 모양은 ≪출력형태≫와 동일하게 처리할 것

출력형태

공공 도서관 이용률 현황(단위 : %)

구분	2015년	2016년	2017년	2018년	합계
20대 이하	48.2	51.8	45.5	40.2	
30대	37.6	34.0	37.7	32.2	
40대	25.7	30.7	31.3	23.7	✕
50대 이상	13.1	16.5	22.7	14.5	✕

차트조건 (1) 차트 데이터는 표 내용에서 연도별 20대 이하, 30대, 40대의 값만 이용할 것
       (2) 종류 – <묶은 세로 막대형>으로 작업할 것
       (3) 제목 – 궁서, 진하게, 12pt, 속성 – 채우기(하양), 테두리, 그림자(대각선 오른쪽 아래)
           【궁서, 진하게, 12pt, 배경 – 선 모양(한 줄로), 그림자(2pt)】
       (4) 제목 이외의 전체 글꼴 – 궁서, 보통, 10pt
       (5) 축제목과 범례는 ≪출력형태≫와 동일하게 처리할 것

출력형태

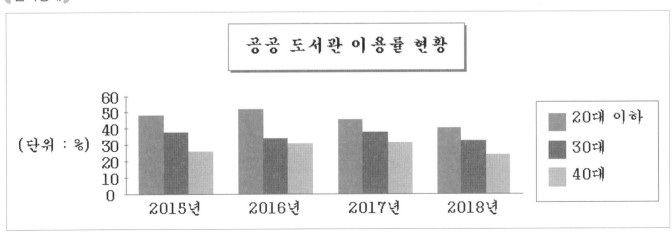

3. 다음 (1), (2)의 수식을 수식 편집기로 각각 입력하시오. (40점)

【출력형태】

(1) $\dfrac{F}{h_2} = I_2 k_1 \dfrac{I_1}{d} = 2 \times 10^{-7} \dfrac{I_1 I_2}{d}$

(2) $\lambda = \dfrac{h}{mh} = \dfrac{h}{\sqrt{2meV}}$

4. 다음의 ≪조건≫에 따라 ≪출력형태≫와 같이 문서를 작성하시오. (110점)

【조건】   (1) 그리기 도구를 이용하여 작성하고, 모든 도형(글맵시, 지정된 그림 포함)을 ≪출력형태≫와 같이
　　　　작성하시오.
　　　　(2) 도형의 면색은 지시사항이 없으면 색 없음을 제외하고 서로 다르게 임의로 지정하시오.

【출력형태】

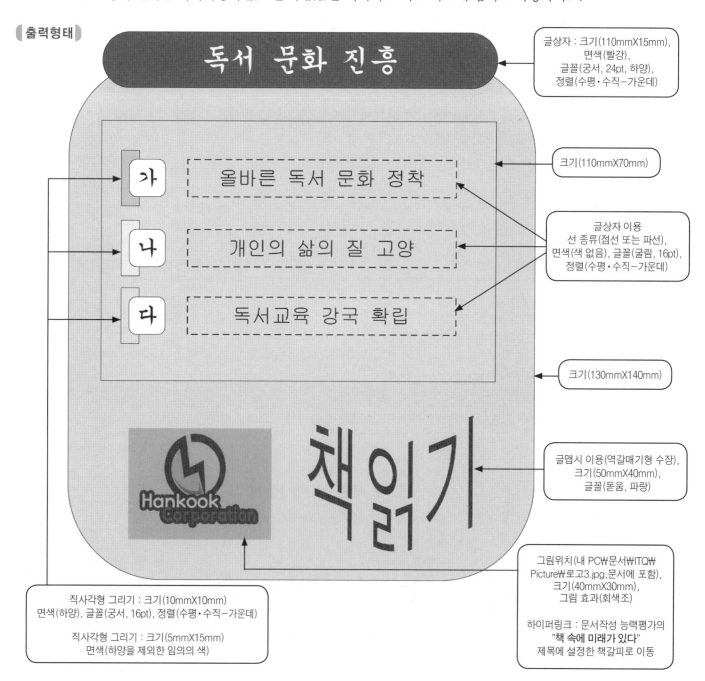

글꼴 : 돋움, 18pt, 진하게, 가운데 정렬,
책갈피 이름 : 독서, 덧말 넣기

머리말 기능
돋움, 10pt, 오른쪽 정렬 → 책 속의 미래

책 사랑 운동
책 속에 미래가 있다

문단 첫 글자 장식 기능
글꼴 : 돋움, 면색 : 노랑

그림위치(내 PC\문서\ITQ\Picture\
그림5.jpg, 문서에 포함),
자르기 기능 이용, 크기(40mmX30mm),
바깥 여백 왼쪽 : 2mm

인류 문화의 소중한 보고(寶庫)이자 문화 창조의 근간인 책의 중요성은 새삼 거론할 필요가 없을 것이다. 아울러 모두 함께 나누어야 할 양식이라는 믿음을 새롭게 인식해야 할 때이다. 특히 현대 사회처럼 급변하는 변화의 물결 속에서 숨 가쁘게 돌아가는 시대에는 더욱 그렇다. 이러한 변화는 발전과 성장이라는 긍정적 성과의 원동력이기는 하나 그 이면에는 무한 경쟁과 물질 만능주의로 인한 인간성 상실의 위기 속에서 희망을 잃어버린 사람들이 늘어나고 있다는 부정적 측면 또한 외면할 수 없는 현실이다.

잃어버린 희망을 되찾고 올바른 가치관을 재정립(再正立)하여 건전한 상식이 통용되는 사회를 이루기 위해서는 각 개인이 주체적 존재로서 삶의 주인이 되어야 한다. 책은 마음의 양식일 뿐만 아니라 사고력 및 창조성 등 개인의 능력 계발과 적극성 및 추진력 등 바람직한 성격 형성에도 지대한 영향을 미쳐 전인교육의 바탕을 이루는 필수 요소라 할 수 있다. 풍요 속 빈곤의 시대를 살아가는 고독한 현대인들의 생활에 촉촉한 단비가 되어 줄 양서@를 널리 보급하고 책 읽기 운동을 적극 전개하여 풍요로운 삶을 실현하고 문화 변혁을 이루어 인간 중심의 따뜻한 미래를 앞당겨야 할 것이다.

각주

■ **책 읽는 학교 사업 개요**

글꼴 : 굴림, 18pt, 하양
음영색 : 파랑

I. 청소년과 어머니

    A. 청소년을 위한 방문 독서 지도

    B. 어머니 독서봉사대 게시판 운영

II. 기관 행사

    A. 주말 독서학교 운영

    B. 고전 읽기 백일장 대회 개최

문단 번호 기능 사용
1수준 : 20pt, 오른쪽 정렬
2수준 : 30pt, 오른쪽 정렬
줄 간격 : 180%

표 전체 글꼴 : 돋움, 10pt, 가운데 정렬,
셀 배경(그러데이션) : 유형(왼쪽 대각선),
시작색(하양), 끝색(노랑)

■ *전국 고전 읽기 백일장 시상*

글꼴 : 굴림, 18pt,
기울임, 강조점

구분		시상 내용
작품상	대상	대통령상(1명), 국무총리상(1명)
	금상	문화체육관광부장관상(3명)
	은상	한국문화예술위원회장상(9명), 국립중앙도서관장상(9명)
	동상	한국청소년단체협의회장상(15명), 한국아동단체협의회장상(15명)
	장려상	국민독서문화진흥회장상(30명)
지도교사상		우수지도교사상(3명), 우리 고전 우수출판사상(1개사)

글꼴 : 궁서, 25pt, 진하게,
장평 110%, 오른쪽 정렬 → **책사랑운동본부**

각주 구분선 : 5cm

쪽 번호 매기기
1로 시작

@ 내용이 건전하거나 교훈적이어서 생활에 지침이 될 만한 좋은 책

가

과목	코드	문제유형	시험시간	수험번호	성 명
아래 한글	1111	A	60분	60975014	

수 험 자 유 의 사 항

◎ 수험자는 문제지를 받는 즉시 문제지와 **수험표상의 시험과목(프로그램)이 동일한지 반드시 확인**하여야 합니다.

◎ 파일명은 본인의 "수험번호-성명"으로 입력하여 답안폴더(내 PC\문서\ITQ)에 하나의 파일로 저장해야 하며, 답안문서 파일명이 "수험번호-성명"과 일치하지 않거나, 답안파일을 전송하지 않아 미제출로 처리될 경우 실격 처리합니다 (예 : 12345678-홍길동.hwp).

◎ 답안 작성을 마치면 파일을 저장하고, '답안 전송' 버튼을 선택하여 감독위원 PC로 답안을 전송하십시오. 수험생 정보와 저장한 파일명이 다를 경우 전송되지 않으므로 주의하시기 바랍니다.

◎ 답안 작성 중에도 **주기적으로 저장하고 '답안 전송'** 하여야 문제 발생을 줄일 수 있습니다. 작업한 내용을 저장하지 않고 전송할 경우 이전에 저장된 내용이 전송되오니 이점 유의하시기 바랍니다.

◎ 답안문서는 지정된 경로 외의 다른 보조기억장치에 저장하는 경우, 지정된 시험 시간 외에 작성된 파일을 활용할 경우, 기타 통신 수단(이메일, 메신저, 네트워크 등)을 이용하여 타인에게 전달 또는 외부 반출하는 경우는 부정 처리합니다.

◎ 시험 중 부주의 또는 고의로 시스템을 파손한 경우는 수험자가 변상해야 하며, <수험자 유의사항>에 기재된 방법대로 이행하지 않아 생기는 불이익은 수험생 당사자의 책임임을 알려 드립니다.

◎ 문제의 조건은 한컴오피스 2020 버전으로 설정되어 있으며 한컴오피스 NEO는【 】에 표기되어 있습니다. 이와 관련하여 작성한 답안의 출력형태가 문제지와 다를 수 있습니다.

◎ 시험을 완료한 수험자는 답안파일이 전송되었는지 확인한 후 감독위원의 지시에 따라 문제지를 제출하고 퇴실합니다.

답 안 작 성 요 령

◎ 온라인 답안 작성 절차

　　수험자 등록 ⇒ 시험 시작 ⇒ 답안파일 저장 ⇒ 답안 전송 ⇒ 시험 종료

◎ 공통 부문

· 글꼴에 대한 기본설정은 함초롬바탕, 10포인트, 검정, 줄간격 160%, 양쪽정렬로 합니다.

· 색상은 조건의 색을 적용하고 색의 구분이 안될 경우에는 RGB 값을 적용합니다(빨강 255,0,0 / 파랑 0,0,255 / 노랑 255,255,0).

· 각 문항에 주어진 ≪조건≫에 따라 작성하고 언급하지 않은 조건은 ≪출력형태≫와 같이 작성합니다.

· 용지여백은 왼쪽 · 오른쪽 11㎜, 위쪽 · 아래쪽 · 머리말 · 꼬리말 10㎜, 제본 0㎜로 합니다.

· 그림 삽입 문제의 경우「내 PC\문서\ITQ\Picture」폴더에서 지정된 파일을 선택하여 삽입하십시오.

· 삽입한 그림은 반드시 문서에 포함하여 저장해야 합니다(미포함 시 감점 처리).

· 각 항목은 지정된 페이지에 출력형태와 같이 정확히 작성하시기 바라며, 그렇지 않을 경우에 해당 항목은 0점 처리됩니다.

※ 페이지구분 : 1페이지 - 기능평가 I (문제번호 표시 : 1. 2.),
　　　　　　　 2페이지 - 기능평가 II (문제번호 표시 : 3. 4.),
　　　　　　　 3페이지 - 문서작성 능력평가

기능평가

· 문제와 ≪조건≫은 입력하지 않으며 문제번호와 답(≪출력형태≫)만 작성합니다.

· 4번 문제는 묶기를 했을 경우 0점 처리됩니다.

문서작성 능력평가

· A4 용지(210㎜×297㎜) 1매 크기, 세로 서식 문서로 작성합니다.

· ┌┈┈┈┐ 표시는 문서작성에 대한 지시사항이므로 작성하지 않습니다.

1. 다음의 ≪조건≫에 따라 스타일 기능을 적용하여 ≪출력형태≫와 같이 작성하시오. (50점)

조건 (1) 스타일 이름 – electric
(2) 문단 모양 – 왼쪽 여백 : 15pt, 문단 아래 간격 : 10pt
(3) 글자 모양 – 글꼴 : 한글(궁서)/영문(굴림), 크기 : 10pt, 장평 : 95%, 자간 : 5%

출력형태

An electric vehicle uses one or more electric motors or traction motors for propulsion and may be powered through a collector system by electricity from off-vehicle sources.

전지 성능의 향상이 전기 차 주행거리 수직 상승의 견인차 역할을 한다. 자동차 기업은 전기 차 내부 공간이 허용하고 차체 설계 하중이 허락하는 한 최대한 전지를 많이 탑재한다.

2. 다음의 ≪조건≫에 따라 ≪출력형태≫와 같이 표와 차트를 작성하시오. (100점)

표조건 (1) 표 전체(표, 캡션) – 돋움, 10pt
(2) 정렬 – 문자 : 가운데 정렬, 숫자 : 오른쪽 정렬
(3) 셀 배경(면색) : 노랑
(4) 한글의 계산 기능을 이용하여 빈칸에 평균(소수점 두 자리)을 구하고, 캡션 기능 사용할 것
(5) 선 모양은 ≪출력형태≫와 동일하게 처리할 것

출력형태

미래 자동차 선호율(단위 : %)

종류	2016년	2017년	2018년	2019년	평균
수소차	27.5	33.8	38.2	48.7	
전기차	31.2	57.4	49.8	43.5	
하이브리드차	48.2	37.5	35.0	36.2	
가스차	10.1	5.5	12.2	14.5	

차트조건 (1) 차트 데이터는 표 내용에서 연도별 수소차, 전기차, 하이브리드차의 값만 이용할 것
(2) 종류 – <꺾은선형>으로 작업할 것
(3) 제목 – 굴림, 진하게, 12pt, 속성 – 채우기(하양), 테두리, 그림자(대각선 오른쪽 아래)
　　　【굴림, 진하게, 12pt, 배경 – 선 모양(한 줄로), 그림자(2pt)】
(4) 제목 이외의 전체 글꼴 – 굴림, 보통, 10pt
(5) 축제목과 범례는 ≪출력형태≫와 동일하게 처리할 것

출력형태

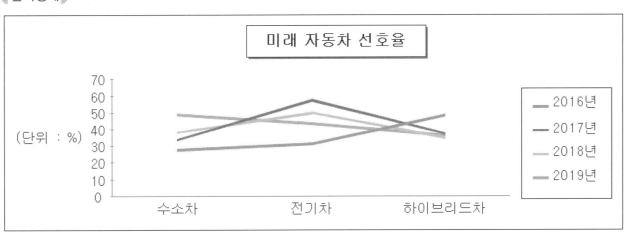

3. 다음 (1), (2)의 수식을 수식 편집기로 각각 입력하시오. (40점)

[출력형태]

$$(1)\ \frac{1}{\lambda}=1.097\times10^5\left(\frac{1}{2^2}-\frac{1}{n^2}\right) \qquad (2)\ \int_a^b A(x-a)(x-b)dx=-\frac{A}{6}(b-a)^3$$

4. 다음의 ≪조건≫에 따라 ≪출력형태≫와 같이 문서를 작성하시오. (110점)

[조건] (1) 그리기 도구를 이용하여 작성하고, 모든 도형(글맵시, 지정된 그림 포함)을 ≪출력형태≫와 같이
　　　　　 작성하시오.
　　　　　 (2) 도형의 면색은 지시사항이 없으면 색 없음을 제외하고 서로 다르게 임의로 지정하시오.

[출력형태]

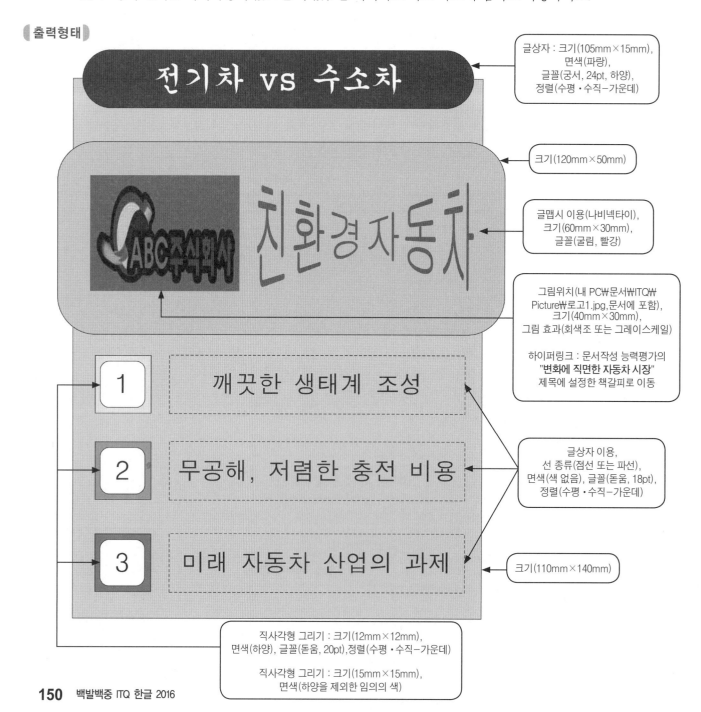

글상자 : 크기(105mm×15mm),
면색(파랑),
글꼴(궁서, 24pt, 하양),
정렬(수평·수직-가운데)

크기(120mm×50mm)

글맵시 이용(나비넥타이),
크기(60mm×30mm),
글꼴(굴림, 빨강)

그림위치(내 PC₩문서₩ITQ₩
Picture₩로고1.jpg,문서에 포함),
크기(40mm×30mm),
그림 효과(회색조 또는 그레이스케일)

하이퍼링크 : 문서작성 능력평가의
"변화에 직면한 자동차 시장"
제목에 설정한 책갈피로 이동

글상자 이용,
선 종류(점선 또는 파선),
면색(색 없음), 글꼴(돋움, 18pt),
정렬(수평·수직-가운데)

크기(110mm×140mm)

직사각형 그리기 : 크기(12mm×12mm),
면색(하양), 글꼴(돋움, 20pt),정렬(수평·수직-가운데)

직사각형 그리기 : 크기(15mm×15mm),
면색(하양을 제외한 임의의 색)

글꼴 : 돋움, 18pt, 진하게, 가운데 정렬
책갈피 이름 : 자동차, 덧말 넣기

머리말 기능
굴림, 10pt, 오른쪽 정렬 → 미래의 자동차

동력원의 변화

변화에 직면한 자동차 시장

문단 첫 글자 장식 기능
글꼴 : 굴림, 면색 : 노랑

그림위치(내 PC₩문서₩ITQ₩Picture₩
그림4.jpg, 문서에 포함)
자르기 기능 이용, 크기(40mm×45mm),
바깥 여백 왼쪽 : 2mm

지금 자동차 산업은 안팎으로 대대적인 변혁의 시기를 맞이하고 있다. 자동차란 제품 자체의 변화와 경쟁 구도의 변화가 함께 진행되고 있는 것이다. 시장 측면에서는 지능화, 전기화 기술을 앞세운 애플, 구글, 테슬라 및 여타 정보통신기술 기업들이 기존 자동차 업체들과 시장 주도권 다툼을 하고 있다. 제품 측면에서는 자율주행, 운전 중 발생할 수 있는 수많은 상황 가운데 일부를 차량 스스로 인지하고 상황을 판단, 기계장치를 제어하는 기술이다. 복잡한 차량 제어 프로세스에서 운전자를 돕고 보완(補完)하며 궁극으로는 자율 주행 기술을 완성하기 위해 개발된 첨단 운전자 지원 시스템, 커넥티드 카, 스마트 카 등으로 구현되는 지능화와 전기차, 수소연료 전지차Ⓐ와 같이 전기를 에너지원으로 하는 동력원의 변화가 동시에 진행되고 있다.

각주

현재 자동차(自動車) 시장이 직면한 변화에는 새로운 면모도 있지만 과거 항공기, 선박 등 다른 운송수단을 제조하는 산업이 겪었던 변화 양상과 비슷한 면도 찾아볼 수 있다. 특히 기술적 영향을 많이 준 항공기 시장의 경험과 선례를 통해 새로운 시각에서 자동차 시장의 미래 이슈를 점검해 볼 수 있다.

■ 항공기에서 도입된 자동차 기술

글꼴 : 궁서, 18pt, 하양
음영색 : 빨강

1. 안전 관련 기술
   가. 안전벨트 : 조종사의 안전을 위해 장착된 벨트
   나. ABS : 비행기의 안전한 착륙을 위한 장치
2. 주행 성능 관련
   가. 터보차저 : 엔진의 출력강화를 위한 과급기 구조
   나. 리어 윙 : 공기의 흐름을 제어하는 안정 시스템

문단 번호 기능 사용
1수준 : 20pt, 오른쪽정렬,
2수준 : 30pt, 오른쪽정렬
줄 간격 : 180%

■ *수소차 보급 및 활성화 계획*

글꼴 : 궁서, 18pt,
기울임, 강조점

표 전체 글꼴 : 굴림, 10pt, 가운데 정렬
셀 배경(그러데이션) : 유형(가운데에서),
시작색(하양), 끝색(노랑)

과제	추진내용	세부내용	추진일정	소관부처
핵심 기술개발	성능향상	충전소 부품 등 기술개발	2020년	산업부
		수소차 개발, 성능개선 등	2025년	
충전소 확충	수소차 보급기반 마련	부생수소 충전소 설치 등	2030년	환경부
		수소충전소 설치 보조	2025년	
수소충전소 제도정비	안전성 확보	수소차 안전기준 개선	2020년	국토부
		국제규정개정	2025년	
		융복합 수소충전소 규정신설	2020년	산업부

각주 구분선 : 5cm

글꼴 : 돋움, 24pt, 진하게
장평 110%, 오른쪽 정렬 → # 미래자동차산업

Ⓐ 수소와 공기 중의 산소를 반응시켜 얻은 전기로 모터를 구동하는 방식의 자동차

쪽 번호 매기기
5로 시작 → 마

5회 기출문제

Information Technology Qualification

과목	코드	문제유형	시험시간	수험번호	성 명
아래 한글	1111	A	60분	50495015	

수 험 자 유 의 사 항

◉ 수험자는 문제지를 받는 즉시 문제지와 **수험표상의 시험과목(프로그램)이 동일한지 반드시 확인**하여야 합니다.

◉ 파일명은 본인의 "수험번호-성명"으로 입력하여 답안폴더(내 PC\문서\ITQ)에 하나의 파일로 저장해야 하며, 답안문서 파일명이 "수험번호-성명"과 일치하지 않거나, 답안파일을 전송하지 않아 미제출로 처리될 경우 실격 처리합니다 (예 : 12345678-홍길동.hwp).

◉ 답안 작성을 마치면 파일을 저장하고, '답안 전송' 버튼을 선택하여 감독위원 PC로 답안을 전송하십시오. 수험생 정보와 저장한 파일명이 다를 경우 전송되지 않으므로 주의하시기 바랍니다.

◉ 답안 작성 중에도 **주기적으로 저장하고 '답안 전송'** 하여야 문제 발생을 줄일 수 있습니다. 작업한 내용을 저장하지 않고 전송할 경우 이전에 저장된 내용이 전송되오니 이점 유의하시기 바랍니다.

◉ 답안문서는 지정된 경로 외의 다른 보조기억장치에 저장하는 경우, 지정된 시험 시간 외에 작성된 파일을 활용할 경우, 기타 통신 수단(이메일, 메신저, 네트워크 등)을 이용하여 타인에게 전달 또는 외부 반출하는 경우는 부정 처리합니다.

◉ 시험 중 부주의 또는 고의로 시스템을 파손한 경우는 수험자가 변상해야 하며, <수험자 유의사항>에 기재된 방법대로 이행하지 않아 생기는 불이익은 수험생 당사자의 책임임을 알려 드립니다.

◉ 문제의 조건은 한컴오피스 2020 버전으로 설정되어 있으며 한컴오피스 NEO는 【 】에 표기되어 있습니다. 이와 관련하여 작성한 답안의 출력형태가 문제지와 다를 수 있습니다.

◉ 시험을 완료한 수험자는 답안파일이 전송되었는지 확인한 후 감독위원의 지시에 따라 문제지를 제출하고 퇴실합니다.

답 안 작 성 요 령

◉ 온라인 답안 작성 절차
  수험자 등록 ⇒ 시험 시작 ⇒ 답안파일 저장 ⇒ 답안 전송 ⇒ 시험 종료

◉ 공통 부문
· 글꼴에 대한 기본설정은 함초롬바탕, 10포인트, 검정, 줄간격 160%, 양쪽정렬로 합니다.
· 색상은 조건의 색을 적용하고 색의 구분이 안될 경우에는 RGB 값을 적용합니다(빨강 255,0,0 / 파랑 0,0,255 / 노랑 255,255,0).
· 각 문항에 주어진 ≪조건≫에 따라 작성하고 언급하지 않은 조건은 ≪출력형태≫와 같이 작성합니다.
· 용지여백은 왼쪽 · 오른쪽 11㎜, 위쪽 · 아래쪽 · 머리말 · 꼬리말 10㎜, 제본 0㎜로 합니다.
· 그림 삽입 문제의 경우「내 PC\문서\ITQ\Picture」폴더에서 지정된 파일을 선택하여 삽입하십시오.
· 삽입한 그림은 반드시 문서에 포함하여 저장해야 합니다(미포함 시 감점 처리).
· 각 항목은 지정된 페이지에 출력형태와 같이 정확히 작성하시기 바라며, 그렇지 않을 경우에 해당 항목은 0점 처리됩니다.
※ 페이지구분 : 1페이지 – 기능평가Ⅰ (문제번호 표시 : 1. 2.),
　　　　　　　 2페이지 – 기능평가Ⅱ (문제번호 표시 : 3. 4.),
　　　　　　　 3페이지 – 문서작성 능력평가

기능평가
· 문제와 ≪조건≫은 입력하지 않으며 문제번호와 답(≪출력형태≫)만 작성합니다.
· 4번 문제는 묶기를 했을 경우 0점 처리됩니다.

문서작성 능력평가
· A4 용지(210㎜×297㎜) 1매 크기, 세로 서식 문서로 작성합니다.
· ( ) 표시는 문서작성에 대한 지시사항이므로 작성하지 않습니다.

1. 다음의 ≪조건≫에 따라 스타일 기능을 적용하여 ≪출력형태≫와 같이 작성하시오. (50점)

조건
(1) 스타일 이름 – fairtrade
(2) 문단 모양 – 첫 줄 들여쓰기 : 10pt, 문단 아래 간격 : 10pt
(3) 글자 모양 – 글꼴 : 한글(돋움)/영문(굴림), 크기 : 10pt, 장평 : 105%, 자간 : 5%

출력형태

　　Fair trade is an organized social movement that aims to help producers in developing countries to make better trading conditions and promote sustainability.

　　공정무역운동은 개발도상국에서 선진국으로 수출하는 물품에 특히 초점을 두고 있는데 수공예품, 커피, 코코아, 차, 바나나, 꿀, 면, 와인, 과일 등이 주요 품목들이다.

2. 다음의 ≪조건≫에 따라 ≪출력형태≫와 같이 표와 차트를 작성하시오. (100점)

표조건
(1) 표 전체(표, 캡션) – 돋움, 10pt
(2) 정렬 – 문자 : 가운데 정렬, 숫자 : 오른쪽 정렬
(3) 셀 배경(면색) : 노랑
(4) 한글의 계산 기능을 이용하여 빈칸에 합계를 구하고, 캡션 기능 사용할 것
(5) 선 모양은 ≪출력형태≫와 동일하게 처리할 것

출력형태

공정무역 소매 판매량(단위 : 톤, %)

구분	차	신선 과일	목화	쌀	합계
2013년	13,390	16,160	8,220	5,710	
2014년	11,860	12,250	8,960	5,620	
유기농 비율	14	11	26	37	✕
증가율	-11	-24	9	-2	

차트조건
(1) 차트 데이터는 표 내용에서 구분별 2013년과 2014년의 값만 이용할 것
(2) 종류 – <묶은 세로 막대형>으로 작업할 것
(3) 제목 – 돋움, 진하게, 12pt, 속성 – 채우기(하양), 테두리, 그림자(대각선 오른쪽 아래)
　　【돋움, 진하게, 12pt, 배경 – 선 모양(한 줄로), 그림자(2pt)】
(4) 제목 이외의 전체 글꼴 – 돋움, 보통, 10pt
(5) 축제목과 범례는 ≪출력형태≫와 동일하게 처리할 것

출력형태

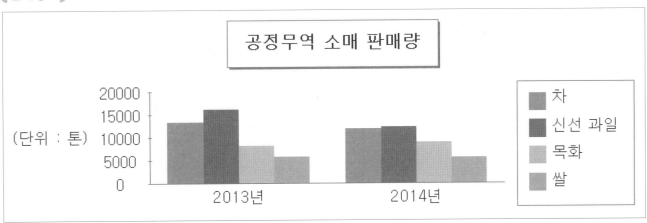

3. 다음 (1), (2)의 수식을 수식 편집기로 각각 입력하시오. (40점)

【출력형태】

(1) $\lim_{n \to \infty} P_n = 1 - \dfrac{9^3}{10^3} = \dfrac{271}{1000}$

(2) $\dfrac{k_{1x}}{2h} \times (-2mk_{1x}) = -\dfrac{m(k_{1x})^2}{h}$

4. 다음의 ≪조건≫에 따라 ≪출력형태≫와 같이 문서를 작성하시오. (110점)

【조건】 (1) 그리기 도구를 이용하여 작성하고, 모든 도형(글맵시, 지정된 그림 포함)을 ≪출력형태≫와 같이 작성하시오.
(2) 도형의 면색은 지시사항이 없으면 색 없음을 제외하고 서로 다르게 임의로 지정하시오.

【출력형태】

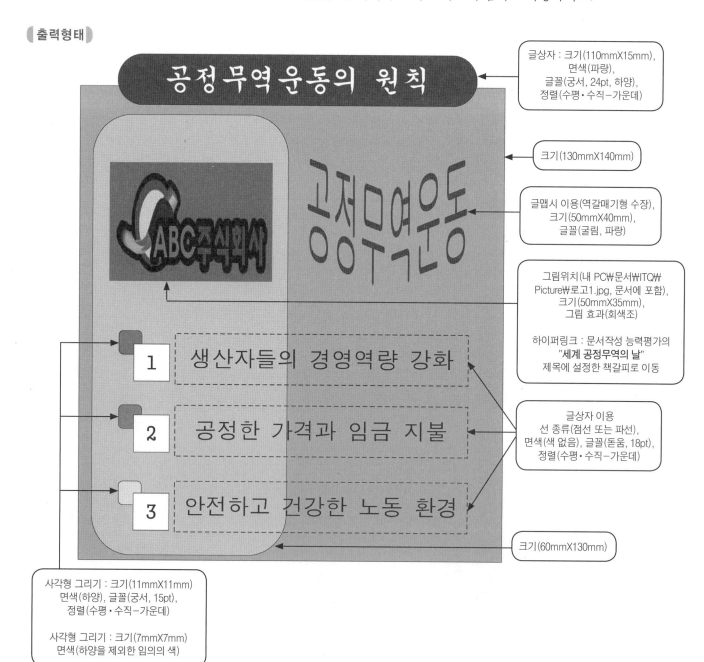

글상자 : 크기(110mmX15mm), 면색(파랑), 글꼴(궁서, 24pt, 하양), 정렬(수평·수직-가운데)

크기(130mmX140mm)

글맵시 이용(역갈매기형 수장), 크기(50mmX40mm), 글꼴(굴림, 파랑)

그림위치(내 PC₩문서₩ITQ₩ Picture₩로고1.jpg, 문서에 포함), 크기(50mmX35mm), 그림 효과(회색조)

하이퍼링크 : 문서작성 능력평가의 **"세계 공정무역의 날"** 제목에 설정한 책갈피로 이동

글상자 이용 선 종류(점선 또는 파선), 면색(색 없음), 글꼴(돋움, 18pt), 정렬(수평·수직-가운데)

크기(60mmX130mm)

사각형 그리기 : 크기(11mmX11mm) 면색(하양), 글꼴(궁서, 15pt), 정렬(수평·수직-가운데)

사각형 그리기 : 크기(7mmX7mm) 면색(하양을 제외한 임의의 색)

공정무역운동의 원칙

공정무역운동

ABC주식회사

1 생산자들의 경영역량 강화

2 공정한 가격과 임금 지불

3 안전하고 건강한 노동 환경

글꼴 : 궁서, 18pt, 진하게, 가운데 정렬,
책갈피 이름 : 공정, 덧말 넣기

머리말 기능
굴림, 10pt, 오른쪽 정렬 → 공정 무역연합

5월 둘째 주 토요일
세계 공정무역의 날

문단 첫 글자 장식 기능
글꼴 : 궁서, 면색 : 노랑

각주

그림위치(내 PC\문서\ITQ\Picture\
그림4.jpg, 문서에 포함),
자르기 기능 이용, 크기(40mmX30mm),
바깥 여백 왼쪽 : 2mm

세 계 공정무역의 날은 WFTO Ⓐ 에서 추진하는 사업으로 공정무역을 널리 알리고 활발한 참여를 촉구하기 위해 전 세계에서 다양한 캠페인을 벌이는 날이다. 1994년 유럽 15개국 3,000여 상점 협회로 설립(設立)한 유럽세계상점 네트워크에서 1995년에 공정무역 상품 판촉 행사가 열린 것을 계기로 1999년 일본에서도 공정무역 행사가 개최되었다. 2001년 국제공정무역연합 회의에서 세계적인 운동으로 발전시키기로 합의하면서 매년 5월 둘째 주 토요일을 세계 공정무역의 날로 지정하였다.

　세계 공정무역의 날에는 전 세계 곳곳에서 공정무역 아침 식사 모임, 제품 시식 및 품평회, 세미나, 강의, 커피나 차를 마시며 대화하기, 음악회, 패션쇼, 마라톤, 축구 경기, 가장행렬 등을 통해 더 많은 생산자와 소비자들에게 무역 정의와 지속 가능한 지구환경 보호를 위한 공정무역에 관한 생각을 서로 나눈다. 영국 등 유럽에서는 공정무역 재료로 만든 아침 식사 모임을 갖고 이를 인터넷으로 생중계하며 미국에서는 공정무역 활동에 공헌한 사업체 및 비영리 단체를 선정(選定)하여 '최고 공정무역상'을 시상한다. 우리나라에서는 서울특별시의 지원으로 공정무역 아카데미를 개최하거나 공정무역에 관한 주제로 워크숍을 개최한다.

■ 청년 공정무역 보부상 캠페인

글꼴 : 돋움, 18pt, 하양
음영색 : 파랑

　가) 청년 보부상은?

　　a) 선별된 공정무역 제품을 수레에 싣고

　　b) 세계 공정무역 행사를 열고 닫는 문화적 체험을 하게 됩니다.

　나) 지원 자격 및 활동 혜택

　　a) 지원 자격 : 공정무역에 관심이 있는 끼가 출중한 사람

　　b) 활동 혜택 : 공정무역 실천단 활동 수료증 부여

문단 번호 기능 사용
1수준 : 20pt, 오른쪽 정렬
2수준 : 30pt, 오른쪽 정렬
줄 간격 : 180%

■ 공정무역 제품

글꼴 : 돋움, 18pt,
밑줄, 강조점

표 전체 글꼴 : 굴림, 10pt, 가운데 정렬,
셀 배경(그러데이션) : 유형(왼쪽 대각선),
시작색(노랑), 끝색(하양)

품목	제품 이름	원산지	제품에 관한 이야기
볼가 바구니	라운드 바구니 체크믹스	가나	가나의 북동부에 위치한 볼가탄가
	라운드 바구니 블루마린		지역의 이름을 딴 바구니
행복한 장난감	노랑 스쿨버스	스리랑카	수공예로 만든 천연 목재 제품
	행복한 우리 집		무독성 페인트 사용, 물기와 직사광선 주의
	동물농장		가스펠 하우스에서 제작
패션 소품	꽃장식 장갑	페루	생산자 : 타이페 가족과 공동 그룹, 뜨개질 제품

글꼴 : 궁서, 24pt, 진하게,
장평 110%, 오른쪽 정렬

한국공정무역단체협의회

각주 구분선 : 5cm

쪽 번호 매기기
4로 시작

Ⓐ 1989년에 발족한 세계 공정무역기구로 73개국에서 400여 조직을 대표함

라

6회 기출문제

과목	코드	문제유형	시험시간	수험번호	성 명
아래 한글	1111	A	60분	66065016	

수 험 자 유 의 사 항

- 수험자는 문제지를 받는 즉시 문제지와 **수험표상의 시험과목(프로그램)이 동일한지 반드시 확인**하여야 합니다.
- 파일명은 본인의 "수험번호-성명"으로 입력하여 답안폴더(내 PC\문서\ITQ)에 하나의 파일로 저장해야 하며, 답안문서 파일명이 "수험번호-성명"과 일치하지 않거나, 답안파일을 전송하지 않아 미제출로 처리될 경우 실격 처리합니다 (예 : 12345678-홍길동.hwp).
- 답안 작성을 마치면 파일을 저장하고, '답안 전송' 버튼을 선택하여 감독위원 PC로 답안을 전송하십시오. 수험생 정보와 저장한 파일명이 다를 경우 전송되지 않으므로 주의하시기 바랍니다.
- 답안 작성 중에도 **주기적으로 저장하고 '답안 전송'** 하여야 문제 발생을 줄일 수 있습니다. 작업한 내용을 저장하지 않고 전송할 경우 이전에 저장된 내용이 전송되오니 이점 유의하시기 바랍니다.
- 답안문서는 지정된 경로 외의 다른 보조기억장치에 저장하는 경우, 지정된 시험 시간 외에 작성된 파일을 활용할 경우, 기타 통신 수단(이메일, 메신저, 네트워크 등)을 이용하여 타인에게 전달 또는 외부 반출하는 경우는 부정 처리합니다.
- 시험 중 부주의 또는 고의로 시스템을 파손한 경우는 수험자가 변상해야 하며, <수험자 유의사항>에 기재된 방법대로 이행하지 않아 생기는 불이익은 수험생 당사자의 책임임을 알려 드립니다.
- 문제의 조건은 한컴오피스 2020 버전으로 설정되어 있으며 한컴오피스 NEO는 【 】에 표기되어 있습니다. 이와 관련하여 작성한 답안의 출력형태가 문제지와 다를 수 있습니다.
- 시험을 완료한 수험자는 답안파일이 전송되었는지 확인한 후 감독위원의 지시에 따라 문제지를 제출하고 퇴실합니다.

답 안 작 성 요 령

- **온라인 답안 작성 절차**
  수험자 등록 ⇒ 시험 시작 ⇒ 답안파일 저장 ⇒ 답안 전송 ⇒ 시험 종료
- **공통 부문**
- ·글꼴에 대한 기본설정은 함초롬바탕, 10포인트, 검정, 줄간격 160%, 양쪽정렬로 합니다.
- ·색상은 조건의 색을 적용하고 색의 구분이 안될 경우에는 RGB 값을 적용합니다(빨강 255,0,0 / 파랑 0,0,255 / 노랑 255,255,0).
- ·각 문항에 주어진 ≪조건≫에 따라 작성하고 언급하지 않은 조건은 ≪출력형태≫와 같이 작성합니다.
- ·용지여백은 왼쪽 · 오른쪽 11㎜, 위쪽 · 아래쪽 · 머리말 · 꼬리말 10㎜, 제본 0㎜로 합니다.
- ·그림 삽입 문제의 경우「내 PC\문서\ITQ\Picture」폴더에서 지정된 파일을 선택하여 삽입하십시오.
- ·삽입한 그림은 반드시 문서에 포함하여 저장해야 합니다(미포함 시 감점 처리).
- ·각 항목은 지정된 페이지에 출력형태와 같이 정확히 작성하시기 바라며, 그렇지 않을 경우에 해당 항목은 0점 처리됩니다.
- ※ 페이지구분 : 1페이지 - 기능평가 I (문제번호 표시 : 1. 2.),
  2페이지 - 기능평가 II (문제번호 표시 : 3. 4.),
  3페이지 - 문서작성 능력평가

기능평가

- ·문제와 ≪조건≫은 입력하지 않으며 문제번호와 답(≪출력형태≫)만 작성합니다.
- ·4번 문제는 묶기를 했을 경우 0점 처리됩니다.

문서작성 능력평가

- ·A4 용지(210㎜×297㎜) 1매 크기, 세로 서식 문서로 작성합니다.
- ·┌┈┈┐ 표시는 문서작성에 대한 지시사항이므로 작성하지 않습니다.

1. 다음의 ≪조건≫에 따라 스타일 기능을 적용하여 ≪출력형태≫와 같이 작성하시오. (50점)

조건   (1) 스타일 이름 – fitness
       (2) 문단 모양 – 왼쪽 여백 : 15pt, 문단 아래 간격 : 10pt
       (3) 글자 모양 – 글꼴 : 한글(궁서)/영문(굴림), 크기 : 10pt, 장평 : 95%, 자간 : 5%

출력형태

KSPO will contribute to improving quality of life so that all Korean people can live in harmony through sports and enjoy a healthy life through sports in daily life.

체력이란 인간이 삶을 영위하는 데 필요한 기본적인 작업 능력이라 볼 수 있으며, 체육이 스포츠를 통해서 얻고자 하는 가장 중요한 신체적 요소인 체력은 모든 운동의 기초가 되는 능력이다.

2. 다음의 ≪조건≫에 따라 ≪출력형태≫와 같이 표와 차트를 작성하시오. (100점)

표조건   (1) 표 전체(표, 캡션) – 돋움, 10pt
       (2) 정렬 – 문자 : 가운데 정렬, 숫자 : 오른쪽 정렬
       (3) 셀 배경(면색) : 노랑
       (4) 한글의 계산 기능을 이용하여 빈칸에 평균(소수점 두 자리)을 구하고, 캡션 기능 사용할 것
       (5) 선 모양은 ≪출력형태≫와 동일하게 처리할 것

출력형태   체육진흥사업 지원 현황(단위 : 억 원)

구분	2016년	2017년	2018년	2019년	평균
생활체육	3,455	3,858	3,664	5,474	
전문체육	4,098	4,108	3,283	3,490	
국제체육	4,852	4,360	2,250	2,037	
장애인체육	595	624	618	653	✕

차트조건   (1) 차트 데이터는 표 내용에서 연도별 생활체육, 전문체육, 국제체육의 값만 이용할 것
       (2) 종류 – <묶은 가로 막대형>으로 작업할 것
       (3) 제목 – 굴림, 진하게, 12pt, 속성 – 채우기(하양), 테두리, 그림자(대각선 오른쪽 아래)
            【굴림, 진하게, 12pt, 배경 – 선 모양(한 줄로), 그림자(2pt)】
       (4) 제목 이외의 전체 글꼴 – 굴림, 보통, 10pt
       (5) 축제목과 범례는 ≪출력형태≫와 동일하게 처리할 것

출력형태

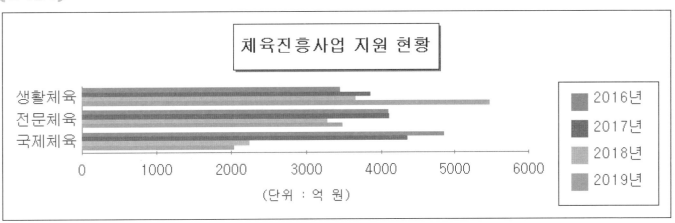

3. 다음 (1), (2)의 수식을 수식 편집기로 각각 입력하시오. (40점)

【출력형태】

(1) $V = \dfrac{1}{R}\displaystyle\int_{0}^{q} qdq = \dfrac{1}{2}\dfrac{q^2}{R}$

(2) $\displaystyle\sum_{k=1}^{n} k^3 = \dfrac{n(n+1)}{2} = \displaystyle\sum_{k=1}^{n} k$

4. 다음의 《조건》에 따라 《출력형태》와 같이 문서를 작성하시오. (110점)

【조건】 (1) 그리기 도구를 이용하여 작성하고, 모든 도형(글맵시, 지정된 그림 포함)을 《출력형태》와 같이
작성하시오.
(2) 도형의 면색은 지시사항이 없으면 색 없음을 제외하고 서로 다르게 임의로 지정하시오.

【출력형태】

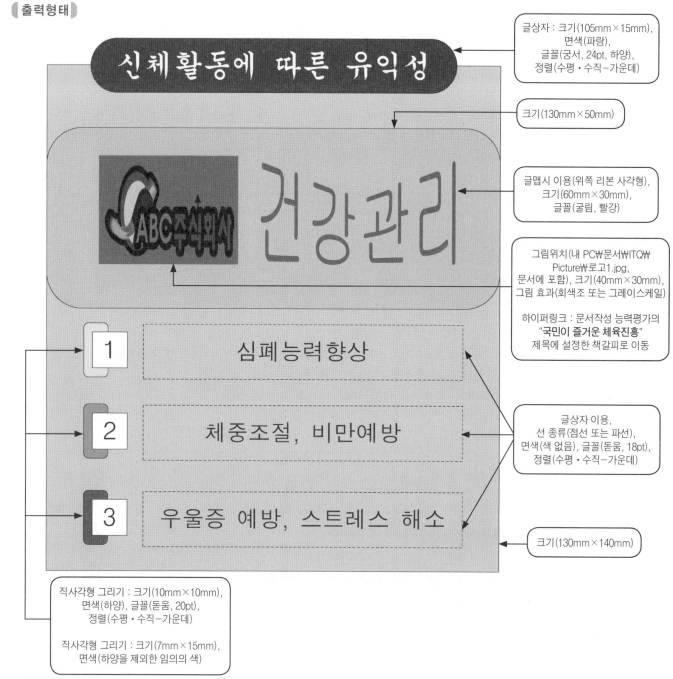

글상자 : 크기(105mm×15mm),
면색(파랑),
글꼴(궁서, 24pt, 하양),
정렬(수평·수직-가운데)

크기(130mm×50mm)

글맵시 이용(위쪽 리본 사각형),
크기(60mm×30mm),
글꼴(굴림, 빨강)

그림위치(내 PC₩문서₩ITQ₩
Picture₩로고1.jpg,
문서에 포함), 크기(40mm×30mm),
그림 효과(회색조 또는 그레이스케일)

하이퍼링크 : 문서작성 능력평가의
"국민이 즐거운 체육진흥"
제목에 설정한 책갈피로 이동

글상자 이용,
선 종류(점선 또는 파선),
면색(색 없음), 글꼴(돋움, 18pt),
정렬(수평·수직-가운데)

크기(130mm×140mm)

직사각형 그리기 : 크기(10mm×10mm),
면색(하양), 글꼴(돋움, 20pt),
정렬(수평·수직-가운데)

직사각형 그리기 : 크기(7mm×15mm),
면색(하양을 제외한 임의의 색)

글꼴 : 돋움, 18pt, 진하게, 가운데 정렬
책갈피 이름 : 건강, 덧말 넣기

머리말 기능
굴림, 10pt, 오른쪽 정렬　　→ 국민체력100

국민체력100으로 건강하게
국민이 즐거운 체육진흥

문단 첫 글자 장식 기능
글꼴 : 굴림, 면색 : 노랑

그림위치(내 PC₩문서₩ITQ₩Picture₩
그림4.jpg, 문서에 포함)
자르기 기능 이용, 크기(40mm×45mm),
바깥 여백 왼쪽 : 2mm

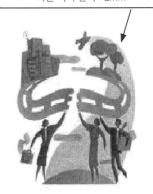

국 민의 체력수준 저하 및 비만관련 인구가 증가함에 따라 국민의 체력 및 건강 증진에 목적을 두고 체력 상태를 과학적 방법에 의해 측정 및 평가하여 운동 상담 및 처방을 해주는 체육 복지 서비스로 국민체력100을 시행하고 있습니다. 국민체력100ⓐ에 참가한 모든 국민에게는 체력 수준에 따라 맞춤형 운동 프로그램을 제공하고 운동에 꾸준히 참가할 수 있도록 체계적으로 관리하며, 국민체력참가증을 발급(發給)합니다.　　각주

체력측정은 온라인, 방문, 전화로 신청할 수 있으며 그중 온라인은 온라인상으로 체력측정신청서를 작성하면 됩니다. 체력인증 대상자는 청소년기(만 13-18세), 성인기(만 19-64세), 어르신(65세 이상)이며 별도의 가입비나 검사 비용은 없습니다. 그러나 체력인증을 받기 위해서는 국민체력100 사이트의 회원으로 가입해야 하며, 체력측정 신청 전 먼저 문진검사를 통해 체력검사 가능 대상자로 판별되어야 합니다. 문진 검사 결과 체력측정 비대상자에 속할 경우 담당 의사의 소견서를 지참하면 체력검사에 응할 수 있습니다. 체력측정 항목(項目)은 신체 조성 요인으로 신체질량지수, 체지방률, 피부두겹합(삼두, 복부, 종아리)이 있습니다.

★ 심폐지구력 향상을 위한 운동

글꼴 : 궁서, 18pt, 하양
음영색 : 빨강

　i. 올바른 걷기의 자세
　　a. 가슴을 펴고 턱을 약간 당긴 자세로 전방 10-15m 시선
　　b. 팔의 움직임과 함께 어깨를 자연스럽게 좌우로 돌림
　ii. 자전거 타기의 바른 자세
　　a. 호흡할 때는 입과 코를 모두 이용
　　b. 등과 허리는 너무 구부러지지 않게 편안한 자세를 유지

문단 번호 기능 사용
1수준 : 20pt, 오른쪽정렬,
2수준 : 30pt, 오른쪽정렬
줄 간격 : 180%

★ 지역별 체력 인증센터

글꼴 : 궁서, 18pt,
기울임, 강조점

표 전체 글꼴 : 굴림, 10pt, 가운데 정렬
셀 배경(그러데이션) : 유형(가운데에서),
시작색(하양), 끝색(노랑)

시도	체력인증센터	주소	전화번호
서울	동작	동작구 사당로 27 사당종합체육관	02-999-9999
	마포	마포구 월드컵로 25 마포구민체육센터 4층	02-777-9999
경기도	성남	중원구 제일로 60 성남종합스포츠센터 2층	031-888-9999
	시흥	정왕대로 233 시흥어울림국민체육센터 2층	031-666-9999
광주	북구	북구 서암대로 132 국민체력100 사무실	062-555-9999
	동구	동구 필문대로 309 조선대학교 체육대학 5층	062-222-9999

글꼴 : 돋움, 24pt, 진하게
장평 110%, 오른쪽 정렬　→ # 국민체육진흥공단

각주 구분선 : 5cm

─────────────
ⓐ 국민체력100은 국민체육진흥기금으로 시행됨

쪽 번호 매기기
6으로 시작　　→ ⑥

7회 기출문제

과목	코드	문제유형	시험시간	수험번호	성 명
아래 한글	1111	A	60분	11705027	

수 험 자 유 의 사 항

- 수험자는 문제지를 받는 즉시 문제지와 **수험표상의 시험과목(프로그램)이 동일한지 반드시 확인**하여야 합니다.
- 파일명은 본인의 "수험번호-성명"으로 입력하여 답안폴더(내 PC₩문서₩ITQ)에 하나의 파일로 저장해야 하며, 답안문서 파일명이 "수험번호-성명"과 일치하지 않거나, 답안파일을 전송하지 않아 미제출로 처리될 경우 실격 처리합니다 (예 : 12345678-홍길동.hwp).
- 답안 작성을 마치면 파일을 저장하고, '답안 전송' 버튼을 선택하여 감독위원 PC로 답안을 전송하십시오. 수험생 정보와 저장한 파일명이 다를 경우 전송되지 않으므로 주의하시기 바랍니다.
- 답안 작성 중에도 **주기적으로 저장하고 '답안 전송'**하여야 문제 발생을 줄일 수 있습니다. 작업한 내용을 저장하지 않고 전송할 경우 이전에 저장된 내용이 전송되오니 이점 유의하시기 바랍니다.
- 답안문서는 지정된 경로 외의 다른 보조기억장치에 저장하는 경우, 지정된 시험 시간 외에 작성된 파일을 활용할 경우, 기타 통신 수단(이메일, 메신저, 네트워크 등)을 이용하여 타인에게 전달 또는 외부 반출하는 경우는 부정 처리합니다.
- 시험 중 부주의 또는 고의로 시스템을 파손한 경우는 수험자가 변상해야 하며, <수험자 유의사항>에 기재된 방법대로 이행하지 않아 생기는 불이익은 수험생 당사자의 책임임을 알려 드립니다.
- 문제의 조건은 한컴오피스 2020 버전으로 설정되어 있으며 한컴오피스 NEO는 【 】에 표기되어 있습니다. 이와 관련하여 작성한 답안의 출력형태가 문제지와 다를 수 있습니다.
- 시험을 완료한 수험자는 답안파일이 전송되었는지 확인한 후 감독위원의 지시에 따라 문제지를 제출하고 퇴실합니다.

답 안 작 성 요 령

- **온라인 답안 작성 절차**
  수험자 등록 ⇒ 시험 시작 ⇒ 답안파일 저장 ⇒ 답안 전송 ⇒ 시험 종료
- **공통 부문**
- 글꼴에 대한 기본설정은 함초롬바탕, 10포인트, 검정, 줄간격 160%, 양쪽정렬로 합니다.
- 색상은 조건의 색을 적용하고 색의 구분이 안될 경우에는 RGB 값을 적용합니다(빨강 255,0,0 / 파랑 0,0,255 / 노랑 255,255,0).
- 각 문항에 주어진 ≪조건≫에 따라 작성하고 언급하지 않은 조건은 ≪출력형태≫와 같이 작성합니다.
- 용지여백은 왼쪽 · 오른쪽 11㎜, 위쪽 · 아래쪽 · 머리말 · 꼬리말 10㎜, 제본 0㎜로 합니다.
- 그림 삽입 문제의 경우「내 PC₩문서₩ITQ₩Picture」폴더에서 지정된 파일을 선택하여 삽입하십시오.
- 삽입한 그림은 반드시 문서에 포함하여 저장해야 합니다(미포함 시 감점 처리).
- 각 항목은 지정된 페이지에 출력형태와 같이 정확히 작성하시기 바라며, 그렇지 않을 경우에 해당 항목은 0점 처리됩니다.
- ※ 페이지구분 : 1페이지 - 기능평가 I (문제번호 표시 : 1. 2.),
  2페이지 - 기능평가 II (문제번호 표시 : 3. 4.),
  3페이지 - 문서작성 능력평가

기능평가
- 문제와 ≪조건≫은 입력하지 않으며 문제번호와 답(≪출력형태≫)만 작성합니다.
- 4번 문제는 묶기를 했을 경우 0점 처리됩니다.

문서작성 능력평가
- A4 용지(210㎜×297㎜) 1매 크기, 세로 서식 문서로 작성합니다.
- ⌐¯¯¯¬ 표시는 문서작성에 대한 지시사항이므로 작성하지 않습니다.

1. 다음의 《조건》에 따라 스타일 기능을 적용하여 《출력형태》와 같이 작성하시오. (50점)

조건   (1) 스타일 이름 – bahm
        (2) 문단 모양 – 첫 줄 들여쓰기 : 20pt, 문단 아래 간격 : 10pt
        (3) 글자 모양 – 글꼴 : 한글(돋움)/영문(궁서), 크기 : 10pt, 장평 : 105%, 자간 : –5%

출력형태

   It was to generate a waterway expanding a mouth of the Han river on Yeouido development by Seoul city.

   영등포구와 마포구 사이의 서강대교 아래 한강 한가운데에 밤알처럼 놓인 밤섬은 주민이 거주하지 않는 천혜의 철새 도래지로 절경을 이루고 있다.

2. 다음의 《조건》에 따라 《출력형태》와 같이 표와 차트를 작성하시오. (100점)

표조건   (1) 표 전체(표, 캡션) – 돋움, 10pt
        (2) 정렬 – 문자 : 가운데 정렬, 숫자 : 오른쪽 정렬
        (3) 셀 배경 : 노랑
        (4) 한글의 계산 기능을 이용하여 빈칸에 합계를 구하고, 캡션 기능 사용할 것
        (5) 선 모양은 《출력형태》와 동일하게 처리할 것

출력형태   한강의 섬들 관광 현황(단위 : 백 명)

구분	봄	여름	가을	겨울	합계
선유도	573	806	794	965	
노들섬	687	539	868	1,025	
뚝섬	312	435	467	724	
서래섬	462	541	684	447	✕

차트조건   (1) 차트 데이터는 표 내용에서 계절별 선유도, 노들섬, 뚝섬의 값만 이용할 것
        (2) 종류 – 〈묶은 세로 막대형〉으로 작업할 것
        (3) 제목 – 굴림, 진하게, 12pt, 속성 – 채우기(하양), 테두리, 그림자(대각선 오른쪽 아래)
              【굴림, 진하게, 12pt, 배경 – 선 모양(한 줄로), 그림자(2pt)】
        (4) 제목 이외의 전체 글꼴 – 굴림, 보통, 10pt
        (5) 축제목과 범례는 《출력형태》와 동일하게 처리할 것

출력형태

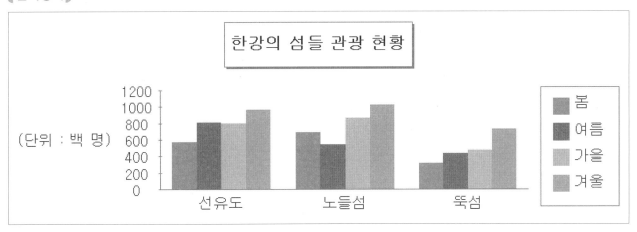

3. 다음 (1), (2)의 수식을 수식 편집기로 각각 입력하시오. (40점)

출력형태

$$(1)\ \frac{F}{h_2} = I_2 k_1 \frac{I_1}{d} = 2 \times 10^{-7} \frac{I_1 I_2}{d} \qquad (2)\ \vec{s} = \frac{\vec{r_2} - \vec{r_1}}{t_2 - t_1} = \frac{\Delta \vec{r}}{\Delta t}$$

4. 다음의 ≪조건≫에 따라 ≪출력형태≫와 같이 문서를 작성하시오. (110점)

조건 (1) 그리기 도구를 이용하여 작성하고, 모든 도형(글맵시, 지정된 그림 포함)을 ≪출력형태≫와 같이
작성하시오.
(2) 도형의 면색은 지시사항이 없으면 색 없음을 제외하고 서로 다르게 임의로 지정하시오.

출력형태

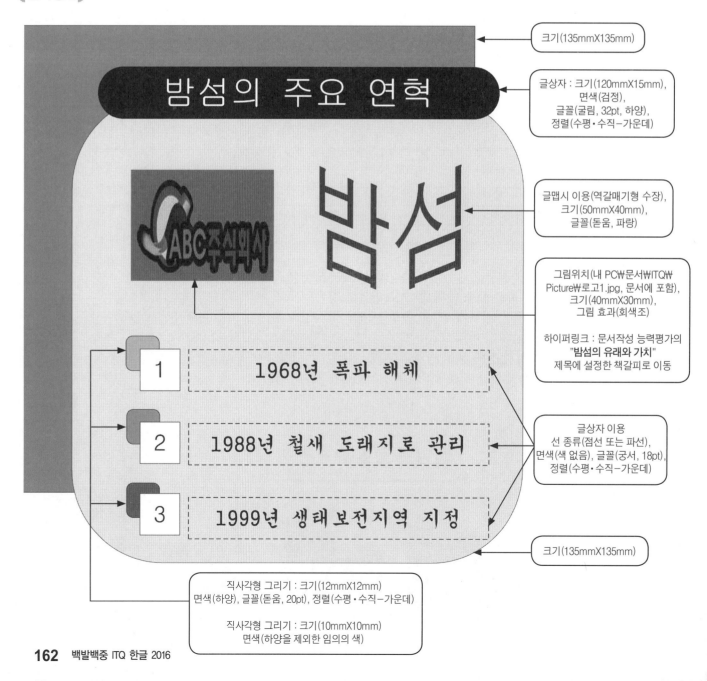

크기(135mmX135mm)

글상자 : 크기(120mmX15mm),
면색(검정),
글꼴(굴림, 32pt, 하양),
정렬(수평·수직-가운데)

밤섬의 주요 연혁

글맵시 이용(역갈매기형 수장),
크기(50mmX40mm),
글꼴(돋움, 파랑)

그림위치(내 PC₩문서₩ITQ₩
Picture₩로고1.jpg, 문서에 포함),
크기(40mmX30mm),
그림 효과(회색조)

하이퍼링크 : 문서작성 능력평가의
"밤섬의 유래와 가치"
제목에 설정한 책갈피로 이동

1   1968년 폭파 해체

2   1988년 철새 도래지로 관리

글상자 이용
선 종류(점선 또는 파선),
면색(색 없음), 글꼴(궁서, 18pt),
정렬(수평·수직-가운데)

3   1999년 생태보전지역 지정

크기(135mmX135mm)

직사각형 그리기 : 크기(12mmX12mm)
면색(하양), 글꼴(돋움, 20pt), 정렬(수평·수직-가운데)

직사각형 그리기 : 크기(10mmX10mm)
면색(하양을 제외한 임의의 색)

글꼴 : 돋움, 18pt, 진하게, 가운데 정렬,
책갈피 이름 : 밤섬, 덧말 넣기

머리말 기능
굴림, 10pt, 오른쪽 정렬 → 철새의 보금자리

위 밤섬과 아래 밤섬
밤섬의 유래와 가치

그림위치(내 PC₩문서₩ITQ₩Picture₩
그림4.jpg, 문서에 포함),
자르기 기능 이용, 크기(40mmX30mm),
바깥 여백 왼쪽 : 2mm

문단 첫 글자 장식 기능
글꼴 : 돋움, 면색 : 노랑

서 울특별시의 영등포구 여의도동과 마포구 당인동 사이의 한강에 있는 밤섬은 서강대교 아래에 2개의 섬, 즉 여의도동에 속하는 위 밤섬과 당인동에 속하는 아래 밤섬으로 이루어져 있다. 한자어(漢字語)로는 율도로 표기되는 섬으로 섬의 형세가 마치 밤알을 까놓은 것처럼 생겼다 하여 이 같은 이름이 붙었다.

조선 시대에는 이곳에 뽕나무와 약초를 심고 양과 염소를 방목(放牧)하였으며 정부에서 약포와 목축을 관장하는 관원을 파견하기도 하였다. 1394년 서울 천도와 함께 배를 만드는 기술자들이 주로 정착하여 살았다고 한다. 백사장과 한강 수운을 활용하여 한국전쟁 이전까지 조선업과 뱃사공, 물산 도선 하역 등이 널리 성행하였다. 초기에는 고립된 섬이었으나 섬의 동부와 서부에 발달한 하식애㉮는 작은 해금강이라 불릴 정도로 절경을 이루었다. 이후 여의도가 개발되면서 유수를 보완하고 제방의 축석에 필요한 잡석을 채취하기 위해 1968년 2월에 폭파되었다. 주민들은 마포구 창전동으로 이주하여 현재 사람이 거주하지 않으나 밤섬의 모래톱이 다시 살아나 철새의 보금자리가 되고 한강 자연 생태계의 보고가 되면서 보존 가치를 인정받아 시민들의 보호를 받고 있다.

각주

★ **밤섬의 생태계**

글꼴 : 굴림, 18pt, 하양
음영색 : 파랑

1) 조류 및 어류

    가) 조류(41종) : 원앙, 흰뺨검둥오리, 해오라기, 꼬마물떼새 등

    나) 어류(29종) : 누치, 동자개, 잉어, 쏘가리 등

2) 식물 및 곤충

    가) 식물(189종) : 물억새, 금낭화, 붉은털여뀌, 용버들 등

    나) 곤충(15종) : 배추흰나비, 땅감탕벌, 실베짱이, 버들잎벌레 등

문단 번호 기능 사용
1수준 : 20pt, 오른쪽 정렬
2수준 : 30pt, 오른쪽 정렬
줄 간격 : 180%

표 전체 글꼴 : 돋움, 10pt, 가운데 정렬,
셀 배경(그러데이션) : 유형(가로)【수평】,
시작색(하양), 끝색(노랑)

★ *한강의 주요 교량*

글꼴 : 굴림, 18pt,
기울임, 강조점

구분	준공 시기	시공사	관리 기관
성산대교	1980년 6월 30일	현대건설, 한국종합기술	도로시설과
서강대교	1999년 8월 14일		
강동대교	1991년 12월	대림산업(주), 동명기술단, 제일엔지니어링	한국도로공사
팔당대교	1995년 5월	유원건설, 경기도공영개발사업단	하남시(건설과)
미사대교	2009년 7월 15일	한국해외기술, 현대산업개발	서울춘천고속도로(주)
마곡대교	2010년 12월 31일	현대건설, (주)청석엔지니어링	코레일공항철도

글꼴 : 궁서, 22pt, 진하게,
장평 120%, 오른쪽 정렬 → **한강사업본부**

각주 구분선 : 5cm

㉮ 하천의 침식 작용 등으로 인하여 생긴 절벽

쪽 번호 매기기
2로 시작

B

8회 기출문제

과목	코드	문제유형	시험시간	수험번호	성 명
아래 한글	1111	A	60분	50805018	

수 험 자 유 의 사 항

◉ 수험자는 문제지를 받는 즉시 문제지와 **수험표상의 시험과목(프로그램)이 동일한지 반드시 확인**하여야 합니다.

◉ 파일명은 본인의 "수험번호-성명"으로 입력하여 답안폴더(내 PC₩문서₩ITQ)에 하나의 파일로 저장해야 하며, 답안문서 파일명이 "수험번호-성명"과 일치하지 않거나, 답안파일을 전송하지 않아 미제출로 처리될 경우 실격 처리합니다 (예 : 12345678-홍길동.hwp).

◉ 답안 작성을 마치면 파일을 저장하고, '답안 전송' 버튼을 선택하여 감독위원 PC로 답안을 전송하십시오. 수험생 정보와 저장한 파일명이 다를 경우 전송되지 않으므로 주의하시기 바랍니다.

◉ 답안 작성 중에도 **주기적으로 저장하고 '답안 전송'** 하여야 문제 발생을 줄일 수 있습니다. 작업한 내용을 저장하지 않고 전송할 경우 이전에 저장된 내용이 전송되오니 이점 유의하시기 바랍니다.

◉ 답안문서는 지정된 경로 외의 다른 보조기억장치에 저장하는 경우, 지정된 시험 시간 외에 작성된 파일을 활용할 경우, 기타 통신 수단(이메일, 메신저, 네트워크 등)을 이용하여 타인에게 전달 또는 외부 반출하는 경우는 부정 처리합니다.

◉ 시험 중 부주의 또는 고의로 시스템을 파손한 경우는 수험자가 변상해야 하며, 〈수험자 유의사항〉에 기재된 방법대로 이행하지 않아 생기는 불이익은 수험생 당사자의 책임임을 알려 드립니다.

◉ 문제의 조건은 한컴오피스 2020 버전으로 설정되어 있으며 한컴오피스 NEO는 【 】에 표기되어 있습니다. 이와 관련하여 작성한 답안의 출력형태가 문제지와 다를 수 있습니다.

◉ 시험을 완료한 수험자는 답안파일이 전송되었는지 확인한 후 감독위원의 지시에 따라 문제지를 제출하고 퇴실합니다.

답 안 작 성 요 령

◉ 온라인 답안 작성 절차
　수험자 등록 ⇒ 시험 시작 ⇒ 답안파일 저장 ⇒ 답안 전송 ⇒ 시험 종료

◉ 공통 부문
· 글꼴에 대한 기본설정은 함초롬바탕, 10포인트, 검정, 줄간격 160%, 양쪽정렬로 합니다.
· 색상은 조건의 색을 적용하고 색의 구분이 안될 경우에는 RGB 값을 적용합니다(빨강 255,0,0 / 파랑 0,0,255 / 노랑 255,255,0).
· 각 문항에 주어진 《조건》에 따라 작성하고 언급하지 않은 조건은 《출력형태》와 같이 작성합니다.
· 용지여백은 왼쪽·오른쪽 11㎜, 위쪽·아래쪽·머리말·꼬리말 10㎜, 제본 0㎜로 합니다.
· 그림 삽입 문제의 경우「내 PC₩문서₩ITQ₩Picture」폴더에서 지정된 파일을 선택하여 삽입하십시오.
· 삽입한 그림은 반드시 문서에 포함하여 저장해야 합니다(미포함 시 감점 처리).
· 각 항목은 지정된 페이지에 출력형태와 같이 정확히 작성하시기 바라며, 그렇지 않을 경우에 해당 항목은 0점 처리됩니다.
※ 페이지구분 : 1페이지 - 기능평가Ⅰ (문제번호 표시 : 1. 2.),
　　　　　　　 2페이지 - 기능평가Ⅱ (문제번호 표시 : 3. 4.),
　　　　　　　 3페이지 - 문서작성 능력평가

기능평가
· 문제와 《조건》은 입력하지 않으며 문제번호와 답(《출력형태》)만 작성합니다.
· 4번 문제는 묶기를 했을 경우 0점 처리됩니다.

문서작성 능력평가
· A4 용지(210㎜×297㎜) 1매 크기, 세로 서식 문서로 작성합니다.
· :￣￣: 표시는 문서작성에 대한 지시사항이므로 작성하지 않습니다.

1. 다음의 《조건》에 따라 스타일 기능을 적용하여 《출력형태》와 같이 작성하시오. (50점)

조건 (1) 스타일 이름 – kimchi
(2) 문단 모양 – 왼쪽 여백 : 15pt, 문단 아래 간격 : 10pt
(3) 글자 모양 – 글꼴 : 한글(궁서)/영문(돋움), 크기 : 10pt, 장평 : 95%, 자간 : 5%

출력형태

Lactic acid bacteria produced by the fermentation process helps control harmful bacteria, and the spicy lactic acid bacteria not only adds to the flavor of Kimchi.

김치는 소금에 절인 채소에 젓갈과 양념을 혼합하여 저온에서 발효시킨 식품으로 각종 비타민과 무기질이 풍부하여 소화를 돕고 식욕을 증진하며 암을 예방하는 역할을 한다.

2. 다음의 《조건》에 따라 《출력형태》와 같이 표와 차트를 작성하시오. (100점)

표조건 (1) 표 전체(표, 캡션) – 돋움, 10pt
(2) 정렬 – 문자 : 가운데 정렬, 숫자 : 오른쪽 정렬
(3) 셀 배경 : 노랑
(4) 한글의 계산 기능을 이용하여 빈칸에 합계를 구하고, 캡션 기능 사용할 것
(5) 선 모양은 《출력형태》와 동일하게 처리할 것

출력형태

김치 수출 현황(단위 : 억 불)

구분	2015년	2016년	2017년	2018년	합계
배추김치	453	586	849	596	
열무김치	767	459	806	632	
부추김치	432	543	504	563	
갓김치	526	633	512	489	✕

차트조건 (1) 차트 데이터는 표 내용에서 연도별 배추김치, 열무김치, 부추김치의 값만 이용할 것
(2) 종류 – <묶은 세로 막대형>으로 작업할 것
(3) 제목 – 궁서, 진하게, 12pt, 속성 – 채우기(하양), 테두리, 그림자(대각선 오른쪽 아래)
【궁서, 진하게, 12pt, 배경 – 선 모양(한 줄로), 그림자(2pt)】
(4) 제목 이외의 전체 글꼴 – 궁서, 보통, 10pt
(5) 축제목과 범례는 《출력형태》와 동일하게 처리할 것

출력형태

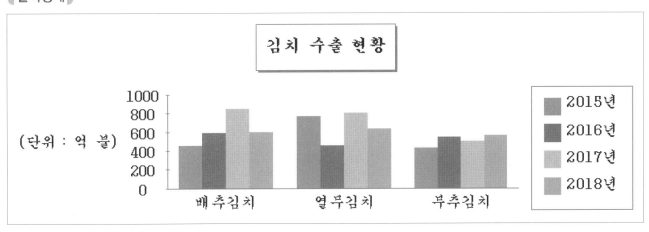

3. 다음 (1), (2)의 수식을 수식 편집기로 각각 입력하시오. (40점)

출력형태

(1) $P_n = 1 - \dfrac{9(9n-1)(9n-2)}{10(10n-1)(10n-2)}$

(2) $\displaystyle\int_0^1 \left(\sin x + \dfrac{x}{2}\right)dx = \int_0^1 \dfrac{1+\sin x}{2}dx$

4. 다음의 ≪조건≫에 따라 ≪출력형태≫와 같이 문서를 작성하시오. (110점)

조건 (1) 그리기 도구를 이용하여 작성하고, 모든 도형(글맵시, 지정된 그림 포함)을 ≪출력형태≫와 같이
작성하시오.
(2) 도형의 면색은 지시사항이 없으면 색 없음을 제외하고 서로 다르게 임의로 지정하시오.

출력형태

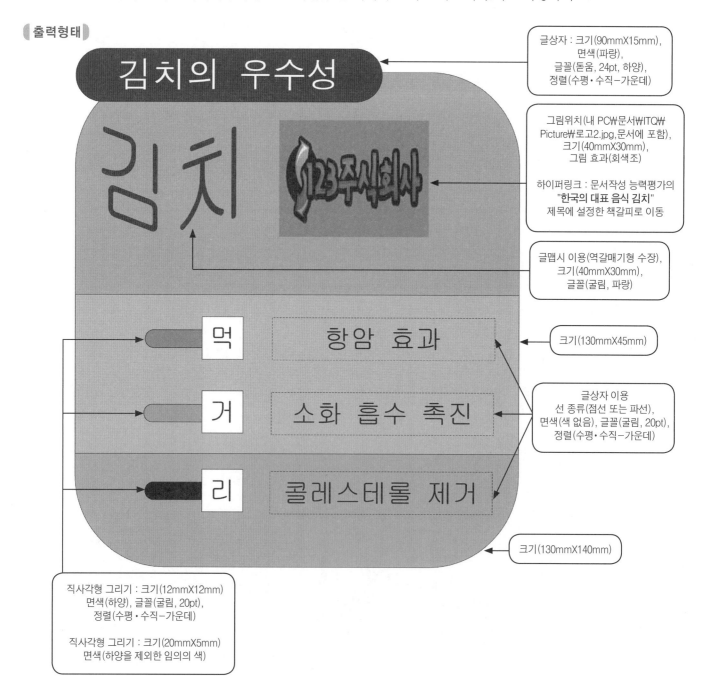

글상자 : 크기(90mmX15mm),
면색(파랑),
글꼴(돋움, 24pt, 하양),
정렬(수평·수직-가운데)

그림위치(내 PC\문서\ITQ\
Picture\로고2.jpg,문서에 포함),
크기(40mmX30mm),
그림 효과(회색조)

하이퍼링크 : 문서작성 능력평가의
"한국의 대표 음식 김치"
제목에 설정한 책갈피로 이동

글맵시 이용(역갈매기형 수장),
크기(40mmX30mm),
글꼴(굴림, 파랑)

크기(130mmX45mm)

글상자 이용
선 종류(점선 또는 파선),
면색(색 없음), 글꼴(굴림, 20pt),
정렬(수평·수직-가운데)

크기(130mmX140mm)

직사각형 그리기 : 크기(12mmX12mm)
면색(하양), 글꼴(굴림, 20pt),
정렬(수평·수직-가운데)

직사각형 그리기 : 크기(20mmX5mm)
면색(하양을 제외한 임의의 색)

글꼴 : 돋움, 18pt, 진하게, 가운데 정렬,
책갈피 이름 : 김치, 덧말 넣기

머리말 기능
돋움, 10pt, 오른쪽 정렬 → 전통음식

그림위치(내 PC₩문서₩ITQ₩Picture₩
그림4.jpg, 문서에 포함),
자르기 기능 이용, 크기(40mmX35mm),
바깥 여백 왼쪽 : 2mm

각주

진통의 맛
한국의 대표 음식 김치

문단 첫 글자 장식 기능
글꼴 : 돋움, 면색 : 노랑

사람은 비타민이나 무기질ⓐ이 풍부한 채소의 섭취(攝取)가 반드시 필요하다. 그런데 채소는 곡물과 달라서 저장하기가 어렵다. 물론 채소를 건조시켜 저장할 수는 있지만 건조시킬 경우 본래의 맛을 잃고 영양분이 손실된다. 그래서 채소를 소금에 절이거나 장, 초, 향신료 등과 섞어 새로운 맛과 향기를 생성시키면서 저장하는 방법을 개발하게 되었다. 이렇게 개발된 우리 고유의 식품이 바로 김치이다.

　김치는 무, 배추, 오이, 열무 등의 채소를 저농도의 소금에 절여 고추, 파, 마늘, 생강, 젓갈 등의 양념을 혼합하여 저온에서 발효(醱酵)시킨 식품으로 한국인의 식탁에서 빼놓을 수 없는 음식 중의 하나이다. 여러 종류의 식자재를 이용하여 만든 발효 식품으로 각종 무기질과 비타민이 풍부해 영양학적으로도 우수하다. 젖산균에 의해 정장 작용을 하고 소화를 도와주며, 식욕을 증진하는 역할도 한다. 특히 김장 김치는 채소가 부족한 겨울철에 비타민의 공급원이 되었다. 지역과 계절, 주재료와 조리 방법에 따라 김치를 담그는 방법도 다양하게 발달하였으며, 이제는 우리나라뿐만이 아니라 세계 여러 나라에서도 그 인기를 실감할 수 있는 세계 속의 김치가 되어 한국의 이름을 드높이고 있다.

글꼴 : 굴림, 18pt, 하양
음영색 : 파랑

♣ 김치의 효능

(1) 영양소

　(가) 비타민 A와 C, 칼슘, 인, 철분 등의 무기질 풍부

　(나) 김치가 숙성함에 따라 장을 깨끗이 하는 유산균 증식

(2) 건강 도우미

　(가) 항산화 작용을 통한 항암 및 노화 억제 효과

　(나) 각종 식이성 섬유로 성인병 예방 및 치료

문단 번호 기능 사용
1수준 : 20pt, 오른쪽 정렬
2수준 : 30pt, 오른쪽 정렬
줄 간격 : 180%

글꼴 : 굴림, 18pt,
기울임, 강조점

♣ *지역별 김치의 특징*

표 전체 글꼴 : 돋움, 10pt, 가운데 정렬,
셀 배경(그러데이션) : 유형(오른쪽 대각선),
시작색(하양), 끝색(노랑)

구분		내용
경기도	특징	풍요롭고 화려한 모양
	대표 김치	용인오이지, 순무짠지, 꿩김치, 고구마줄기김치, 보쌈김치, 섞박지, 백김치 등
충청도	특징	젓국을 쓰지 않고 소금만을 사용하는 것이 특징
	대표 김치	박김치, 파짠지, 열무물김치, 가지김치, 시금치김치, 새우젓깍두기 등
전라도	특징	참깨와 찹쌀 풀을 넣어 독특한 맛
	대표 김치	갓쌈김치, 고들빼기김치, 배추포기김치, 검들김치, 굴깍두기 등

글꼴 : 궁서, 25pt, 진하게,
장평 110%, 오른쪽 정렬 → **김치박물관**

각주 구분선 : 5cm

ⓐ 생명체의 골격, 조직, 체액 따위에 포함되어 있는 칼슘, 인, 철, 요오드, 물 등의 영양소

쪽 번호 매기기
2로 시작

ii

9회 기출문제

과목	코드	문제유형	시험시간	수험번호	성 명
아래 한글	1111	A	60분	54315019	

수 험 자 유 의 사 항

- 수험자는 문제지를 받는 즉시 문제지와 **수험표상의 시험과목(프로그램)이 동일한지 반드시 확인**하여야 합니다.
- 파일명은 본인의 "수험번호-성명"으로 입력하여 답안폴더(내 PC₩문서₩ITQ)에 하나의 파일로 저장해야 하며, 답안문서 파일명이 "수험번호-성명"과 일치하지 않거나, 답안파일을 전송하지 않아 미제출로 처리될 경우 실격 처리합니다 (예 : 12345678-홍길동.hwp).
- 답안 작성을 마치면 파일을 저장하고, '답안 전송' 버튼을 선택하여 감독위원 PC로 답안을 전송하십시오. 수험생 정보와 저장한 파일명이 다를 경우 전송되지 않으므로 주의하시기 바랍니다.
- 답안 작성 중에도 **주기적으로 저장하고 '답안 전송'**하여야 문제 발생을 줄일 수 있습니다. 작업한 내용을 저장하지 않고 전송할 경우 이전에 저장된 내용이 전송되오니 이점 유의하시기 바랍니다.
- 답안문서는 지정된 경로 외의 다른 보조기억장치에 저장하는 경우, 지정된 시험 시간 외에 작성된 파일을 활용할 경우, 기타 통신 수단(이메일, 메신저, 네트워크 등)을 이용하여 타인에게 전달 또는 외부 반출하는 경우는 부정 처리합니다.
- 시험 중 부주의 또는 고의로 시스템을 파손한 경우는 수험자가 변상해야 하며, 〈수험자 유의사항〉에 기재된 방법대로 이행하지 않아 생기는 불이익은 수험생 당사자의 책임임을 알려 드립니다.
- 문제의 조건은 한컴오피스 2020 버전으로 설정되어 있으며 한컴오피스 NEO는 【 】에 표기되어 있습니다. 이와 관련하여 작성한 답안의 출력형태가 문제지와 다를 수 있습니다.
- 시험을 완료한 수험자는 답안파일이 전송되었는지 확인한 후 감독위원의 지시에 따라 문제지를 제출하고 퇴실합니다.

답 안 작 성 요 령

- **온라인 답안 작성 절차**
  수험자 등록 ⇒ 시험 시작 ⇒ 답안파일 저장 ⇒ 답안 전송 ⇒ 시험 종료
- **공통 부문**
- 글꼴에 대한 기본설정은 함초롬바탕, 10포인트, 검정, 줄간격 160%, 양쪽정렬로 합니다.
- 색상은 조건의 색을 적용하고 색의 구분이 안될 경우에는 RGB 값을 적용합니다(빨강 255,0,0 / 파랑 0,0,255 / 노랑 255,255,0).
- 각 문항에 주어진 ≪조건≫에 따라 작성하고 언급하지 않은 조건은 ≪출력형태≫와 같이 작성합니다.
- 용지여백은 왼쪽 · 오른쪽 11㎜, 위쪽 · 아래쪽 · 머리말 · 꼬리말 10㎜, 제본 0㎜로 합니다.
- 그림 삽입 문제의 경우「내 PC₩문서₩ITQ₩Picture」폴더에서 지정된 파일을 선택하여 삽입하십시오.
- 삽입한 그림은 반드시 문서에 포함하여 저장해야 합니다(미포함 시 감점 처리).
- 각 항목은 지정된 페이지에 출력형태와 같이 정확히 작성하시기 바라며, 그렇지 않을 경우에 해당 항목은 0점 처리됩니다.
- ※ 페이지구분 : 1페이지 – 기능평가 I (문제번호 표시 : 1. 2.),
  2페이지 – 기능평가 II (문제번호 표시 : 3. 4.),
  3페이지 – 문서작성 능력평가

기능평가
- 문제와 ≪조건≫은 입력하지 않으며 문제번호와 답(≪출력형태≫)만 작성합니다.
- 4번 문제는 묶기를 했을 경우 0점 처리됩니다.

문서작성 능력평가
- A4 용지(210㎜×297㎜) 1매 크기, 세로 서식 문서로 작성합니다.
- ┊┊┊ 표시는 문서작성에 대한 지시사항이므로 작성하지 않습니다.

The Insight KPC
kpc 한국생산성본부

1. 다음의 ≪조건≫에 따라 스타일 기능을 적용하여 ≪출력형태≫와 같이 작성하시오. (50점)

조건
(1) 스타일 이름 – robot
(2) 문단 모양 – 왼쪽 여백 : 10pt, 문단 아래 간격 : 10pt
(3) 글자 모양 – 글꼴 : 한글(돋움)/영문(굴림), 크기 : 10pt, 장평 : 103%, 자간 : -7%

출력형태

A robot is a machine which is programmed to move and perform certain tasks automatically. Very light-weight robots that we could send other moon for planetary exploration.

로봇산업이란 로봇 완성품이나 부품을 제조, 판매, 서비스하는 산업을 말하며 로봇은 다양한 기술력이 융합되어 완성되는 창조적 미래 과학기술의 결정체로 국가 경쟁력의 요체가 되고 있다.

2. 다음의 ≪조건≫에 따라 ≪출력형태≫와 같이 표와 차트를 작성하시오. (100점)

표조건
(1) 표 전체(표, 캡션) – 돋움, 10pt
(2) 정렬 – 문자 : 가운데 정렬, 숫자 : 오른쪽 정렬
(3) 셀 배경(면색) : 노랑
(4) 한글의 계산 기능을 이용하여 빈칸에 평균(소수점 두 자리)을 구하고, 캡션 기능 사용할 것
(5) 선 모양은 ≪출력형태≫와 동일하게 처리할 것

출력형태
직종별 로봇산업 인력 현황(단위 : 명)

구분	2015년	2016년	2017년	2018년	평균
연구직	1,666	2,034	2,942	2,599	
생산직	1,877	1,223	1,871	3,620	
사무직	762	1,096	3,176	3,140	
영업직	519	715	1,140	1,150	✕

차트조건
(1) 차트 데이터는 표 내용에서 연도별 연구직, 생산직, 사무직의 값만 이용할 것
(2) 종류 – <묶은 세로 막대형>으로 작업할 것
(3) 제목 – 돋움, 진하게, 12pt, 속성 – 채우기(하양), 테두리, 그림자(대각선 오른쪽 아래)
　　　【돋움, 진하게, 12pt, 배경 – 선 모양(한 줄로), 그림자(2pt)】
(4) 제목 이외의 전체 글꼴 – 돋움, 보통, 10pt
(5) 축제목과 범례는 ≪출력형태≫와 동일하게 처리할 것

출력형태

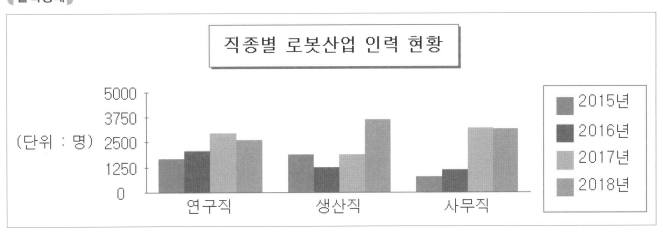

3. 다음 (1), (2)의 수식을 수식 편집기로 각각 입력하시오. (40점)

출력형태

(1) $\dfrac{h_{1x}}{2k} \times (-2mh_{1x}) = -\dfrac{m(h_{1x})^2}{k}$

(2) $a_n = n^2 \dfrac{h^2}{4\pi^2 Kme^2}$

4. 다음의 ≪조건≫에 따라 ≪출력형태≫와 같이 문서를 작성하시오. (110점)

조건 (1) 그리기 도구를 이용하여 작성하고, 모든 도형(글맵시, 지정된 그림 포함)을 ≪출력형태≫와 같이
작성하시오.

(2) 도형의 면색은 지시사항이 없으면 색 없음을 제외하고 서로 다르게 임의로 지정하시오.

출력형태

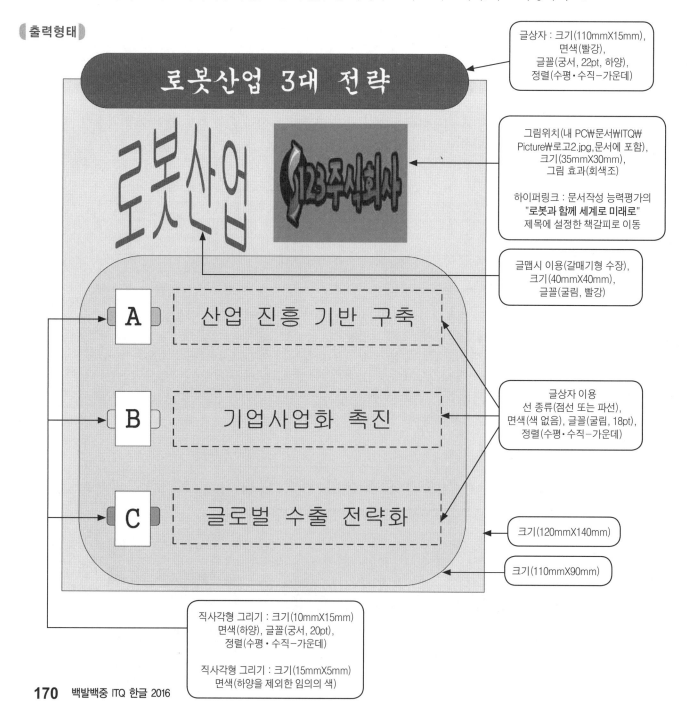

글꼴 : 굴림, 20pt, 진하게, 가운데 정렬,
책갈피 이름 : 로봇산업, 덧말 넣기

머리말 기능
돋움, 10pt, 오른쪽 정렬 → 로봇산업의 전망

문단 첫 글자 장식 기능
글꼴 : 돋움, 면색 : 노랑

그림위치(내 PC₩문서₩ITQ₩Picture₩
그림4.jpg, 문서에 포함),
자르기 기능 이용, 크기(40mmX25mm),
바깥 여백 왼쪽 : 2mm

로봇산업의 육성
로봇과 함께 세계로 미래로

국가의 신성장 동력으로 급성장(急成長)이 예상되는 로봇산업은 성장 잠재력과 파급 효과가 엄청난 유망산업으로서 지식경제부는 2020년 세계 로봇 시장의 규모를 약 1,900억 달러로 추정하고 있다. 현재 국내 로봇산업은 매년 2배 가까운 성장률과 함께 유래 없는 속도로 발전하고 있으며 일본, 미국, 독일 등에 이어 세계 5위 수준을 기록하고 있다.

각주

로봇산업이란 로봇 완성품이나 부품을 제조, 판매, 서비스하는 산업을 말한다. 로봇은 단순히 한 분야에서 일률적인 제조 공정을 통해 생산되는 것이 아니라 다양한 기술력과 관련 기관㉮의 협력이 융합되어 완성되는 창조적 미래 과학 기술의 결정체(結晶體)이다. 앞으로 20년 이내에 모든 산업이 로봇과 연관되어 로봇산업에서 우위를 선점하는 국가만이 글로벌 경쟁에서 살아남을 수 있을 정도로 국가 경쟁력의 요체가 될 것이라 전망되는 만큼 세계 시장 점유율을 높이고 내실화를 기하기 위해 부단한 노력이 요구되고 있다. 먼저 일본과 유럽 등의 1/4 내지 절반 수준인 연간 6,000만 불의 연구개발(R&D) 투자 규모를 확대하고, 이어 로봇 전문 인력을 육성하여 창업을 장려하고 로봇 커뮤니티 네트워킹을 구축한다면 로봇산업의 세계 시장을 석권할 날이 더욱 가까워질 것이다.

◆ 로봇산업 클러스터 기술사업화 지원

글꼴 : 굴림, 18pt, 하양
음영색 : 파랑

　A. 신청서 교부 및 제출

　　① 교부 : 한국로봇산업진흥원 홈페이지 사업공고란

　　② 제출 : 2012년 10월 16일부터 19일까지

　B. 접수 방법 및 문의처

　　① 접수 방법 : 방문 또는 우편

　　② 문의처 : 본원 클러스터 추진단(경북대학교 내)

문단 번호 기능 사용
1수준 : 20pt, 오른쪽 정렬
2수준 : 30pt, 오른쪽 정렬
줄 간격 : 180%

◆ 로봇 시범사업 주요 내용

글꼴 : 굴림, 18pt,
기울임, 강조점

표 전체 글꼴 : 돋움, 10pt, 가운데 정렬,
셀 배경(그러데이션) : 유형(왼쪽 대각선),
시작색(하양), 끝색(노랑)

구분	주관기관	참여기업 수	사업 내용
시장 검증	퓨처로봇	3	레스토랑 서비스 로봇 상용화 시장 검증
	일심글로벌	2	지능형 유리창 청소 로봇 시장 검증
시범 서비스	KIST	5	영어교사 보조 로봇 시범 서비스 사업
	삼성테크원	3	GP 감시경계 로봇 시스템 구축 사업
	노틸러스 효성	2	이동형 키오스크 로봇 시범 서비스 사업

한국로봇산업진흥원

글꼴 : 궁서, 25pt, 진하게,
장평 110%, 가운데 정렬

각주 구분선 : 5cm

㉮ 관련 산업체와 대학, 연구소, 정부 부처, 지방자치단체 등

쪽 번호 매기기
2로 시작

B

기출문제

과목	코드	문제유형	시험시간	수험번호	성 명
아래 한글	1111	A	60분	33125020	

수 험 자 유 의 사 항

◉ 수험자는 문제지를 받는 즉시 문제지와 **수험표상의 시험과목(프로그램)이 동일한지 반드시 확인**하여야 합니다.

◉ 파일명은 본인의 "수험번호-성명"으로 입력하여 답안폴더(내 PC\문서\ITQ)에 하나의 파일로 저장해야 하며, 답안문서 파일명이 "수험번호-성명"과 일치하지 않거나, 답안파일을 전송하지 않아 미제출로 처리될 경우 실격 처리합니다 (예 : 12345678-홍길동.hwp).

◉ 답안 작성을 마치면 파일을 저장하고, '답안 전송' 버튼을 선택하여 감독위원 PC로 답안을 전송하십시오. 수험생 정보와 저장한 파일명이 다를 경우 전송되지 않으므로 주의하시기 바랍니다.

◉ 답안 작성 중에도 **주기적으로 저장하고 '답안 전송'** 하여야 문제 발생을 줄일 수 있습니다. 작업한 내용을 저장하지 않고 전송할 경우 이전에 저장된 내용이 전송되오니 이점 유의하시기 바랍니다.

◉ 답안문서는 지정된 경로 외의 다른 보조기억장치에 저장하는 경우, 지정된 시험 시간 외에 작성된 파일을 활용할 경우, 기타 통신 수단(이메일, 메신저, 네트워크 등)을 이용하여 타인에게 전달 또는 외부 반출하는 경우는 부정 처리합니다.

◉ 시험 중 부주의 또는 고의로 시스템을 파손한 경우는 수험자가 변상해야 하며, <수험자 유의사항>에 기재된 방법대로 이행하지 않아 생기는 불이익은 수험생 당사자의 책임임을 알려 드립니다.

◉ 문제의 조건은 한컴오피스 2020 버전으로 설정되어 있으며 한컴오피스 NEO는 【 】에 표기되어 있습니다. 이와 관련하여 작성한 답안의 출력형태가 문제지와 다를 수 있습니다.

◉ 시험을 완료한 수험자는 답안파일이 전송되었는지 확인한 후 감독위원의 지시에 따라 문제지를 제출하고 퇴실합니다.

답 안 작 성 요 령

◉ **온라인 답안 작성 절차**
　수험자 등록 ⇒ 시험 시작 ⇒ 답안파일 저장 ⇒ 답안 전송 ⇒ 시험 종료

◉ **공통 부문**
· 글꼴에 대한 기본설정은 함초롬바탕, 10포인트, 검정, 줄간격 160%, 양쪽정렬로 합니다.
· 색상은 조건의 색을 적용하고 색의 구분이 안될 경우에는 RGB 값을 적용합니다(빨강 255,0,0 / 파랑 0,0,255 / 노랑 255,255,0).
· 각 문항에 주어진 ≪조건≫에 따라 작성하고 언급하지 않은 조건은 ≪출력형태≫와 같이 작성합니다.
· 용지여백은 왼쪽 · 오른쪽 11㎜, 위쪽 · 아래쪽 · 머리말 · 꼬리말 10㎜, 제본 0㎜로 합니다.
· 그림 삽입 문제의 경우「내 PC\문서\ITQ\Picture」폴더에서 지정된 파일을 선택하여 삽입하십시오.
· 삽입한 그림은 반드시 문서에 포함하여 저장해야 합니다(미포함 시 감점 처리).
· 각 항목은 지정된 페이지에 출력형태와 같이 정확히 작성하시기 바라며, 그렇지 않을 경우에 해당 항목은 0점 처리됩니다.
※ 페이지구분 : 1페이지 – 기능평가 I (문제번호 표시 : 1. 2.),
　　　　　　　 2페이지 – 기능평가 II (문제번호 표시 : 3. 4.),
　　　　　　　 3페이지 – 문서작성 능력평가

◉ **기능평가**
· 문제와 ≪조건≫은 입력하지 않으며 문제번호와 답(≪출력형태≫)만 작성합니다.
· 4번 문제는 묶기를 했을 경우 0점 처리됩니다.

◉ **문서작성 능력평가**
· A4 용지(210㎜×297㎜) 1매 크기, 세로 서식 문서로 작성합니다.
· 〔┈┈〕 표시는 문서작성에 대한 지시사항이므로 작성하지 않습니다.

The Insight KPC
kpc 한국생산성본부

1. 다음의 ≪조건≫에 따라 스타일 기능을 적용하여 ≪출력형태≫와 같이 작성하시오. (50점)

조건
   (1) 스타일 이름 – firefly
   (2) 문단 모양 – 왼쪽 여백 : 15pt, 문단 아래 간격 : 10pt
   (3) 글자 모양 – 글꼴 : 한글(돋움)/영문(궁서), 크기 : 10pt, 장평 : 105%, 자간 : 5%

출력형태

The Muju Firefly Festival, opening at the small city Muju in 1997, already welcomes visitors for eighth times this year.

반딧불이는 우리나라에서 장수하늘소와 함께 천연기념물로 지정된 곤충으로 배마디 말단의 발광기에서 빛을 발하여 순수한 동심을 불러일으키는 정서적 역할을 한다.

2. 다음의 ≪조건≫에 따라 ≪출력형태≫와 같이 표와 차트를 작성하시오. (100점)

표조건
   (1) 표 전체(표, 캡션) – 돋움, 10pt
   (2) 정렬 – 문자 : 가운데 정렬, 숫자 : 오른쪽 정렬
   (3) 셀 배경 : 노랑
   (4) 한글의 계산 기능을 이용하여 빈칸에 평균(소수점 두 자리)을 구하고, 캡션 기능 사용할 것
   (5) 선 모양은 ≪출력형태≫와 동일하게 처리할 것

출력형태

곤충박물관 관람 현황(단위 : 백 명)

구분	2015년	2016년	2017년	2018년	평균
곤충생태관	1,980	2,860	1,740	2,950	
아라크노피아	1,670	1,590	2,180	1,930	
누에박물관	3,210	2,450	1,400	2,760	
나비나라	2,420	1,530	3,110	2,490	✕

차트조건
   (1) 차트 데이터는 표 내용에서 연도별 곤충생태관, 아라크노피아, 누에박물관의 값만 이용할 것
   (2) 종류 – <묶은 세로 막대형>으로 작업할 것
   (3) 제목 – 굴림, 진하게, 12pt, 속성 – 채우기(하양), 테두리, 그림자(대각선 오른쪽 아래)
      【굴림, 진하게, 12pt, 배경 – 선 모양(한 줄로), 그림자(2pt)】
   (4) 제목 이외의 전체 글꼴 – 굴림, 보통, 10pt
   (5) 축제목과 범례는 ≪출력형태≫와 동일하게 처리할 것

출력형태

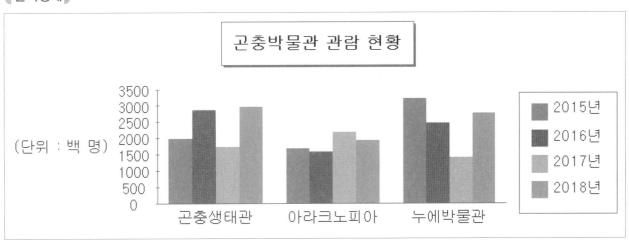

3. 다음 (1), (2)의 수식을 수식 편집기로 각각 입력하시오. (40점)

【출력형태】

(1) $\int_0^1 (\sin x + \frac{x}{2}) dx = \int_0^1 \frac{1 + \sin x}{2} dx$ (2) $a^2 = b^2 + c^2 - 2bcosA \Leftrightarrow \cos A = \frac{b^2 + c^2 - a^2}{2bc}$

4. 다음의 ≪조건≫에 따라 ≪출력형태≫와 같이 문서를 작성하시오. (110점)

【조건】 (1) 그리기 도구를 이용하여 작성하고, 모든 도형(글맵시, 지정된 그림 포함)을 ≪출력형태≫와 같이
        작성하시오.
        (2) 도형의 면색은 지시사항이 없으면 색 없음을 제외하고 서로 다르게 임의로 지정하시오.

【출력형태】

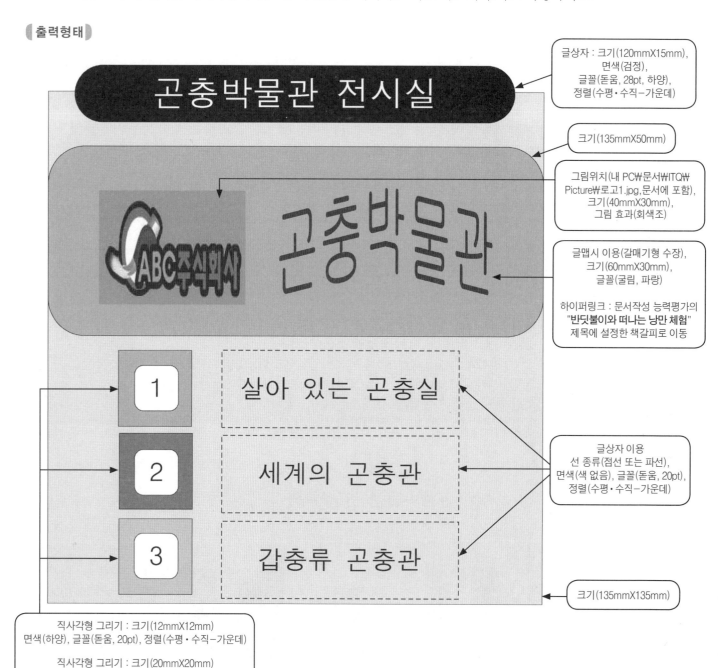

글상자 : 크기(120mmX15mm),
면색(검정),
글꼴(돋움, 28pt, 하양),
정렬(수평・수직-가운데)

크기(135mmX50mm)

그림위치(내 PC₩문서₩ITQ₩
Picture₩로고1.jpg, 문서에 포함),
크기(40mmX30mm),
그림 효과(회색조)

글맵시 이용(갈매기형 수장),
크기(60mmX30mm),
글꼴(굴림, 파랑)

하이퍼링크 : 문서작성 능력평가의
"반딧불이와 떠나는 낭만 체험"
제목에 설정한 책갈피로 이동

글상자 이용
선 종류(점선 또는 파선),
면색(색 없음), 글꼴(돋움, 20pt),
정렬(수평・수직-가운데)

크기(135mmX135mm)

직사각형 그리기 : 크기(12mmX12mm)
면색(하양), 글꼴(돋움, 20pt), 정렬(수평・수직-가운데)

직사각형 그리기 : 크기(20mmX20mm)
면색(하양을 제외한 임의의 색)

글꼴 : 돋움, 18pt, 진하게, 가운데 정렬,
책갈피 이름 : 반딧불이, 덧말 넣기

머리말 기능
돋움, 10pt, 오른쪽 정렬 ▶ 천연기념물 곤충

반딧불이의 특징
반딧불이와 떠나는 낭만 체험

문단 첫 글자 장식 기능
글꼴 : 돋움, 면색 : 노랑

그림위치(내 PC\문서\ITQ\Picture\
그림5.jpg, 문서에 포함),
자르기 기능 이용, 크기(40mmX30mm),
바깥 여백 왼쪽 : 2mm

반 딧불이는 반딧불이과에 속하는 곤충의 총칭(總稱)으로 개똥벌레라고도 한다. 오래전에는 두엄과 썩은 풀더미, 논 가장자리에 쌓아 둔 퇴비 등 전국 어디서나 볼 수 있었으나 지금은 급격히 줄고 있어 보존 전략이 시급히 요구되는 생물이다. 전라북도 무주군 설천면이 반딧불이 축제를 시작하였으며 이 지역의 남대천 일대가 중요한 서식처로 알려져 있어 국가에서는 무주 일원 반딧불이와 그 먹이 서식지를 천연기념물 제322호로 지정하여 보호하고 있다.

각주

8개의 마디로 이루어진 배의 말단에 발광기@가 있어 빛을 내는 반딧불이는 보통 식물에서 발견되나 유충(幼蟲)은 육식성으로 여러 가지 작은 곤충이나 달팽이류를 먹고 산다. 날개가 없는 암컷과 반딧불이의 유충은 희미하게 발광을 한다. 전 세계적으로 1,700여 종이 분포되어 있으며 우리나라에는 7종이 알려져 있다. 그 가운데 흔히 볼 수 있는 반딧불이류로는 파파리반디, 애반디, 늦반디 등 3종이다. 경기도 성남시에서도 반딧불이를 번성시키기 위해 민간 업체와 꾸준히 노력을 기울이고 있으나 아직은 효과가 미미한 편이다. 대신 희소성으로 인한 상업성 때문에 대규모 민간 유락 시설 등에서 이를 활용한 관광 및 교육 상품으로 많이 접근하고 있다.

◆ ## 반딧불이의 생태

글꼴 : 굴림, 18pt, 하양
음영색 : 파랑

　1) 형태

　　가) 몸길이와 색 : 12-18밀리미터, 검은색 몸

　　나) 앞가슴 등판 : 암갈색의 십자형 얼룩무늬

문단 번호 기능 사용
1수준 : 20pt, 오른쪽 정렬
2수준 : 30pt, 오른쪽 정렬
줄 간격 : 180%

　2) 생태 및 사육법

　　가) 애벌레 : 주로 민물 다슬기를 먹으며 수중에서 생활

　　나) 성체 수명 : 서식 환경 등에 따라 10~15일 후 자연사

◆ ## *곤충박물관 파브르 곤충교실*

글꼴 : 굴림, 18pt,
기울임, 강조점

표 전체 글꼴 : 돋움, 10pt, 가운데 정렬,
셀 배경(그러데이션) : 유형(왼쪽 대각선),
시작색(하양), 끝색(노랑)

구분	활동 내용	소요 시간
오리엔테이션	박물관 소개, 곤충에 대한 기본적인 학습 실시	1시간
	박물관의 다양한 표본과 살아 있는 곤충들 관람	
야외 활동	곤충 채집법, 생태 사진 촬영법 교육	2시간
곤충 채집 및 촬영	교사의 지도 아래 자유롭게 채집 및 촬영	
곤충 표본 제작	표본 방법 학습 후 각자 채집해 온 곤충으로 표본 제작	1시간 30분
보고서 작성	체험 학습 보고서 작성	

글꼴 : 궁서, 25pt, 진하게,
장평 110%, 오른쪽 정렬 ▶ **곤충박물관**

각주 구분선 : 5cm

@ 몸에서 빛을 내는 기관으로 반딧불이, 심해어, 오징어 등의 수정체나 맥락막에 발달

쪽 번호 매기기
1로 시작

A

iTQ 한글 2016

2020. 6. 2. 1판 1쇄 발행
2022. 1. 5. 개정증보 1판 1쇄 발행
2023. 1. 11. 개정증보 2판 1쇄 발행
2023. 6. 21. 개정증보 3판 1쇄 발행
2024. 6. 19. 개정증보 4판 1쇄 발행

저자와의
협의하에
검인생략

지은이 | 한정수, IT연구회
펴낸이 | 이종춘
펴낸곳 | **BM** (주)도서출판 **성안당**
주소 | 04032 서울시 마포구 양화로 127 첨단빌딩 3층(출판기획 R&D 센터)
| 10881 경기도 파주시 문발로 112 파주 출판 문화도시(제작 및 물류)
전화 | 02) 3142-0036
| 031) 950-6300
팩스 | 031) 955-0510
등록 | 1973. 2. 1. 제406-2005-000046호
출판사 홈페이지 | **www.cyber.co.kr**
도서 내용 문의 | thismore@hanmail.net
ISBN | 978-89-315-8699-2 (13000)
정가 | 18,000원

이 책을 만든 사람들
책임 | 최옥현
진행 | 최창동
본문 디자인 | 인투
표지 디자인 | 박원석
홍보 | 김계향, 임진성, 김주승
국제부 | 이선민, 조혜란
마케팅 | 구본철, 차정욱, 오영일, 나진호, 강호묵
마케팅 지원 | 장상범
제작 | 김유석

www.cyber.co.kr
성안당 Web 사이트

이 책의 어느 부분도 저작권자나 **BM** (주)도서출판 **성안당** 발행인의 승인 문서 없이 일부 또는 전부를 사진 복사나 디스크 복사 및 기타 정보 재생 시스템을 비롯하여 현재 알려지거나 향후 발명될 어떤 전기적, 기계적 또는 다른 수단을 통해 복사하거나 재생하거나 이용할 수 없음.

※ 잘못된 책은 바꾸어 드립니다.